U0103404

客觀性
與
法治

Matthew H. Kramer

OBJECTIVITY
AND
THE RULE OF LAW

馬修・克萊默——著　趙樹坤——譯　張萬洪——校

目錄

中譯本作者序

　　我非常感謝趙樹坤教授，她付出巨大的努力翻譯我 2007 年的著作
《客觀性與法治》。從一種語言到另一種語言，譯事之艱辛，我特別瞭
解。樹坤教授將此書介紹給中國讀者，其也必定經歷了這種艱難。對
於她堅持不懈、終有所成，我深表感激。

　　2009 年，在《客觀性與法治》付梓兩年後，我出版了《作為道德
原則的道德實在論》一書。雖然該書篇幅比《客觀性與法治》更長，
內容也更哲學化，但其對道德客觀性幾個突出要點的闡述與《客觀性
與法治》第一章有關法律客觀性的闡述大致相同。我希望《作為道德
原則的道德實在論》不久也會被譯成中文，以便中國讀者能夠與《客
觀性與法治》進行比較。

　　在《客觀性與法治》第二章的中間部分，我對自由民主制的價值
做了非常簡要的概述。雖然在本書發表之前，在自由民主政治哲學研
究上我小有所成 —— 特別集中於 2003 年出版的《自由的性質》一書，
但在出版了《客觀性與法治》之後，我才進入政治哲學研究上特別多
產的時期。這期間共出版了四本書，即 2011 年的《死刑的倫理觀》、
2014 年的《酷刑與道德完整性》、2017 年的《伴隨完美的自由主義》

以及 2021 年的《作為節制的表達自由》，它們共同給出了一個關於自由民主原則的與眾不同的解析。我希望這四本書部分或全部都能與中國讀者見面。（我當然也希望 2018 年出版的《哈特：自然法》今後也能有中譯本，供中國的法哲學者們審閱。）

在本書中，自由民主制茲事體大。我在第二章中對法治和 "法治" 做了區分。只要一個功能性法律系統存在並運行，法治就存在；而 "法治" 只能存在於自由民主制下。沒能生活在自由民主治理系統中的人無法全面理解 "法治" 的深刻意義。他們可以體驗到作為高度有效的社會指引和控制機制的法律，但他們無法體驗到法律作為媒介或展現出對每個個體的關懷。也就是說，他們所經歷的是法治而非 "法治"。對於缺少日常途徑來親身熟悉 "法治" 的所有人來說，把握住自由民主價值的深刻性和珍貴性注定是不易的。由此，我渴望終有一天世界上的所有人都能通曉 "法治"。

最後，再次感謝樹坤教授在本書的創造性翻譯中的所有勤勉付出。

馬修 · 克萊默
於英國劍橋大學
2021 年 1 月

譯者序

一

馬修・克萊默（Matthew Kramer），美國康奈爾大學學士
（B.A.），哈佛大學法律博士（J.D.），劍橋大學法學博士（LL.D.）。
現任劍橋大學法律與政治哲學教授，劍橋大學丘吉爾學院院士，劍橋
大學法律與政治哲學論壇負責人。此外，他還是《勞特利奇哲學百科
全書》（法哲學部分）的主持人。迄今出版學術專著十餘部，因其在
人文社會科學領域的卓越成就，2014 年當選為英國國家學術院（The
British Academy）院士。

這是來自劍橋大學官網上的介紹，顯然能傳達出克萊默教授在學
術界的顯赫聲名以及斐然成就，但讓人遺憾的是，此種介紹不免讓人
感覺程式老套，缺少血肉和趣味。2009 年到 2010 年，我有幸作為訪問
學者與教授相識、相處，也藉此機緣獲得教授授權，翻譯《客觀性與
法治》（牛津大學出版社 2007 年版）一書。

當初收到教授的邀請信，簡直高興瘋了。在法理學上，我並沒
有重點關注分析實證法學，當時博士論文研究也屬法社會學領域。但

是，當時的我確實覺得規範分析方法在國內法學研究上運用得比較少，很想有機會學學這個方法。況且，教授當時在分析法學方面的造詣，與牛津大學的拉茲（Joseph Raz）教授可謂伯仲之間，能得到他的邀請，真是做夢都要笑醒了。

這份興高采烈和亢奮情緒很快被教授潑了一瓢冷水。為了辦赴英的簽證，教授郵寄了紙質邀請信給我，但我苦等一個多月都未收到。當我再次請求教授重新寄一份時，他回信說，邀請信似乎已成了個麻煩事，如果再出問題，他不得不撤回對我的邀請。那一刻，我心中悻悻然，這人似乎有點不近人情哦。

抵達劍橋後第一次見教授，約在丘吉爾學院的 Porter's Lodge 見面。現在最記得的就是，教授清癯、消瘦，像一陣風兒似的旋進門來。他帶我到 senior common room，一路腳上像踩了風火輪。但坐下來後，他卻用極緩慢而清晰的英語告訴我接下來要做什麼，生怕我聽不懂。當我表達卡殼時，他微笑著說：“你的口語比先前的一個中國訪問學者好很多。”這句話簡直讓我熱血沸騰，心中的忐忑也跑到九霄雲外，竟然與教授白話了兩個多小時！

一年的訪學時間裏，我選聽了教授所有的課程；參加了他主持的法律與政治哲學論壇的所有 seminar；還與教授一起去參加在 KCL 的學術會議。印象深刻的是教授講課聲音洪亮，特別專注，喜歡在講台上走來走去，而且是快步走，甚至有幾次因為太快而不穩，打了趔趄。教授平時不用手機，聯繫都通過電子郵件。他回覆郵件非常快，我納悶他是不是總坐在電腦前。在去倫敦開會的火車上，教授告訴我，他每年除了暑期莎士比亞戲劇節期間會看幾場劇作為消遣，其餘的時間幾乎就是教學、讀書、寫作，每天大概只睡四五個小時。原來真的差不多總在電腦前哩！劍橋不大，教授幾乎不使用公共交通，也不自己開車，主要是騎自行車。他說之所以離開美國來劍橋工作，就因為這裏不用開車。另外，他滴酒不沾，是素食者。而且有個特別好的習慣，每天跑步五英里，據他說從十八歲開始堅持，幾乎從未間斷。

教授是如此自律、生活簡單，讓我感佩不已。為了紀念這段特殊的訪學經歷和我所認識的這位真正的哲學家，我生出把他的書介紹給中國讀者的想法，並在回國前，獲得教授的首肯。

二

什麼是客觀性？什麼是法治？法律系統的運行是客觀的嗎？如果是，以何種方式、在何種程度上說它們是客觀的？通過《客觀性與法治》這本書，克萊默教授對這些問題進行了清晰而全面的討論，引導讀者進入法哲學研究的重要領域。

全書共分為三章。第一章通過對客觀性六個維度的解析，構建起關於客觀性的分析框架。客觀性包含實體論、認識論和語義學三個層面。其中實體論層面的客觀性與事物的存在和本質相關聯；認識論層面的客觀性與主體形成的關於事物的信念的方式相關；語義學層面的客觀性則相關於事物本身與主體關於事物信念的陳述這兩者之間的關係。與此同時，三個層面所包含的六個維度的客觀性的內部，又存在某些關鍵性的區分。

實體論客觀性有三個面向：思維獨立性、確定正確性和統一適用性。當我們宣稱法律規範具有思維獨立性之客觀性，即是主張法律規範的存在和特徵不依賴於人們如何認識它。也就說，有關任何特定法律規範的實質並不隨任何人的信念或看法而改變。在此基礎上，作者進一步區分了弱的思維獨立性與強的思維獨立性、存在的思維獨立性和感知的思維獨立性。雖然法律規則既具有存在的思維獨立性也具有感知的思維獨立性；但是，其存在的思維獨立性是弱的，而感知的思維獨立性是強的。作為確定正確性的客觀性，其關注人們行為的法律後果是否確定由現行的法律條款所決定。一個法律系統中，確實存在著非確定性，但比起批判法學者所想象的範圍則有限得多。而且，作為確定性的客觀性具有分層次的屬性，相應地，非確定性的精準範圍及其引起的特殊類型問題，在不同的法律系統中會有所變化。作為統一適用性的客觀性強調，在一個法域內法律規範是以同樣方式適用於每個人的。為了準確理解法律規範的統一適用性，作者分析了絕對命令規範統一適用的幾個限制性條件。此外，目前英美侵權法的實踐一般堅持人們應依法對其過失行為負責，不問其是否有能力滿足合理注意標準。因為如果考慮個體的身體或精神上的不足從而拒絕統一適用，可能對無辜受害人造成不公正，也可能陷入滑坡謬誤並損害身體或精神上有缺陷人員作為社會中完整一員的尊嚴。同時，對不同個體進行身體和精神狀況的檢測從而衡量是否以及怎麼區別適用的花費也是一重考慮因素。

認識論客觀性首先表現為超越個體的可識別性，指一個研究領域內人們能夠就每一實體的本質或細節達成一致意見；而個體的偏好和特殊性不是決定性標準，相反其從屬於廣泛共享的觀念，而這些觀念維繫著其所從屬的事物實際上的統一。超越個體的可識別性是分等級的。作者詳細考察了超越個體的可識別性與思維獨立性、確定正確性之間的關係，指出在特定語境下，認識論客觀性與某些主要的實體論客觀性可能經常不相符，在事物實際上如何與其被共同認為如何之間，分歧的可能性總是持續存在。認識論客觀性的另一個面向是不偏不倚，其由無私利性和思想開放性構成。前者既是指在一個法律判斷中感知不到任何個人利害關係，也是指使一個人的法律判斷不被其所意識到的利害關係所影響的能力；後者即是沒有偏見和偏袒。在法律語境下，該維度的客觀性可適用於法律創制階段及法律實施階段，其同樣是分層的屬性，而非全有或全無屬性。作者著力分析了司法領域中不偏不倚的價值，並為追求不偏不倚給出了提醒。

語義學客觀性是指如果在某一領域內可做出某些富有意義的、陳述性的陳述，如果其中許多此類陳述具有真值，那麼，該領域在一個更大或更小的程度上具有語義學上的客觀性。作者引用極簡主義真值論的消引號解釋，分析確定法律話語具有語義學客觀性。同時對法律現實主義和所謂的內部標準學說的質疑進行了澄清。客觀性的另外四個附屬維度，因其可不同程度地被前述客觀性所吸收，故作者給出極為簡略的交代。

通過上述剝洋蔥式的層層論述，作者最終確立了全書關於客觀性的分析框架，強調強的感知的思維獨立性不具有分等級的屬性；而諸如不偏不倚、超越個體可識別性都具有分等級的屬性。即使因法律系統運行機制的變化而有所變化，但每一個有等級屬性的客觀性都是一個理想，都值得追求。

本書的第二章，教授著力以美國法理學家朗・富勒（Lon Fuller）提出的法治合法性八原則為靶子，討論法治的構成要素。教授首先將法治區分作為一般統治模式的法治與作為道德理想的法治。前者作為一般法理學現象，任何一個滿足法律系統之存在的那些基本條件即為法治的所有要素；而後者在自由民主社會裏，承諾涵容平等、個人尊嚴等珍貴的道德價值。第二章的第一部分作者重點分析了道德中立語境下的富勒法治八原則。

第一個原則是普遍規範的治理。作者承認在任何法律體制中，沒有普遍性規範就不會有法律，但針對特殊情形及對特定人發出的指令同樣不可或缺。同時，普遍性規範並非只是適用意義上，也包括制定意義上的。如果一個系統試圖針對每個人給出不同的規範，其想有效運轉將毫無希望。富勒未能將制定意義上普遍規範納入其第一個合法性原則，是有失妥當的。

第二個原則是公開確定性。一個法律體制必須為人們提供明確的指令及其他規範以適用於其行為，規範必須公開。但怎樣公開在不同的系統中機制各不相同。普通法法系的“以判定結果為中心”的公開模式算是一種極端情形，利弊皆有。而一個社會中的法律專家群體，作為給出建議和協助的重要資源，特別有助於確保法律規範的語意可及性。同時，必要的慈善性的法律服務相當重要。對任何一個真實的法律系統而言，並非是要完美地實現該原則，而是充分地實現它。

第三個原則是可預測性。一個法律體制的有效運行，甚至其存在都需要可預測性原則。然而，偏離可預測原則在某些場合是有益的。一種情形是當由先前的法律規範創制或執行的混亂而產生有害後果時，基於消除此類後果而進行的溯及既往；另一種情形是在少量的私法案件中，對不存在確定正確答案的問題，引入有追溯力的法律規範，但要切忌將之適用到刑法領域中。

第四個原則是明確性。一個法律系統中法律規範以明晰的語言合理地表達，以履行其指導人們行為之基本功能。但法律語言作為特定職業用語，缺乏法學專業知識的人往往不熟悉，故其清晰度並非主要參考普通人的理解力來測定。但因為該原則與普遍性原則間存在緊張，在許多情況下，掌控一個治理系統的法律官員及專家們通過採納明顯抽象的標準而實現其目標。換言之，有時候甚至在法律專家眼中，法律規範的抽象性也會使其不清晰。因此，在某種程度上，不清晰性是任何法律系統都無法避免的。但若將其控制在適當的範圍內，它不會減損一個法律系統運行機制的有效性。

第五個原則是非矛盾性和非衝突性。富勒雖認可非矛盾性原則，但其大多討論的重心在非衝突性上。在克萊默教授看來，法律義務之間的衝突能夠共存，這種共存不涉及邏輯上的不當；但是，相互衝突的義務絕不可能被共同履行，而只能有一個被履行，且可能會涉及某些道德上的不當。而相互矛盾的法律義務則絕不可能共存。某人既真正地有做 X 的義務，也真正地有不做 X 的自由，這兩者中間有且只有一種情形是現實的。進一步講，雖然矛盾的法律規範表達式是非常可能的；但在法律運行中，真正的矛盾性規範是不可能的。總體上，富勒的第五個原則需要解釋為非衝突性原則和非矛盾性原則，它們共同為任何法律系統之存在設定了一個必要條件。

第六個原則是可遵循性。正如人們不可能同時履行兩個互相衝突的義務；無法遵守一個難理解、模糊的法律強制性規範；即使能遵循不公開的或溯及既往的法律強制性規範，也是非常偶然的，可遵循性原則是前述其他合法性原則的邏輯結果。但是，即使當一條法律規範是清晰的、可預測的、公開明確的、擺脫了任何邏輯衝突的，但只要其要求直接超出所有或大部分公民的能力範圍，其仍然是失當的。偶爾的偏離法律規範是不可避免的，但是必須牢記的是，一個法律體制的規範性架構必須主要由可遵循的法律規範組成，否則，其存在都是成問題的。

第七個原則是穩定性。通過該原則，富勒試圖表明的是，在一個法律系統中限制大量規範變化的速度及規模對其功能來說是必要的，而非主張法律規範在時間流逝中始終一成不變。需要特別留意的是：一方面，嚴格控制法律變化的頻率和範圍至關重要。另一方面，在必

客觀性與法治

要範圍內，對法律變革保持開放同樣至關重要。

　　第八個原則是在制訂和實施之間保持一致原則。一方面，如果官員被自私、偏好、疏忽、衝動等一個或幾個這樣的因素左右，其很難對某一事項得出正確的判斷和精確的理解。另一方面，官員要精通法律解釋，這種能力可以說是保持紙上的法與實踐上的法之間持續一致所必要的。司法、行政官員通過各種法律解釋機制與立法者和普通百姓之間建立起溝通橋樑。如果實踐中的法律與紙上的法律明顯不同，那紙上的法律規範很難說是真正的法律規範；如果官員通過具體裁判賦予效力的大部分規範並非是紙上的那些法律規範，那其不可能充分發揮法律的指引和協調作用。故使紙上的法與實踐上的法保持一致，是任何真正的法律體制的基本特徵，是法治的關鍵性條件。

　　至此，教授對作為道德中立之法治的富勒八個合法性原則進行了全面的解析。簡言之，每一個原則只要高於某一臨界值而得到滿足時，一個功能性的法律體制即存在了。但是，該法律體制既可以良善結果為追求目標，也可以邪惡結果為追求目標，它在道德上是中立的。

　　在第二章的第二部分，克萊默教授轉向對作為道德理性之法治（文中用帶引號的“法治”來指代）的討論。在此，富勒的八個原則不再作為對一個法律體制之存在的個別必要條件和共同充分條件，而是作為政治道德原則，相應的分析結論也與第一部分有所不同。

　　關於普遍規範的治理原則。教授首先引入了普遍性與特殊性、一般性與特定性的區分，對特定個人的指定指稱、大部分高度特殊的法律規範都是有害的。它們服務於裙帶關係及其他各種形式的徇私情，對某些被輕視群體採取歧視，儘管表現不一，但其危及了諸如公共秩序、人的行動及社會制度之間的合作、個體自由的維護等，而這些價值恰是人們對“法治”的熱望所在。

關於公開確定性原則。教授首先明確，從政治道德視角，法律規範的公開確定性從屬於合理的確定性而非實際的確定性，並非大多數公民都熟悉大部分法律條款，而是他們始終有機會來熟悉它們。嚴重偏離公開性原則會削弱公共秩序、社會合作、保障個體自由等。公開性原則給予公民公平的機會以使自己的行為符合法律條款，尊重公民作為道德主體的資格，同時也開放了公民對法律規範的審查。法律的公眾可及性是"法治"所涵容的價值之一。

關於預測性原則。教授再次強調該原則不是絕對的，存在例外情形。但不支持溯及既往的政治道德考量依然是強有力的：第一是它使相關人的行為無法和法律規範保持一致，其損害公民作為道德主體的慎思和選擇能力；第二是合理期待的頻繁落空，對任何經濟體的有效運轉均是有害的；第三是過多的溯及既往法律規範，將趨向於破壞一個法律體制功能的持續性。

關於明確性原則。一方面，有時候為保持法律規範的彈性而需要設計抽象條款，給行政和司法官員非常少的信息指導，以便他們在處理具體問題過程中發展出更為具體的標準。另一方面，抽象的法律表達無法給公民提供清晰性的指引。立法者提供的抽象表達與關照作為道德主體的守法者間存在緊張。但需特別注意的是，法律規範表達式中並不絕對地禁止使用稍微抽象的表達，卻絕對拒絕使用模糊性措辭，後者毫無疑問是對明確性原則的背離。

關於反對衝突和矛盾原則。教授直接指出，"法治"的本質是每個人能夠以避免任何違法的方式做出行為。而在衝突性規範下，這一願望落空，無論一個人怎麼選擇，其不可避免要違反法律。這樣的系統蔑視道德主體的尊嚴，對公民進行鉗制，不可能是自由民主的。但"法治"並非全然拒絕所有的衝突性規範，即使藉助於高超的法律解釋，

　　　　　　　　　　　　　　　　　客觀性與法治

也難以完全做到。相應的，"法治"意味著拒絕的衝突性規範數量眾多，範圍廣泛。但是，一個法律系統的權威淵源中出現矛盾性規範則毫無益處。對待矛盾性規範，教授並非是針對其過量，而是反對存在任何矛盾性規範，對"法治"而言，反對矛盾性規範相當於是一個絕對命令。

關於可遵循性原則。一個法律系統中，若大部分法律規範所設定的義務整體上超越所有或大部分公民的能力，既無法發揮指引和協調功能，所提出的要求也不公平合理，其根本就不應該存在。例外的情形雖然有，但極為罕見。如何理解超出公民能力，如何理解完全不可遵循，例如，如何對待笨手笨腳者的行為，需要仔細釐定。可遵循性不僅適用於強制性規範，也適用於其他規範。可遵循性也不是指要將法律規範適用涵蓋於每一個人。另外，該原則與英美法中的嚴格責任設定是相容的，雖然教授主張對嚴格責任設定與否的問題應保持開放立場。

關於穩定性原則。教授主張，某一個治理系統中的大部分規範隨著時間的流逝應合理地保持不變，這是因為，第一其將有利於任何一個法律系統的所願之達成；第二將有利於尊重公民的知情選擇能力，第三將有利於社會經濟的穩定性。當然，穩定性並不是停滯，其最突出的使命是警告法律規範的過度頻繁變化之惡果。

關於一致性原則。該原則的政治道德美德主要體現在不偏不倚上。被自私、偏見或反覆無常所驅動的官員不但容易誤解他們所面對的法律規範和情況，而且也很可能偏離道德義務或道德正當性。相反，力爭不偏不倚的司法和行政官員將提高其正確理解和實施那些法律規範的能力，提升做出道德正當之裁決的期望，由此，不偏不倚具有了工具性道德價值。同時，官員的不偏不倚也具有內在的道德價值。它不僅有助於確保官員做出道德上正確的裁判，而且有助於確保他們是基於道德上正確的理由而得出那些裁判。在自由民主制下，要實現一致性原則，官員需要具有精湛的解釋技藝。只要法律官員無法勝任解釋法律，他們或者給出錯誤的裁決，或者僅僅是碰巧得出正確的裁決。前者將阻礙公民和法律專家形成合理的期待；而後者既不可持續，也易於用人治替代法治及"法治"，依然是有害的。

在完成了上述論證後，克萊默教授總結到，由於我們承認法治是"法治"的必要條件，故任何危及前者的事物都將危及到後者。富勒原則的法理學版本對維持法律統治與人類能動實踐之間的整體聯繫都很關鍵。然而，法治的道德理想版本將法律統治與任何單純的操縱統治模式區分開，後者通過繞開人們的能動作用而將其作為無知無覺的小卒。恰恰是通過"法治"，才能確保將法律的實質良善作為一系列要求和機會有目的地提供給公民，而公民將能夠變得熟悉那些要求和機會，並有效做出選擇。

在第三章，克萊默教授進一步考察客觀性與法治或"法治"的聯繫。首先，法律規範的感知思維獨立性總是強的，而不是分等級的屬性。只要一個法律系統確實存在，那麼其法律規範及其運行就具有強的感知思維獨立性。這意味著感知思維獨立性與法治或"法治"的聯繫是不變的，無論一個法律系統擁有道德權威與否，其規範都被賦予了強的感知思維獨立性。由此，教授批評了一種所謂"權威性原則"的主張：法律體制不會具有道德權威，除非此體制中的規範具有強的感知思維獨立性。教授認為該主張沒有任何知識增益，相當乏味且有高度誤導性。而另外一些圍繞法律的道德權威與感知的思維獨立性之間聯繫的辯論，其實是混淆了法律的道德權威與作為確定正確性之間的聯繫。相關哲學家不是將注意力放在一個永恆的、既定的屬性上（感知的思維獨立性），而是放在了一個分等級的屬性（確定性）上。

　　接下來，教授分析了馬默（Andrei Marmor）教授所主張的法律
規範的弱的感知思維獨立性與他自己所堅持的法律的強的感知思維獨
立性，二者對法律的道德權威來說，究竟是否存在差別。兩個人都排
斥強的感知思維依賴性，這意味著兩人之間存在的道德／政治意義分
歧肯定與強的感知思維依賴性無關。實際上兩人的差別集中於官員們
集體解釋法律時是否會犯錯這一問題。教授主張，法律官員並非永遠
集體正確，仍然會有出錯的情況，且過錯並非總是使情況更糟，雖然
這種情況的發生幾率極小。加之那些過錯通常存在於疑難案件中，它
們對合理期待的衝擊是最低限度的，故沒有理由來預先假定集體錯誤
的法律解釋將一定使法律體制的道德要旨變得更糟。假定馬默教授認
為的官員絕不會集體犯錯是正確的，這並不影響其通過法律解釋對原
初法律規範進行撤銷。如果官員們就撤銷這一點上都分享著共識，他
們仍然能夠對過去有關各種法律規範的內容和可能結果的立場進行撤
銷，而不涉及將任何錯誤的解釋歸於過去那個立場。如此，偏離往昔
的理解將不必當作是對錯誤的矯正，而可以作為是對新情況的適應。
總體上，兩位教授的主張都沒有以任何方式侵犯法律系統的潛在道德
權威。

　　克萊默教授隨後詳細分析了，強的感知思維依賴性才對任何法律
系統之道德權威具有危害性。更具體來說，是因為法律規範的強的感
知思維依賴性包含了非確定性，如果任何人關於法律內容與可能結果
的感知都決定著法律規範的內容與可能結果，這會是離譜的主觀主義
狀態。如果法律規範的感知思維依賴性是強的，圍繞它們出現趨同或
分歧，法律規範的內容將是徹底主觀的。很明顯，由強的感知思維依
賴性所標識的情形是屬於實體論的，但由缺少超越個體可識別性所標

識的情形則是屬於認識論的。這意味著如果確定法律規範的強的感知思維依賴性與削弱法律體制的道德權威有關係，並不能得出思維依賴性相當於或必然助長缺乏超越個體可識別性的結論。法律規範的強的感知思維依賴性之所以損害法律系統的道德權威，恰源於由此種思維依賴性所蘊含的非確定性，這屬於在實體論上欠缺客觀性——對每一個人應該如何解釋任何特定法律規範的內容和可能結果這個問題，沒有答案。

另外，非確定性仍可以其他方式廣泛存在，而且會很成問題。比如，如果一個體制的法律規範普遍違反富勒的明確性原則而引起非確定性，在此情形下，對該體制的任何規範的任何正確解釋都不存在標準；反過來，對於任何不正確解釋也沒有標準。換言之，對該體制的任何規範的每一種解釋——純粹作為一個解釋事項，都不優於也不劣於任何其他的解釋。此種結局將與以法律規範有強的感知思維依賴性的情形下的結局一樣。再比如，由廣泛違背富勒的禁止衝突性和矛盾性原則而引起非確定性，雖然由廣泛的矛盾性規範引起非確定性時每一個規範的內容本身是確定的，但是，大量的一對對的矛盾規範之矛盾性排除了對相關問題的任何確定的正確答案。類似這兩種非確定性，連同思維依賴性所引起的非確定性所共有的危害的核心是，它們阻止了通過參考該系統規範做出真正的、意思明確的正當裁決。法律的核心功能是指引和協調無數人和群體的行為。氾濫的非確定性之首要危害即它阻礙這一主要功能的實現。若法律規範普遍充滿模糊性或無法融貫，其所引起的非確定性對一個法律系統之運行幾乎當然是致命的，由此也對獲得所願之物是致命的。既然一個法律系統確保所願之物的能力是該系統道德權威的一個必要條件，那麼，非確定性當然是有損道德權威的。第二個危害是如果一個法律規範陷入非確定性中，則無力證明任何依據其所得結果的合法性，自然也就無力證明該結果的道德正當性。如果一個治理系統中有許多非確定性的規範，其就不會擁有任何積極的道德影響力。雖然一條法律規範的運行作為官員裁決的一個依據，其絕非該規範具有道德權威的一個充分條件，但它是一個必要條件。

在最後，教授對科爾曼（Jules Coleman）教授和萊特（Brian Leiter）教授關於非確定性的討論進行了澄清，指明其與本書的觀點不存在緊張，區別只是在於將非確定性作為邊緣現象還是作為已經滲透進一個治理系統規範和運行中的特徵；是小規模的還是大規模的。教授也對沃爾德倫（Jeremy Waldron）教授論證非確定性之存在對法律道德權威沒有實踐意義進行了分析。這個觀點似乎與本書主張的非確定性對法律道德權威的消極作用構成對立。教授指出，沃爾德倫教授將注意力放在了爭議性案件上，在某些棘手的案件中存在真正的非確定性卻並沒有損害其所在的法律系統的道德權威，這點沒錯。但是，在教授看來，在激烈爭議的案件中，所謂非確定性沒有實踐意義，源自像這樣的案件屬於真正的例外。換言之，一個法律系統所面對的非確定性如果只佔很小比例時，它與該系統的功能和道德權威是相容的；而普遍存在的非確定性對一個法律體制來說總是致命的。

克萊默教授完成了法律客觀性的每一個維度及富勒的合法性原則與法治和“法治”之間聯繫的論證。法律客觀性的每一個維度對法治和“法治”來說都不可或缺。只要一個法律體制存在，至少有一類法律客觀性（即法律規範的強的感知思維獨立性）以全有的方式存在（不管願不願意）；而其他類型（如法律規範的超越個體可識別性）則具有分等級的屬性，它們在法律體制中不同程度地存在，是否實現與努力程度密切相關。但無論如何，法律客觀性的每一個維度都是法治和“法治"所必需的,這一點不容絲毫懷疑。

三

當初想要翻譯此書,百分之兩百是因為教授本人的人格魅力,百分之三百是我一時衝動。衝動真是魔鬼!我怎麼就忘了自己的英文水平是多麼菜鳥呢!所以,"搬起石頭落不下去",啊、啊、啊,竟一直搬了十年!

回國後,教授每年在我生日那天,總會在 Facebook 上給我留一句:Happy Birthday!我每年聖誕節(後改為新年,教授是猶太人)給教授發一封郵件,表達節日祝福。我們保持著稀疏的聯繫,期間教授從未催問過翻譯事宜。我因諸事纏身,幾度中斷翻譯,最長的一次,也生出放棄之心。給教授寫信,主動提及翻譯困境,教授都鼓勵說原文意思上可以和他討論,不要畏難。2020 年又兼愛人萬洪的支持,埋頭苦幹,終於完稿。只是早先的初生牛犢之勇、無知無畏都換成現在的越譯越心虛、越發不敢交稿的忐忑了。

為了盡最大可能減少翻譯的錯誤,萬洪挺身而出對譯稿進行了校對,這讓我大大鬆了一口氣。有人幫擋槍的感覺真好啊!

法律出版社的徐蕊女士、武漢大學出版社的胡榮女士等,為了本書的順利出版,多方出謀劃策,特此感謝。

我在西南政法大學法理學科的師友張永和教授、周祖成教授、胡興建副教授、楊天江副教授等大力支持本書的翻譯出版,深表謝意。

香港三聯書店以高度的責任感和效率聯繫了本書的中文版權,並接受本書在貴處出版,非常感謝總編輯周建華先生和責任編輯蘇健偉先生!

最後，還要感謝我摯愛的父親。倘若沒有父親生前對我的教導和鞭策，可能這個“愛因斯坦的第一個小板凳”也不會有。儘管費了九牛二虎之力，這本譯著也許還存在誤讀之處，仍有個別硬傷，語句表達之“達”、“雅”仍難盡如人意，但我還是要把它獻給父親！因為我相信，傳承是生命不朽的方式；有了傳承，我應該不再畏懼別離與死亡。在這個意義上，這本譯著是我與死亡之懼抗爭的一點嘗試。倘讀者知悉了此緣由後，能對譯文的諸多不足和遺憾諒解一二，我亦不勝感激。

趙樹坤

於重慶

2021 年 2 月 17 日

前言

　　本書所討論的主題，歷來聚訟紛紜。在本書中，我試圖做出一些獨創性的貢獻，也努力為這些問題提供一個通俗易懂的綜述。術語常常對凝練複雜思想和避免乏味無聊的議論至關重要，所以整體來看，雖然我未能避免使用專門的哲學術語，但每一個術語和表達首次出現時，包括偶爾在後面出現時，我都會儘量解釋。同樣，儘管我沒有完全棄用腳注，但已盡全力最大限度地少用。本書所介紹的思想有時候是複雜的，不過我已竭力為廣大讀者闡明。

　　正如第一章將言明的，客觀性（objectivity）是一個多層面的現象。這個概念既與法律相關，也與人類思想和行動的其他領域相繫，其涉及到相當多不同的認識。然而，這個概念雖然有複雜的多樣性，但它依然具有某一至關重要的統一性。特別是，客觀性的每一維度都對應於一個相應的主觀性維度來加以界定。在多個層面上，法律的客觀性都是法治（rule of law）與人治（rule of men）區別之標識。

　　由於"劍橋哲學與法律入門"系列叢書各單冊篇幅的限制，我不得不放棄探討本是完整考察法律客觀性所必需的幾個重要論題。在這些未考察的論題之中，一個事實是大多數法律系統都包含多級的決策

　　　　　　　　　　　　　　　　　　　　　　　客觀性與法治

（decision-making），某些官員所做出的決策從屬於更高位階官員所做出的決策。分析一個法律系統運作機制具有客觀性時，司法與行政上的此種等級結構引出了某些具有挑戰性的問題。這些問題在本書中都沒能涉及，而留待以後的作品討論（拙著 Kramer 2004 a 第四章中有所涉及）。本書還省略了兩個重要論題：一是對於許多違反法律規定的問題未予考察；二是對違法者僭越法律行為的考查大多失於精細和清晰。假使我有足夠的寫作空間，我本應該在第一章反思官員運用自由裁量權審查違法行為時，來處理那些問題，即，考察法律政府官員使其所在體制的法律規範生效之能力的限度。〔我曾勉力討論了由難以覺察的違法行為而引起的某些理論困境（Kramer 2001, 65-73）。Reiff 對幾個困境及許多相關的問題進行了討論，頗有啟發（Reiff 2005）。〕

　　鑑於本書的篇幅，雖然我不得不忽略剛剛提及的那些問題以及某些相關的主題，但是，本書仍為書名所包含的兩個現象（即客觀性與法治—— 譯者注）的主要組成內容提供了一個梗概，考察了諸多（當然不是全部）有關這些內容的錯綜複雜的情形。之所以如此，是因為本書旨在揭示客觀性與法治之間聯繫的緊密性；更廣義地說，本書旨在揭示那些聯繫所引起的哲學難題的深度和魅力。

　　本書寫作於我獲得利弗休姆信託基金（Leverhulme Trust）資助進行研究的第一年裏。我十分感激利弗休姆信託基金對我工作的支持，也對以下評論人表示謝意，他們的評論使我受益匪淺：Richard Bellamy, Boaz BenAmiti, Brian Bix, Gerard Bradley, Alex Brown, Ian Carter, Sean Coyle, Daniel Elstein, John Finnis, Stephen Guest, Kenneth Himma, Brian Leiter, George Letsas, Peter Lipton, Mark McBride, Saladin Meckled-Garcia, Riz Mokal, Michael Otsuka, Stephen Perry, Connie Rosati, Gideon Rosen, Steve Smith 和 Emmanuel Voyiakis。蒙 Richard

Bellamy 教授不棄，我曾將本書第一章的早期版本在倫敦大學學院 2005 年 11 月的討論課上使用。承 Larua Donohue 和 Amalia Kessler 教授之邀，我攜第一章的後期版本中部分內容，參加了 2006 年 10 月斯坦福大學法學院的研討課。Joan Berry 和 Debra Satz 教授亦同時惠邀我將第一章的概要在斯坦福大學哲學系發表。特別感謝叢書編輯 William Edmundson 先生特別有價值的評論，也感謝本書寫作計劃的匿名評審人，其敏銳的洞察力在我寫作的早期彌足珍貴。

於英國劍橋
2006 年 6 月

CHAPTER ONE

第一章

客觀性的維度

1.1　概述

　　關於客觀性與法治之間聯繫的解釋之所以無法讓人滿意，起因於一個假設，即客觀性的本質與法治的本質都是清晰的，而唯一要澄清的就是兩者之間的聯繫。本書的前兩章清晰呈現了客觀性與法治兩者都是複雜多面向的現象。為了有成效地考察它們是如何彼此相互影響的，我們需要探討它們各自不同的種類。

　　第一章將區分客觀性的多層面或維度，第二章將區分作為一種道德中立統治模式的法治與作為一種道德理想的法治，最後一章將考察客觀性的多個維度與法律的道德權威之間的某些關聯〔總起來三章將提出客觀性與法治或 "法治" 之間的各種關聯（作者區分了小寫的 rule of law 和大寫的 Rule of Law。為免混淆，我們將大寫的 Rule of Law 表示為帶引號的 "法治"——譯者注）〕。我的目標在於給某些迷住法哲學家、道德哲學家、政治哲學家的主要問題，提供一個一般性的概述而非一個詳盡的解釋。像這樣的一般性概述必然要對議題進行綜合性的考察，而割捨無數的複雜情形。但本書中將要討論的種種繁複情形，應該足以突顯這些問題上最重要的差別了。

1.2　客觀性的種類

　　在一般的話語或哲學爭論中，人們傾向於以多種不同的方式使用客觀性。為了提供一個概覽圖，本章將描述六種客觀性的含義（conception）及幾個附屬含義。儘管不同客觀性的主要面向大部分彼此存在重合，每一個客觀性都能與其他的客觀性相容，但是，沒有任何一個客觀性能完全被另外一個客觀性化簡。在這六個客觀性含義中，其中三個是實體論（ontological）指向的；兩個是認識論（epistemic）指向的；一個是語義學（semantic）指向的。也就是說，有三個含義與事物的存在和本質相關；有兩個含義與理性主體（rational agents）形成關於事物的信念（beliefs）的方式相關；有一個含義與事物以及理性主體表達（express）關於事物信念的陳述（statements）這兩者之間的關係相關。對客觀性的充分闡釋應該顧及到這些差異，也應該顧及到每一種客觀性內部某些關鍵性的區分。

表 1　客觀性的種類

客觀性的屬	客觀性的種
實體論意義上的	思維獨立性
	確定正確性
	統一適用性
認識論意義上的	超越個體的可識別性
	公正性 / 不偏不倚
語義學意義上的	真值 — 能力

這裏將要討論的客觀性的幾個維度，其重要的價值遠超出了法律領域。事實上，對某些維度的研究，在其他哲學領域比在法哲學領域更透徹；少數幾個附隨維度（直到本章末尾才涉及）對法律規範的本質而言，可適用性相當有限。儘管如此，客觀性的這六個維度對人類智識探索的許多領域都有價值，而且對法律思想和話語也具有特別的意義。我們將考察使任何領域、任何研究、任何判斷、任何規定可能是客觀的諸多方法，之所以如此，目的就在於查明那些使法律客觀的

方法。另外，我們需要揭示那些使法律不具有客觀性的情況，就如揭示使其擁有客觀性的情況一樣。

1.2.1 作為思維獨立性的客觀性

每一種客觀性都對應一種相應的主觀性。從作為思維獨立性的客觀性來看這種對立是最清晰的。在日常話語和哲學爭論中，作為思維獨立性的客觀性概念也許比任何其他類型的客觀性概念更經常被引用。當在這個意義上使用客觀性來表達某人的觀點，宣稱某一現象具有客觀性時，即是主張該現象的存在及其特徵不依賴於人們如何認識它。在該宣稱所通常適用的範圍內，有關任何特定實體或事件的事實並不隨任何人的信念或看法而轉變。

為了恰當地理解該客觀性含義，我們需要注意某些顯著的區分。其中一個區分存在於（i）單獨的個人觀點與（ii）處於一個共同體或某一其他形式的集體中的個人之間共享的觀點兩者之間。[1] 有時候，當理論家斷言某些事物具有思維獨立性時，他們僅是在暗示有關那些事物的事實超越了任何既定個體的信念和態度。他們打算認可那些事實是作為一個群體的相互影響的個體所共享的信念和態度的派生物（正如法官和其他法律官員共同推動一個法律系統的運轉）。這些理論家主張：對於判定實際上什麼對所討論事物是最關鍵的，雖然沒有哪個個人的觀點具有決定性，但是，作為一個群體中的個體彼此間相互影響所共

1　當然，我此處所指的共享的觀點經常不僅僅是共享的。每一個參與者持有那些觀點的一個關鍵原因常常是，其知曉事實上每一個其他參與者持有這些觀點並期待他也持有。本章並不需要詳述在密切合作中參與者之間觀點上的這種複雜關聯。

享的理解確實是決定性的。當這些理論家將一個決定性的事實建構作用歸因於集體，而否認單獨的個體會有像這樣作用時，他們所堅持的那類客觀性，我們將之命名為弱的思維獨立性。此種溫和的客觀性與強的思維獨立性形成鮮明的對照。每當某一現象的存在或其本質既非由任何單獨的個體（們）觀點、也非由作為一個整體聯合起來的個體（們）的一般觀點和確信來規定（ordain）時，強的思維獨立性就存在了。只要在某一領域中強的思維獨立性佔上風，在該領域中關係到事物的任何一個特定（particular）狀態的共識，對於該具體（specified）事物狀態的實際如何，既非必要也不充分。"事物是怎樣的"不依賴於"它們被認為是怎樣的"。

在我們轉向思維獨立性的第二個主要區分之前，要先作個簡短的評論。當某一現象具有弱的思維獨立性，其存在和本質是由一個群體的組成成員所分享的信念和態度（從而形成的行為模式）來規定的（ordained）。但是，這些信念和態度不需要被該群體的**所有**（此處之強調為原作者所加，本書加粗表示，下同 —— 譯者注）組織成員所分享。在規模很大的任何一個社團或共同體中，極少存在絕對被每個人所分享的信念與態度。弱的思維獨立性（weak mind-independence）狀態 —— 稱其為"弱的思維依賴性"（weak mind-dependence）狀態也恰如其分 —— 的典型表現並非是一個群體內全體一致的理想狀態，而是一個群體內大部分成員的一個共識狀態。讓我們以在加拿大講英語的人這一鬆散的聯合體為例。如果大部分人認為在任何正式表達或書寫中"ain't"是不合適的（除非這麼用是為了搞笑而刻意使用），如果大部分人由此在正式的場合拒絕使用俚語表達，那麼，在加拿大講英語即包含了一個弱的思維獨立性規則：禁止在正式話語裏使用"ain't"。或許某些英語說得很溜的加拿大人在正式場合不放棄"ain't"。這樣的事實，如果真是個事實的話，與前述所提及之規則的存在完全不矛盾。的確，某一實體 X 作為具有弱的思維獨立性現象與某一實體 Y 具有強的思維獨立性現象，兩者之間準確的區別在於，X 的存在或本質（不像 Y 的存在或本質）並不是由任何特定個體的觀點所規定，相反，它是由某一群體中大部分成員的佔優勢的觀點和行動所規定的。特別是，一個群體中數量佔優成員間的共識 —— 其達不到所有成員之間的共識，足以為存在某一弱的思維獨立性現象奠定基礎或確定其本質。進一步而言，當群體成員就某一特定問題幾乎沒有共識時，並且，當缺少共識妨礙了某一弱的思維獨立的實體 X 的存在時（例如，在正式場合禁止 "ain't" 的語言規則），實體 X 具有弱的思維獨立性的特徵，是通過甚至不存在像這樣的實體 X 來證明的。恰恰因為 X 是弱的思維獨立而非強的思維獨立，群體成員觀點之間極少的共識才成為了影響 X 存在的東西。

在轉向討論法律規定具有強的思維獨立性還是弱的思維獨立性（或兩者都不是）之前，我們現在需要注意另外一個重要的二分法，即存在的思維獨立性與感知的思維獨立性。[2] 某物具有存在的思維獨立性，當且僅當其發生或持續存在不以某一（些）思維的存在或精神活動的發生為前提。在此意義上，不僅所有的自然物體具有存在的思維獨立性，許多人造物如鋼筆、房子等也是如此。雖然缺少思維及精神活動，那些人造物本絕不可能形成 —— 也就是說，雖然起初它們是具有存在的思維依賴性的 —— 但是，它們的持續存在卻並非同樣以思維的存在及精神活動的發生為前提。即使所有有思維的生命體不知怎麼一

---

2   許多人已藉不同的術語對這一區分做出很好的、清晰的闡述。參見 Moore1992, 2443-2444; Svavarsdóttir 2001, 162.

下都不存在了,一幢房子作為一個物質實體的存在仍將持續一段時間。

　　某物具有感知的思維獨立性,當且僅當其本質(包括它的形式、內容、甚至它的存在)並不依賴於任何觀察者認為其如何。雖然任何具有存在的思維獨立性之物也具有感知的思維獨立性,但具有感知的思維獨立性之物並非皆具有存在的思維獨立性。例如,試想一個故意行為,發生任何此種行為的前提條件是一個思維的存在,它產生推動行為發生的意圖。然而,該行為的本質卻不以任何觀察者(們)──包括已經實施了該行為的人,也許相信其為何而改變。即使每個觀察者都認為該行為屬 X 類型,事實上它也許是某一相反的 Y 類型。

表 2　思維獨立性的種類

	存在的思維獨立性	感知的思維獨立性
弱	某物之發生或持續存在並不依賴於任何特定個體的精神活動	某物的本質並不依賴於任何特定個體認為其是什麼
強	某物之發生或存續並不依賴於任何群體的任何成員個別的或集體的精神活動	某物的本質並不依賴於任何群體成員個別地或集體地認為其是什麼

　　當思考法律規範的思維獨立性問題時,我們應該習慣於強 / 弱區分與存在 / 感知區分。稍加反思就應該發現,如果法律規範的存在狀況(existential status)是我們的關注重點,那麼某些法律規範(大部分一般性的法律規則)具有弱的思維獨立性,而其他一些法律規範〔大部分個別性的指令(directives)〕則不是這樣。大多數一般性的法律規則至少具有弱的思維獨立性,這一點非常明顯。那些一般性規則的存在與消失並不基於任何個體的精神活動;大量不同組的一般性法律規則,其出現或消失與眾多不同的個體經歷的出生與死亡情況不一樣。

或者根本就沒有法律規則會為從未考慮過它們的人而存在。鑒於某人的信念、想象、態度、確信之存在，對懷有它們的特定的個體有思維依賴性，那麼，任何一個一般性法律規則之存在不同於徹底的主觀性（在非常情況下也有例外。在極權統治下，無論專制君主的思維活動何時永久性停止，官員們也許會堅持某個做法，藉此使某些一般性法律規則消失。雖然也許像這樣的情形很罕見，但其明顯是可能的。而且，在一個法律系統中 —— 其持續的時間超過一個人的壽命，任何此類具有強的思想依賴性的一般性法律規則，其發生率應受到高度限制）。

當我們將注意力從一般性法律規則轉移到個別性指令上，則很少能發現任何存在的思維獨立性。通常情況是：法官或其他法律官員針對一個特定人發出的某一命令，如果接收者的精神活動永遠終止了，該命令無法仍然有效。簽發個別性指令所謀求的任何結果，將不得不通過其他方式得以實現（也許以簽發指向某一替代性個體的指令或代替原初承受人的一組個體的指令）。質言之，一個單獨發出的法律要求具有存在的思維依賴性；作為一個法律要求，其持續存在以一個特定個體的思維精神活動之存在為前提條件。

比較而言，一般性法律規則效力的持續幾乎總是超出任何既定個體的精神活動。即便如此，此類規則的存在的思維獨立性也屬弱的而非強的。它們不可能在缺少所有思維和精神活動條件下存在。它們只有在某些人（最明顯的是法官和其他法律官員）對其共同持守著某些態度和信念下才作為法律規則持續存在。只有法律官員共識性地將佔優勢的法律規則視為權威性標準，參考它們對人們行為的法律後果進行測定，否則那些法律規則將不復存在。誠然，在一個法律系統中，某些一般性命令，例如"禁止亂穿馬路"，儘管它們總是非強制執行的，但其可以作為法律規則而持續存在。此類命令所強制要求的東西雖然在實踐上是無效的，但它們依然是法律義務。然而，為什麼無效的法律義務可以作為法律義務而持續存在呢？原因就是大量的法律義務是通過法律官員的行動常規化賦予其效力的，他們趨向於視這些法律義務為有拘束力的要求。恰恰是因為各式各樣的其他法律要求是常規化地有效，一個法律體制才作為一個功能性系統而存在。一個法律系統內大部分命令或其他規則無法常規地執行，該系統及其各種規範將因為被擱置而灰飛煙滅。總而言之，法律規範之所以作為法律規範（包括無效的法律規範）而持續存在，依賴於法律官員的判斷和努力。然而，由於那些判斷和努力不可避免地包含了自覺執法者的信念、態度、傾向，所以法律規範作為法律規範之持續存在不具有強的思維獨立性。一般性法律規則的存在的思維獨立性僅僅是弱的。

法律規則的感知的思維獨立性情況如何？它們是強的還是弱的？就其"可感知"（observational）來說，我們立刻可以知道一般性法律規則至少具有弱的思維獨立性。畢竟，正如已經說過的，具有存在的思維獨立性的事物也具有感知的思維獨立性。一個法律系統存在所預設的前提條件是交互往來的那些官員所共享的精神狀態和活動。而那些精神狀態和活動到底是什麼，明顯不依賴於任何特定個體如何認為。但是，當我們從研究法律規則是否具有感知的思維獨立性轉而要明確其是強的還是弱的時候，事情變得更複雜了。許多哲學家，如安德烈·馬默（Andrei Manmor）已斬釘截鐵地指出法律規則之感知的思維獨立性只不過是弱的。他首次提及，當一個概念從屬於具有強的思維獨立性的某物時，"應該可以設想言說者整個社群都錯誤理解該概念的真正所指和範圍。"他進而宣稱："然而，就習俗性實踐建構起來的概念（就像一個法律系統的運作）來說，就其所指產生如此廣泛的誤解是難以置信的。如果一個既有概念是由社會習俗建構的，對相關社群而言，弄錯其所指是不可能的。"他強調說："就我們能夠發現的（社會實踐規則）內容而言，沒有什麼能多於我們已經知道的。"[3] 但是，事實上，事物永遠比馬默暗示的複雜。他的評論並不是全錯，但仍過於簡單化（順便說一句，下面對法律規範的強的感知思維獨立性的討論中，我不需要在一般性規則與個別指令規則間做區分。感知的思維獨立性在所有情況下都是強的）。

在某一法域（jurisdiction）內，整個社群的法律官員的確可能誤解法律規範的任何特定要點。法律官員可以集體弄錯他們本身（對法律規則的某一要點）所共享的態度和信念。他們可能集體弄錯那些共享的信念和態度的實質和可能後果，由此弄錯其所支撐的某一法律規範的本質。除此之外，假定無法區分（ⅰ）他們所懷有的第一序列的態度、信念與（ⅱ）他們對第一序列心理狀態之內容的第二序列理解。官員們就某一法律規則之存在和內容所共享某些態度和信念，此事實即形構了該規則的存在、確定了其內容；但是，他們共享那些態度和信念的事實並不能排除一種可能性，即他們自身會集體搞錯該事實所形成和確定的到底是什麼。人們的第一序列信念與關於第一序列信念的第二序列信念之間，總是可能存在一個弄錯的缺口。

馬默省略第一序列／第二序列的區分，將其用於許多可信的情形時，的確導致他的分析前後不一致。假設某一法域內，法庭宣稱他們先前對某一特定法律規則的解釋是錯誤的。現在他們堅持該法條本

3　原文見 Marmor 2001, 138。Marmor 立場的一個複雜變體是源於 Locke 1975 [1689], book IV, chapter IV 的著名討論。非常接近 Marmor 主張但稍有些溫和的論述，可見 Greenawalt 1992, 48 的簡短討論。

應該以另一相反的方式來理解和適用（而且也將由此來這樣理解和適用）。如果法庭成員在當前這個緊要關頭宣佈這一法律解釋時全體絕對是正確的，那麼，我們不得不得出結論：他們曾宣佈現在正為其否認的那個特定法條的那個當口，他們全體都是不正確的。反之，如果他們在早先時候全體是正確的，那麼當他們認為自己已然弄錯時，當前他們就正在犯錯。馬默也許試圖分析此類情形，但他會被引向這樣的結論：法律官員已在法律解釋事項上集體犯錯了。他堅持官員們絕對不會集體犯錯已經削弱了該堅持本身。

法律規則的感知思維獨立性由此是強的而非弱的。當然，馬默並非完全不正確。如果在某一法域內，由法律官員們所共享的信念和態度而形成某一（些）法律規則，官員們在對其實質和可能後果的理解上集體犯錯，而且，如果他們並沒有改正該錯誤，那麼，此錯誤從那時起對其所從屬的法律規則之具體要點（們）具有決定意義。它實際上將用某一（些）新的法律規則來替代先前的法律規則（們）。這樣的結果在英美法系判例法學說所轄任何法律域內非常明顯，但它在其他法律域內也會因此出現。新的法律規則（們）也許只是與先前規則（們）稍有不同 —— 區別也許僅在於規則的可能後果上稍微狹窄，但是，法律官員對被取代的規則（們）之實質和可能後果給出的錯誤解釋，由其帶來的某些不同的確存在。官員們根據新的法律標準（們）隨後做出裁判，既然這些裁判與作為官員們集體失誤之後果的法律規則相符，裁判本身算不得錯誤。雖然官員們在將這些新標準（們）當作完全相同的先前標準（們）上弄錯了，但是，一旦他們的錯誤已經使新標準形成，從那時起他們視新標準有拘束力從而不再誤入歧途（關於該一般性的結論存在有限的例外。如果某一法律系統中的官員們固守一個規則，其要求：只要他們承認在某一時期犯了錯誤，他們就都要廢止任何弄錯了的裁判，並且，如果他們大多在規則可適用情形下遵守那一規則，那麼，在某些情形下他們不遵守該規則將會暫時損害由他們原初錯誤而產生的新的法律標準。但是，不遵守帶來的額外錯誤，如果留在那兒不予糾正的話，本身將很快被吸收進法律系統的運行中，伴隨著原初錯誤成為拘束法律官員的東西）。

當然，因法律官員對先前存在的法律規則的集體誤解而產生的一個新法律規則，其本身在未來也可能難免被錯誤適用。如果其的確以那樣的方式遭受了曲解，它可能被作為那種曲解之產物的某一更遠的規則所替代。通過這個過程，法律官員們的集體錯誤會導致某一（些）法律標準被另外一（些）法律標準替代，而該過程是可無限重複發生的。法律變化有多種路徑，而一連串的錯誤就是其中的一種。

由此，馬默認為法律規則的感知思維獨立性與其說強的不如說是弱的，雖然這不正確，但他的觀點可以使我們轉到這樣的事實：法律規則的存在的思維獨立性從來不是強的。法律官員們可以就其自身所分享的信念、態度所支撐的法律規則的含義集體發生誤解，但他們的誤解（除非隨後予以更正）很快進入到那些法律規則的內容中，並且成為佔優勢的標準。另外，我們應該注意，如前文所引，馬默並沒有一開始就斷言在社群所及範圍內集體弄錯習俗性概念的所指和範圍是不可能的。他最初僅僅是斷言這似乎是不太可能的。這樣的斷言是有些言過其實，但並非完全錯誤。“對自身實踐的認知路徑總是比對自然現象的認知路徑更深刻”，這一命題是有些價值的。雖然它應該從未遮蔽人類第一序列信念與關於第一序列信念的內容和可能後果的第二序列信念之間分歧的可能性，但它恰好暗示，有時候我們掌握自己的思想比掌握那些我們尚未形成的實體有更多自信。把我們的自信當作一個相對的標準，在有限的範圍內防止我們對自身實踐理解上的“不可錯性"被強化為教條，這一原則是恰當的。當將這個原則嚴格而精準地限定在如象棋規則那些慣例上時，其特別有說服力。然而，將之擴散到如構造一個龐大法律系統的那些慣例上時，它也具有某些說服力。

簡言之，當我們思考法律系統中一般性規則是否具有作為思維獨立性的客觀性時，我們應得出一個複雜的結論。雖然這樣的規則既具有存在的思維獨立性，也具有感知的思維獨立性；但是，其存在的思維獨立性是弱的，而感知的思維獨立性是強的。存在的思維獨立性之弱可以使緣於強的感知的思維獨立性而引起的觀念與事實之間的空隙最小化。之所以如此，並非是通過避免法律官員們的集體錯誤，而是通過確保任何錯誤可以迅速地被吸收進相應法域的法律規則中而實現的。換言之，法律官員的集體觀念與法律事實之間的任何空隙，通過依據那些觀念而反覆進行的再塑事實而被快速彌合。進而，由於法律官員相當熟悉他們自身的實踐及那些實踐的後果，因此，集體所認識到的與實際上是什麼之間的空隙，相對應該是不多見的。

在終止這個討論前，還應該消除一個潛在的質疑。我對作為存在的思維獨立性之客觀性的評述，是以法律系統及其規範具有習俗特徵為前提的。由此，這些評述似乎附帶了"法律實證主義作為法律理論是正確的"這個前提。一些讀者可能就此感到憂慮。他們可能爭論說，無論實證主義是否是真理，關於法律客觀性的討論不應視其為既有真理。他們可能會抱怨我沒能在法律實證主義者與自然法理論家的爭論中保持中立。任何如上的質疑都是誤解。雖然法律實證主義者的確堅持法律的慣習特徵，但每一個最低限度可靠的自然法理論也是如此。法律實證主義者與大部分自然法理論家的分歧並非在法律是否是習俗化的，而是法律是否是絕對習俗化的。許多自然法理論家堅持，每一個法律系統中的規則都包含了基本道德原則，其作為法律規則的身份並不取決於官員們的習慣性實踐。一些自然法學家進一步提出，在某些法律系統中某些規則被官員們歸類為法律規則，但它們根本不屬於真正的法律；極端邪惡的規則也不具有這種身份，大概我們是這樣被告知的。雖然自然法學者在這些要點上與實證主義者觀點相異，但分歧之處卻並非是 "任何法律系統中是否大部分法律規則起源於習慣" 這一問題。每個人或者幾乎每個人都承認，關於後一個問題的答案是肯定的。[4] 因此，法律實證主義者和自然法理論家同樣對所有法律規則適用此種分類 —— 也由此，他們對絕大部分法律規則適用如此分類。我關於此類法律規則的存在的思維獨立性問題的論述，在法律實證主義和自然法理論之間是中立的。另外，我的解釋很容易被引申為調和自然法理論家的不同爭論。他們應該接受我的解釋並且加到主張中：對某些一般性法律規則來說，存在的思維獨立性正如感知的思維獨立性一樣，與其說是弱的不如說是強的。再仔細點講，法律規則之存在的思維獨立性是強的而非弱，這被自然法理論家視為基本道德原則，其與任何慣習實踐無關。當然，自然法理論家也許不同意在**某一特定法域**內，那些擁有法律規則身份的道德原則具有強的存在的思維獨立

4　也許德沃金（Ronald Dworkin）一時誇張的爭辯，可能會否認後一個問題的答案是肯定的。見 Ronald Dworkin 1986, 136-139。對他的一個批判性反駁可參見 Kramer 1999a, 145-151。無論具體談到美國憲法時德沃金主張的價值是如何的，作為一個一般性法理學的論點、適用於每一個法律系統的所有主要組成部分，其都是極其難以令人置信的。至少，即使我打算接受德沃金的觀點，即一個法律系統的運行不是通過習俗而是通過匯聚在一起的、數組獨立的道德信念，我也不必修正此處關於法律規範具有弱的存在的思維獨立性的主張。德沃金清楚地接受法律規範僅是具有弱的存在的思維獨立性。需要被修正的只是我所暗示的法律規範的弱的存在的思維獨立性存在於習俗慣例中。而一個德沃金的追隨者將堅持法律規範的弱的存在的思維獨立性存在於法律的本質中，其是官員和百姓所持有道德信念的一個混合重疊的結果。

性。在該法域內如果所有人的思維已經永久性地停止發揮功能，那麼就不會有法律系統能夠持續；因此，自然法學家應該接受在某一特定法域內，作為法律規則的道德原則僅僅具有弱的存在的思維獨立性。但是，簡單來說，他們把強的存在的思維獨立性，而非弱的存在的思維獨立性，歸屬於作為法律規則的那些道德原則。甚至於在缺少任何思維活動情況下，從而甚至在缺少任何法律系統的情況下，那些原則將作為法律規則永久地存在，它們屬於每一個這樣的系統，如果存在這樣系統的話。至少，自然法學家是這樣堅信的。

1.2.2 作為確定正確性的客觀性

有關法律客觀性問題的爭論，通常最受關注的也許是確定正確性這一維度。熱衷琢磨這些問題的哲學家和普通人經常最感興趣於弄清，在任何特定法域內，是否人們行為的法律後果確定由佔優勢的法律條款來設定。法律問題存在確定的正確答案的程度與根據給法律官員做出具體裁決所留有餘地的程度是反比關係。當法律官員裁決的任何一個法律問題只存在唯一正確答案時，該餘地就被有效消除了（當然，每一個法律官員仍不得不運用他／她的裁判以設法發現那唯一正確答案是什麼，雖然，任何此類官員在考慮如何對那個正確的答案施加影響上通常有某種自主權）。即使一個法律問題不止存在一個正確答案，此時也許那些正確答案的波及範圍並不大。如果是這樣，留給法律官員的裁判餘地就格外有限。更廣泛而言，如剛才所指出的，法律官員裁判的餘地範圍與正確答案的波及範圍是成正比的。

當某一法律問題的可能答案中沒有一個是不正確時，在“不是不正確”意義上，每一個答案都是正確的。在此種情形下，法律官員享有的餘地是不受限制的；該特定法律問題的每一個答案彼此都是同樣地好，或同樣糟糕。在此種情況下非確定性佔了上風，其是對作為確定正確性之法律客觀性的否定。或者，法律系統中的佔優勢的規範根本就不處理特定法律問題所涉事項，或者無論出自什麼原因，在處理那些事項時，它們根本無確定答案。上面無論哪種情形下，就具體的法律問題都不存在客觀的答案。雖然每一個答案都是正確的（在 "不是不正確" 意義上），但是，沒有哪一個答案是確定地正確。

甚至當圍繞那些法律問題的非確定性僅僅是廣泛的而非徹底的時候，主張存在客觀的答案仍不能成立。非確定性具有分等級的屬性；也就是說，它不同程度地存在。如果關於該事項一個問題的每一個答案一點兒也不優於任何其他答案，一個既定的法律事項可以是完全的不確定。但是，圍繞一個有疑問的法律問題的非確定性通常遠非徹底的。對像這樣的問題，雖然多個對立答案中每一個都是對的，但是，還會有許多其他的答案是錯的。例如，假設是否可以將一組具體的行為恰當地確定為謀殺是個不確定的事項。因為禁止謀殺法律規則的可適用性或不可適用性間的平衡是相等的，故而一個肯定的回答並不比一個否定的回答更好或更糟。儘管如此，對該問題的某些回答顯然是錯誤的。例如，如果有人說一組具體的行為可以恰當地歸為謀殺罪之列，當且僅當這些行為發生在星期二，那他／她的回答顯然是不正確的。不過，雖然該回答的重點在於 "星期二"，且任何類似此種被引入歧途的回答都將被作為錯誤（erroneous）而加以拒絕，但是，在對 "是否有謀殺發生" 這一問題上一個肯定回答與一個否定回答之間，仍然不存在最低確定性判斷的基礎。在這樣的情形下，對該問題的那些回答沒有一個是客觀正確的。雖然由該問題引起的非確定性遠非徹底的，但作為確定正確性的客觀性不見了。包含了 "是" 和 "否" 的非

客觀性與法治

確定性的程度足夠高了，可阻礙將客觀正確性歸屬給任何一個答案。

1.2.2.1 高估了的非確定性

繼而，一個鮮明的問題自己出現了。法律在多大程度上具有確定正確性之客觀性？也就是，法律規則在多大程度上規定了人們行為的法律後果？法律問題在多大程度上存在確定的正確答案？某些人以懷疑的悲觀主義論調回應了該疑問（或該類疑問）。這樣的悲觀論調不時在美國湧現，非常突出：1920、1930 年代的某些法律現實主義者、1970 年代的大部分批判法運動人士以及 1980 年代被極力鼓吹的 "法律不曾真正地拘束官員的自由裁量權" 的觀念。他們甚至深深地懷疑法律規則的融貫性和意義，堅持在任何法律系統中都充斥著非確定性。雖然在那場運動中與法律現實主義有鬆散關聯的某些理論家見多識廣、富於哲理，但他們論及法律非確定性時則不然；後來從批判法學中湧現出許多關於非確定性的主張，甚至更膚淺、幼稚。雖然每一個那樣的思想流派都鼓動爭論，並在短期內贏得了追隨者；但是，它們亦很快屈服於其自身的獨斷論和誇誇其談。誠然，那些運動裏（尤其是法律現實主義運動）的最好篇章都振奮人心，大有裨益，在隨後的法理學研究中亦留下了印跡。儘管如此，貧乏、無知的哲學懷疑主義曾毀損前述每一個思想流派的聲譽，慶幸的是它們已經式微了。

1.2.2.1.1 來自上訴案件的無根據歸納

為什麼法理學者間歇地成為 "法律系統被徹底的非確定性弄得四分五裂" 想法的犧牲品？困惑背後首要的、也是最明顯的因素在於他們傾向於從上訴案件中進行不明智的推斷，那些上訴案件是其進行法律教育和研究的特別關注點。從低等法院上訴來的案件，通常以帶有均勢、棘手的對抗性爭議而著稱。法學院的學生像學者一樣，經常抵制不了誘惑而考察那些有意思、棘手的案件——比之那些乏味的常規案件，他們一般給予這類案件更多關注——它們是一個法律系統運行所要處理的無數情形中的代表。但是，事實上這樣的案件就如它們所喚起的注意力一樣是反常規的。一個法律系統所面對無數情形的所謂真正代表，是那些從不出現在法學院案例教科書上的成千上萬的案件，以及那些人們行為的法律後果是如此清晰，以致於從未引起訴訟的數不清的各種情況。法律系統的大部分運行都平淡無奇直來直去，由此也為那些僅關注有爭議上訴案件的法律學者所忽略。那些學者對上訴案件的癖好在他們中間培育了一種相當誇張的感覺——非確定性困擾法律系統。

1.2.2.1.2 非證明性和非確定性

那種誇張感覺形成的第二個成因是許多理論家沒能充分辨別確定性（determinacy）與證明性（demonstrability）。[5] 關於一個法律問題的回答可以是確定地正確——即或者是唯一正確，或者一個小範圍內的那些答案可以與被認定為正確的其他答案相區分，即使其正確性不可能被證明到使幾乎每一個理性的人在仔細斟酌此問題後都滿意。如果解決法律糾紛的某一方式是確定地正確，那麼，不管是否有人認識到，它也是這樣（正確的）。比較而言，一個糾紛的解決如果是證明地正確，只有當該唯一的適當性可被幾乎每一個有能力思考該爭議的理性人認識到並贊成才行。應該很清楚的是，確定的正確性並不蘊含證

5　該區分在 Tamanaha 那裏完全未予考慮，見 Tamanaha 2004, 103-105。

明的正確性。後者比前者涵蓋的更多。同樣也應該清晰的是，在疑難上訴案件中基本法律問題的最佳答案很少是證明地正確。然而，由於在"確定的正確性"與"證明的正確性"之間缺少蘊含，所以，缺乏後者並沒有蘊含缺乏前者；所以，在特定上訴案件中，基本法律問題（們）存在某一（些）確定的正確答案（們），儘管它（們）非常可能不屬於證明地正確。

這一基本觀點不斷地被宣稱法律必然受非確定性困擾的理論家所忽略，我會在本章後面的小節進一步加以討論。像這樣的理論家也經常簡單地指出疑難案件中冒出來的分歧是難解的，進而斷定在此類案件的關鍵性問題上不存在確定正確答案。他們由此得出結論：法律受非確定性困擾。現在，即使我們將這一事實放置一邊 —— 那些理論家不應該從疑難上訴案件的特殊性中得出關於法律的一般性結論，我們仍應抵制他們就此類案件缺少確定正確答案所作的前述推斷。雖然某些案件中也許沒有確定正確答案，但是，法律官員（或其他人）就任何特定案件的恰當結果相互持迥然相異觀點這一純粹事實，遠不足以證實"沒有任何結果是確定地正確"。法律官員間頑固存在的分歧自身並沒有對引起分歧的難題之唯一正確答案產生任何影響。只是省略了"確定性"和"證明性"間的區分，就會促使人們想法相反。一個理論家通過言及官員們在疑難案件中持續存在分歧，希望為非確定性的主張進行辯護，他將不得不證實那些相關的爭論。例如，這樣的理論家不得不表明將分歧持續存在歸屬為缺少確定正確答案存在可靠理由，而不是因為人們情緒化的、心智的或意識形態的局限。

與區分確定正確性與證明正確性緊密相繫的是確定性與可預測性間的非對等，連同非確定性與不可預測性間的非對等。在許多疑難案件中，由於所爭議的問題盤根錯節，隨之帶來的是那些爭議問題觀點上的相互衝突，案件結果就將不可預測。這就擴大了準確預知法官或其他法律官員將如何處理這些熱點問題的難度。儘管如此，因為在此種情形中官員決定的不可預測性是源於缺少"可證明的正確"答案，又因為缺少可證明的正確答案並不蘊含缺少確定正確答案，故不可預測性與非確定性並不是對等的或具有相同範圍。當然，有時候它們是一樣的，但並不必然一樣。對確定性和可預測性而言，亦是同樣道理。正如已清晰討論過的，確定性並不蘊含可預測性。在其他方面也不存在蘊含。當法官或其他法律官員面對一個沒有確定正確答案的法律問題時，他們對此類問題的處理也許卻完全可預測，因為每一個官員就一個特定法律後果都有清晰的偏好（也許相關官員為了某一個特定法律結果可預測會分享一個偏好；或者他們那些不同的偏好盡人皆知，會分層級、可預測地來處理相關事項）。如此，正像我們不能從不可預測性中妥當地推論出非確定性一樣，我們同樣不能從可預測性中妥當地推論出確定性。[6]

1.2.2.1.3 非確定性的過分簡單化

在某些領域，導致過分關注法律非確定性的第三個因素是對非確定性本身的簡單化理解。有些理論家似乎認為，如果他們能指出存在可靠的論據支持一個法律問題的每一個主要的、可能的答案，那麼該法律問題即受非確定性困擾。構造一個看似合理的案件，表明其問題的每一個主要答案都是互相抵觸的（比如"是"或"否"），這些理論家立刻能得出結論：該案件沒有確定正確的答案。根據剛剛概略的

6　對後一點的合理承認可以參見 Greenawalt 1992, 39。在最初抹殺了非確定性與不可預測性的區分後，Tamanaha 也最終承認了這一點，見 Tamanaha 2004, 87-90。

討論而提出來的,在任何這樣特定的案件中此類結論是否正確,顯然相當草率。該討論的路徑忽視了非確定性不止存在於衝突性變量的角力情形中。非確定性還存在於強度相同或不可通約的變量的角力情形中。也就是說,只有當問題爭議的每一方相互抵觸的主張彼此是均等平衡的,或相互抵觸的主張不受其強度分級比較所影響時,非確定性才存在。相互抵觸(competing)的主張強度上均等平衡或強度不可通約情形下,沒有任何一個主張優於另外一個主張。雖然任何諸如此類的情形包含了真正的非確定性,但是比起抵銷性考量(countervailing)存在的情形(它們也許強度是均等平衡的,也可能不是),其發生幾率低多了。因此,以問題的爭議方之間存在不同的考量為由,簡單直白地推斷該問題的解決上缺少確定正確的方法,即公然犯了不根據前提的推論錯誤。宣稱法律系統中存在普遍的非確定性也經常依賴此類不根據前提的推論。

1.2.2.1.4 非確定性和不確定性(Uncertainty)

許多法學家傾向於誇大法律非確定性程度的第四個原因,與前述已提到的幾個有重疊:即他們沒能在非確定性與含糊性之間做出區分。[7] 不確定性屬信念(beliefs)不充分的狀態(一種認識論意義上的狀態),而非確定性屬同等合理化的狀態(一種實體論意義上的狀態)。當一個人對某一法律問題之正確答案沒把握,進而對該問題是否存在確定正確答案也沒把握之時,他或她在此時並不會否認像這樣的確定正確答案之存在。他或她應正在拒絕對此做出判斷,正如拒絕對該正確答

7　該區分得到德沃金的高度重視,參見 Dworkin 1996, 129-139。

案的具體內容做判斷一樣，他或她不具有充分信念對此兩個問題做出判斷。恰恰相反，如果某人宣稱某一法律問題沒有確定正確答案，他或她就不是在表達不確定性。相應地，他或她正堅持說既不是一個肯定的回答也不是一個否定的回答會優於其他（回答）（如果像這樣的問題 —— 如什麼是最低工資的恰當標準 —— 並非適合給出"是"或"否"的回答，那麼，否認確定正確答案就相當於主張該問題的彼此相抵觸答案中沒有一個優於另外其他的）。為了證實"每一個答案並不優於那個（些）競爭性的答案"這一主張，論者必須要表明那些均衡（counterpoised）的考量被均勻地協調著，或者其不受強度分級所影響。任何此種結論至少應該建立在大量可靠的爭論以及令人滿意的努力基礎上，以證明某一特定的答案是優於任何其他答案的，這遠非不確定性的成果。不確定性根本就不是以實體性爭論為基礎的。

在一個案件中，關於主要問題的爭論充滿複雜性，而且案件的每一方都有重大的合理化根據，在此語境下，許多聰明的觀察者不僅在關乎案件正確的處理結果上，甚至對原則上是否存在一個確定正確的處理結果，都也許傾向於感受到不確定性。然而，誠如剛剛所指出的，對那些問題確實感覺相當沒把握的觀察者並沒有否認確定正確地處理該案件是可能的這一立場。在不確定性被克服以前，他們應該會拒絕肯定或者否認如何處理一樁案件問題上存在確定正確答案。相反，他們的判斷應該是"不判斷"的判斷。然而時常是，當法學家審查疑難案件存在確定正確答案之可能性，並宣告他們自己或其他聰明的觀察者（認為）的不確定性時，他們遂認為那些案件中的法律規則是非確定的。需要抵制像這樣的從不確定性滑移到宣佈非確定性。很明顯這屬於不根據前提的推論，它導致法理學家過高估計了法律調整人們行為所受制於非確定性的程度。當然，當理論家將這種曲解進一步從疑難案件中的法律規則擴展到作為整體的法律規則時，不根據前提的推論所造成的扭曲影響更加劇了（某些偶然情形下，從不確定性滑移到非確定性是沒能理解法律規範弱的存在思維獨立性與其強的感知思維獨立性兩者結合在一起的一個衍生物。許多學者似乎假設，在既定法律範圍內，如果所有或大部分法律官員對某一法律問題的確定正確答案之內容、甚至其存在是沒把握的，那麼該問題就不可能有正確答案了。如果法律規範的感知思維獨立性就如存在的思維獨立性那樣僅是弱的，沿上述思路的假設就很容易被建立。但事實是，雖然作為法律規範的法律規範是以法律官員分享的第一序列之信念和態度為基礎構建的，但它們被賦予了超出官員自身的第二序列所把握的內容和可能後果。例如，來看一條禁止酷刑的憲法規範或其他法律規範。為了弄清該規範怎樣影響各種各樣的懲罰方式，法律官員需要仔細思考該規範的實質。這時，全體或大部分官員也許對此種或彼種懲罰方式的合理性感覺沒把握。儘管如此，那些他們感到沒把握的每一個問題也許剛好存在一個唯一正確答案。基於官員們的法律創制行為從而存在的法律規範，對其某些可能後果而產生的不確定性並不能成為那些可能後果之確定性的障礙）。

1.2.2.1.5 非確定性對根本性（Ultimacy）

本小節要討論高估法律非確定性背後的第五個因素，其具有深遠的哲學意義，即一些法理學家（尤其是批判法學學者）被某些深邃的哲學難題所困惑的傾向。他們注意到像路德維希‧維特根斯坦（Ludwig Wittgenstein）及其他幾個傑出的現代哲學家已經凸顯了任何試圖闡釋構建規則遵循（the following of a rule）的那些事實這一路徑上所遇到的某些巨大的障礙。[8] 最簡言之，那些哲學家揭示出來的基本問題即：任何一組指定的事實都將與無限多的規則相符合，而不只是與假定該組事實所實例化（instantiate）或構建（constitute）的某個規則 R 相符合。我們的確很難說出為什麼是這組指定的事實實例化或構成規則 R，而不是與該組事實相符的無數其他規則實例化或構成規則 R。現在，明確授權法理學來考慮此一重要而深刻的問題，基於他們將之作為斷言法律系統運作機制深陷於大規模非確定性的基礎，他們誤入了歧途。事實是，它並不能成為任何非確定性的有效推論的基礎。

　　一則，維特根斯坦的問題不僅適用法律中的規則遵循，也適用於任何其他領域。例如，它可以適用於數學、邏輯和普通語言中的規則遵循。因此，如果該問題損害了有關法律問題所有答案之確定正確性，那麼它將同樣損害剛剛提及的其他領域中的確定性。那些懷疑法律規則具有確定性的法理學家，在決心提出"二加二等於多少是非確定的"這一主張前，應該是猶豫的。

　　更為重要的是，維特根斯坦的問題並非真正與法律問題之答案（或者其他領域問題之答案）之確定正確性相關。其所暴露的難題並非是形形色色現實行動中規則遵循（潛在的）的任何障礙，而是哲學上努力提供一個關於規則遵循的複雜分析的障礙。伴隨對規則遵循的反思，維特根斯坦旨在形成的是在專家中就他的主張掀起熱烈爭論；但是，在那些專家中沒有人或幾乎沒有人主張，他正盡力揭示形形色色行動中的規則遵循是站不住腳的或虛幻的。他幾乎就沒懷疑那些行

8　關於某些障礙以及從法學理論上闡明其影響（或者缺乏影響），近年來比較好的論述可參見 Green 2003, 1932-1946。也可參見 Landers 1990; Schauer 1991, 64-68; Greenawalt 1992, 71-73; Coleman and Leiter 1995, 219-223; Endicott 2000, 22-29; Bix 2005; Patterson 2006。

動或就那些行動所做出的恰當判斷。相反，他在此領域中的工作最好被解讀為對那些行動及恰當判斷的某種哲學思考上的挑戰。更詳細地說，這是對“哲學的任務就是為那些行動和判斷提供根據”這一觀點的挑戰，而這些行動和判斷本身就是它們自己的基礎。

當支持以此處這種方式來理解維特根斯坦時，我們可以發現他的中心目標即是表明，規則遵循這一概念是基礎的。換言之，該概念並不受制於參考任何更深刻、更清晰（論據）而進行的解釋性分析。此處也許做幾個簡要的推理是有益的。假設某人打算努力為非矛盾律提供一個非循環（noncircular）的哲學基礎（根據一條邏輯規則，命題與命題的否定同時為真是不存在的）。任何此類“課題研究”都將是無效、無意義的，因為其論文將不得不預先假設非矛盾律的每一個階段都有真值；那些論文的融貫性將依賴於這樣一個預先假設。就非矛盾律的真值而言，再沒有比“任何不符合非矛盾律的東西都是自相矛盾的”這一事實更深刻的基礎。任何其他可能被引用來支持非矛盾律的其他基礎，不可避免地要依賴於剛剛所述及的終局基礎。這是毫無疑問的循環論證——終局基礎是非矛盾律所需要的唯一基礎，其也是完全充分的唯一的基礎（既然任何其他自詡的基礎都是終局基礎所派生的）。既然沒有參考比非矛盾律自身更深刻的東西能對其進行論證和說明，故它自身是基礎的。

在這一點上，也需要考慮大衛·休謨（David Hume）對歸納推理（從過去的規律中推導出將來的規律）的批判。[9] 當然，伴隨對歸納推理的批判，休謨熱切地期待獲得專業人士們的熱議，這正如維特根斯坦

9　休謨批評所提出的部分問題，可參見 Stroud 1977, 51-67.

批評規則遵循時的目標一樣；然而，休謨的討論確實表明了一個情況：任何關於歸納推理的充分證明將是循環論證。任何假定一個"支持從過去的規律推導出將來規律"這一論點存在的基礎，其自身不得不預先假定該論點為真，也由此該假定存在的基礎成為了虛假的基礎。跟非矛盾律一樣，一條肯定歸納推理屬性（在所感知到的規律自身限度範圍內）的普遍原則即是其自己的基礎。比起任何更深刻或更可靠的其他東西，它更易於由其自身所證實。

我們最好將維特根斯坦揭示規則遵循這一概念理解為與非矛盾律以及贊同歸納推理屬性的那一普遍原則是近似的，也因此，規則遵循這一概念是基礎的。任何試圖對某些指定事實如何實例化或構成某一特定規則進行解釋，都不得不預先假定其所意欲證明的是什麼。以此種方式分析維特根斯坦主義者對規則遵循概念的批評，的確意味著通過參考其他更深刻的東西而非其自身來分析該概念的哲學努力是無效的。像這樣的概念對於非循環哲學分析來說是難以理解的。但是，維特根斯坦的批評很難說暗示了規則遵循自身是無效的或存在任何形式的問題，也無法從中有效地推導出非確定性。在許多領域規則的適用性與不可適用性問題依然是可被以確定正確的方式回答，就像伴隨非矛盾律之各種命題的可遵循性或不可遵循性問題一樣。那些實例化或構成任何特定規則的事實將依然存在，儘管它們如此的身份並未導致其自身通過進一步的哲學解釋而被闡明。那些事實仍然需要受其實例化或構建的規則所拘束的人做出某些判斷，並排斥相反的判斷。那些事實對哲學分析的不敏感性絲毫也未減損其"判斷做出"（decision-prescribling）的力量。維特根斯坦的批評一點也沒揭示出諸如法律系統運行的各種行動都是不確定的，而是把這些行動中的一切都作為它們本身而擱置。另外，能確信的就是他沒能抓住某一實踐之不可分析的基本面實際上就是該實踐的基本面。雖然該實踐不可分析的特徵妨礙了哲學說明，但其恰恰絲毫不減損它們在實踐層面運行。該運行很少依賴於我們能夠為之提供一個非循環的哲學解釋。

1.2.2.1.6 行政自由裁量權

上文已經考察了某些法理學家過分主張非確定性背後的哲學上的一個重要因素，此處要簡略探討最後一個因素，其對法律規範而言很特殊（對有非常相似的制度化結構的其他領域也適用）。實質上，法律的任何高級系統都有制度化特徵，其使系統規則的執行變得複雜。我當前的討論將集中於一個特徵，其已引得一些批判法學者和其他法理學者假定在法律系統運作中存在普遍的非確定性。像這樣的理論家也許承認法律規範自身針對許多情形是確定地適用或不適用，但是，他們隨後指出那些規範的實際執行和效力經常很大程度上受制於某些官員（尤其是負責偵查和監督的官員，及負責啟動、維持偵查和監督程序執行的檢察官）的自由裁量權。這些理論家得出結論，法律規範執行中的自由裁量因素足以支持宣稱法律存在普遍的非確定性。[10]

由前述官員所行使的任何自由裁量權在政治道德的一般原則範圍內運行。在任何特定案件中，那些道德原則也許恰好要求相關官員給出確定的行動步驟。至此，官員們的法律裁量並沒有伴隨著道德裁量。然而，關於道德裁量的這一點還遠不足以成功地回擊那些批判法學者，既然他們所主張的是法律規範的非確定性而不是關於一般規範的（normative）非確定性。除非那些政治道德原則已經被吸納入一個

---

10 關於此種爭論的一個反駁，可參見 Greenawalt 1992, 53-56；我自己的反駁不同於 Greenawalt，但兩者是相互補充的。

法域內的法律規範中作為法律要求，這些法律要求會被官員們違反，他們執行該法律規範在道德上是不當的，否則，官員們缺少道德裁量本身並不會損害其法律裁量。因此，如果他們擁有法律裁量權某種程度上導致法律系統運作的客觀性上有點兒問題，那麼堅持其缺少道德裁量權本身是無法補救法律系統客觀性的。因之，我們的重點不是放在官員們的道德限制上，而是需要直截了當地問：是否他們的法律自由裁量權削弱了法律系統中法律問題答案的確定正確性。

讓我們把注意力放在某一法域內刑事審判系統中官員自由裁量權的實踐上（在一個非常抽象的層面）。懷疑論法理學者所需要表明的是，此種裁量權的存在致使非確定性的法律後果發生，該後果是依據刑事法律適用而得出的。那些懷疑論者表明了這一事實：因為警察、檢察官或其他法律官員行使法律自由裁量權之故，許多已經偵查發現的犯罪者卻沒有被定罪或受罰。這種極為常見的沒有刑罰後果 —— 或者更準確點，因為法律許可官員們進行自由裁量而導致缺少刑罰後果的事實 —— 被懷疑論者認為可充分證明其觀點，即司法官員被授權可無視任何根據刑事法律禁令所給出的法律後果。結果，有關人們行為法律後果問題的答案據說就沒有了確定正確性。一旦從法律規範內容的抽象層面轉到在執行過程中被賦予效力的規範內容層面上，就會發現法律後果是不確定的。懷疑論者堅持的就是諸如此類的觀點。

在考察懷疑論者的觀點靠不住之前，我們應該注意它的確沒有混淆非確定性與不可預測性（兩者屬性的區分已在本章討論過）。懷疑論者並沒有主張在法律規範實施中，官員的自由裁量權存在與運用會必然使規範實施變得不確定。他們也許會承認在大多數語境下，法律官員以可預測的、有規律的方式使用其自由裁量權。儘管像這樣的可預測性很難被保證，但它是非常可能的。懷疑論者會繼續主張，即便如此，官員處理各種各樣麻煩事的可預見性是因為法外因素，如共享的心理傾向，而非法律義務與法律權利條款。這些法定權利義務條款與實際加諸於人們行為上的權利和義務方式並不一致，即使違反這些條款是有規律和可預測的。最重要的是，前述的這些違反法律條款情況全都屬於合法地運用自由裁量權，而且針對此種違反情況，官員所做出的任何裁判（也由此支持相關法律條款發生效力）同樣本已是法律允許的。由此，這條法律規範基於其實際上適用於人們的行為而言是非確定的，因為其他方式的適用也可以。既然每種情形下的裁判本都可是正確的，那麼支持強制執行（某一規範）的裁判或反對強制執行（某一規範）的裁判都非確定地正確。這就是懷疑論者爭論所得出的結論。

雖然懷疑論者的論調沒有將非確定性和不可預測性混為一談，但其對法律命令（legal mandates）和法律系統的理解停留在簡單化上。特別是對根據法律系統中禁止性規範或其他規範調整人們行為的法律後果上的簡單化理解。在此，我們集中考察刑法上的禁止性規定。懷疑論者談及這樣的事實：偵查發現某人違反刑事禁令卻沒有被懲罰，這是警察、檢察官等官員被法律許可運用白由裁量權的結果。懷疑論者認為不給懲罰與禁止性條款所規定的不一致。然而，事實上，那些條款所規定的比懷疑論者所意識到的更加難以理解。

對刑事法律命令條款而言，重要的並非是每個違法者都會遭受某種懲罰，而是每個違法者都會引起一個以懲罰為條件的法律責任。這裏的“責任”一詞即是美國法理學家韋斯利·霍菲爾德（Wesley Hohfeld）意義上的。也就是，它標識了對某人法律地位發生變化的一個敏感性（Kramer 1998, 20-21）。某一（些）法律權力享有人本人或他人運用該法律權力可以導致此種地位變化。在本案中，相關的權力是由負責追究罪犯的法律官員所擁有的（它們是通過一系列複雜步驟專門實施的，如逮捕、預審、審訊、課刑等）。如果適格的官員們針對已經違反一條刑事法律的某人 P 運用他們的權力採取懲罰性措施，那麼 P 就引發了一個法律義務（duty）服從那些措施。通過課以一個新的法律義務，他的法律地位已然改變。準確地說，當他違反了一個法律命令時，他就使自己有責任去遵守那個新的法律義務。然而，他違反法律命令的必不可少後果並非是發生了地位改變（這要依賴於適格的官員實施其權力），而是引起了其承受如此改變後果的責任。即使隨後課以的強制義務從未實際上發生，這一責任已經出現了。如果一個警察或某一其他相關法律官員行使其自由裁量權並傾向於啟動懲罰程序，那麼 P 不會獲得一個服從任何處罰的義務 —— 其也許源於那些懲罰程序。同樣地，P 通過其違法行為將自身僅是置於獲得一個像這樣的義務的責任下。P 將自身置於責任之下即是其違反刑事法律規定所必然產生的，其與是否受到懲罰性措施沒半點兒關係。

相比之下，P 遭受懲罰性措施並非是其違反刑事法律命令所必然的產物，即使我們不考慮這個事實 —— 制裁程序也許基於許多原因如缺少可靠（clinching）證據而出岔子。P 遭受懲罰性措施並沒有必然（inelucably）產生，因為法律系統中掌控著使 P 受到制裁之責的那些規範就是授予相關官員自由裁量權的那些規範。被授予自由裁量權的官員既可以合法授權，也可以依法許可對 P 繼續適用懲罰性措施，也可放棄它們。如果他們選擇放棄懲罰措施，其不與法律系統中任何規範條款相衝突；顯然，這也不與法律系統中授予其自由裁量的任何規範條款相衝突。不太明顯的是，這也不與 P 所違反的任何法律禁令相衝突。畢竟，正如剛剛指出的，P 違反法律命令的唯一必要後果是其引起了遭受懲罰之責任。確實，該責任的確繼違法行為而突然降臨於 P，即使隨後他沒有受到任何懲罰。換言之，官員自由裁量放棄針對 P 的懲罰性措施，這根本不是不符合可適用的法律條款問題，而恰恰是完全符合那些條款的問題。在此情形中，P 所引起的責任正是由其違反法律命令所來，而官員們根據規範所授予其的自由裁量權，被許可和授權做出了一個放棄懲罰措施的裁判。

當一個懷疑論者主張，法律命令實際適用於人們的行為之時，由於官員有自由裁量權，故法律命令是非確定的，那麼，他或她是沒能注意到下面兩段所凸顯的關鍵區別：遭受懲罰措施之責任與實際遭受懲罰措施之區分。一旦我們考慮這一區分，即可明白在執行法律命令中，官員自由裁量權的存在並不能擾亂人們行為的直接法律後果。那些後果就如課以要求的法律命令所規定的一樣，任何不遵守那些法律命令的人將引起一個遭受懲罰性措施的責任。無論執行這些法律命令的官員的自由裁量權存在、運用與否，這樣的結果會立即發生。如此，若認為違法行為的法律後果是懸而未決的，那這一看法太簡單化了。

由此，懷疑論者因忽略上幾小段所指出的區分而誤入歧途。對此種區分的忽略使其看不見存在於理論中的法律命令的確定性與其現實地影響人們法律地位之確定性是並行不悖的。負責執行法律命令的官員在執行任務時被授予自由裁量權，這一事實對於削弱法權運行的客觀性來說並不充分。不過，儘管懷疑論者的討論是膚淺的，但其中還是有樸素的真理成分。在這裏，一切都取決於官員們自由裁量權的本質。

假設有一個治理系統，在執行該系統指令中，官員們被授權和許可去做任何他們喜歡的事兒。只要發生違反指令的情況，完全授權和許可官員們繼續或是放棄執行某一懲罰性程序。那麼，在該治理系統的規範範圍內，針對繼續這一程序的任何判斷，無論是支持或是反對、是基於任何理由或是根本沒理由，兩者都是有效的、允許的。官員的反覆無常即是每一個如此判斷的充分基礎，沒有誰被要求努力使近似案件近似處理或區別對待相異案件。沒有誰不得不考慮其他官員的判斷及自己過去所做之判斷。那麼，沿著這樣的路線，在任何治理系統中，人們違法行為的法律後果大部分的確將是懸而未決的 —— 而且，我在後面章節將談到，它們很可能並非是真正的法律後果。儘管每一個違法行為所引起的直接法律後果（又叫 "引起受到懲罰之責任"）是確定的，但其進一步的法律後果完全搖擺不定。一個罪犯是否事實上被課以懲罰是由相關官員一時興起所決定的。根據該系統的規範，他們是否應該被懲罰或放棄懲罰，在官方追究或放棄懲罰之前，沒有確定正確的答案。即使官員們事實上以高度規範化和協調的方式運用完全的自由裁量權，授予此種完全的自由裁量權仍足以導致大部分違法行為法律後果的非確定性（注意，此段觀點的一個更強版本對於一個邪惡的治理系統而言可能更為恰當。在該系統中，完全授權和許可官員針對沒有違反系統規範的人們施行懲罰。此處，我並沒有關注此種情形，僅是因為它並沒有在我所駁斥的懷疑論中有所反映。他們通過宣稱法律實施過程中確實有違法發生且存在官員的自由裁量而努力來證明關於法律非確定性的觀點）。

　　就前述段落概略描畫的治理系統來說，儘管懷疑論的觀點大部分都正確，但依然是簡單化的，因為其忽略了一個人將遭受懲罰性措施的責任與一個人實際上遭受懲罰性措施兩者之間的區分。當執行法律規則的官員之自由裁量權完全不受約束時，大部分違法行為的法律後果將是不確定的。一個包含此類法律後果的系統將只擁有微弱的確定性。儘管如此，有很好的理由來質疑西方自由民主法律系統（懷疑論聲稱正研究此法律系統）中懷疑論的主張能否站得住腳。為了表明自己的主張的確對自由民主法律系統產生了影響，懷疑論者不得不建構起官員自由裁量權的運作整體或大部分是不受約束的。但是，顯而易見，以各種形式存在的自由裁量權伴隨著不同程度的限制。如果在部分或全部西方自由民主法律系統中，官員自由裁量權都如我在上一段中所論述的那樣無邊無沿，那麼，懷疑論保證會主張無法不懷疑法律系統運行的客觀性。反之，如果法律系統中自由裁量權非常適度，通過相當嚴格的限制而在處理棘手情況上獲得一致，那麼，懷疑論的主張就無損客觀性。懷疑論所揭示出的非確定性問題在自由民主法律系統運行中是有範圍限制的，不是普遍性的。

那麼，我們有強有力的理由來認定自由民主治理系統中官員執行法律命令時的自由裁量權實質上不受約束嗎？亦或我們有充分理由來認定其自由裁量權是非常適度的？關於這些問題任何明智的回答都需源自廣泛的經驗研究，其規模遠超過懷疑論所進行的研究。當然，在此進行這樣的研究是不可能的，但是，我們可以對那些反對懷疑論研究的某些理由進行簡要反思。其一，自由民主政體（或者許多專制政體中）很明顯不會授權和許可官員執行法律時依照純粹的異想天開進行裁判。如果一個官員所做出的某一（些）結論沒有可信的邏輯依據，並且，如果棘手案件剛好引起更高當局的注意，那麼，該官員很可能被斥責，或者結論（們）可能被撤銷。更普遍的情況是，自由民主政體中法律官員對違法者做出追究或放棄懲罰的裁判，許可成為這些裁斷基礎的各種考量都存在廣泛而多樣的法律限制。例如，除非是在極端的情形下，此種裁判不可根據違法者或受害人的宗教、種族、性別、民族、政治信仰、社會經濟地位而做出。另外，過去、現在的裁判會約束將來可能做出的裁判。一致性的要求，如美國憲法中的平等保護原則或古老的同等案件同等對待的正當程序原則，為法律實施做出任何一個裁判的有效性和可行性設置了限制，使該裁判處於其他裁判的語境中。近似的情況還有，有些規則剝奪官員去執行法律要求的法定權力，那麼儘管有違法行為，但卻無人執法。當然，在法律命令執行中對自由裁量權的這些限制並沒有完全消除自由裁量權，但是，比起懷疑論者對自由民主法律系統運行中所設想的自由裁量限制來說，這些限制的確更加嚴密。

如此，懷疑論聚焦於法律命令執行中官員的自由裁量權的討論，在幾個方面都是膚淺的。他們的主張沒能表明（也未打算表明）在大多情形下當法律指令存在於抽象層面時其沒有確定的含義。另外，由於沒能區分遭受懲罰之責任與實際遭受懲罰，懷疑論忽略了違法行為的直接法律後果之確定性。再有，由於懷疑論者對自由民主法律系統中執法官員的自由裁量權所進行的限制給予的關注不夠，其明顯過高估計了自由裁量的程度。懷疑論以如此方式考察法律執行中官員自由裁量權所得出的結論是誇張的。誠然，還可以也應該再多說點（例如，一個完整的研究需要仔細考慮這一事實：許多違反法律義務的情形未被發覺；及進一步的事實：許多已被發覺的違法情形中違法者的特徵還沒有揭示出來），但是，我們已經有了強大的理由來確信，西方自由民主體制下法律適用中的自由裁量權問題不可能完全被批判法學及其他懷疑論者通過誇張地宣稱法律的非確定性來加以證明。

如果我們承認一個法律系統的程序機制可以縮減實體規範裏可能存在的自由裁量權，那麼前文中反懷疑論的結論將得到強化。例如，一個社會法律中的各種終局規則（rules of closure）可以去除某些原本存在於其中的非確定性的縫隙，像私法案件中 "只要法庭上對爭議的關鍵點上不存在一個確定正確答案，被告就應該贏" 這一規則。當然，並非所有像這樣的設計都是可取的，況且也沒有一個諸如此類的設計曾完全消除了非確定性。例如，某一特定案件庭前的關鍵性爭論是否存在一個確定正確答案，該問題本身也許就沒有確定正確答案（這種難題牽涉到了第二序列的非確定性）。然而，終局規則及其他的程序設計擴展了法律裁判者可以得出唯一正確答案情形的範圍。懷疑論者已經專注於那些方式，在那裏一個法律系統的行政和司法運作機制降低了該系統義務性及授權性規範的確定性。縱使他們也會注意到這些運作機制可以增大該系統的確定性，但其卻很少傾向於誇大這些發現。

1.2.2.2 低估的非確定性

如果說批判法學者已極度誇大了法律功能系統中非確定性的程度，那麼一個需要討論的關鍵問題是拒絕他們的懷疑論主張究竟能走多遠？是否該遵循羅納德・德沃金（Ronald Dworkin）堅持的，在特定法域內每一個法律問題或者幾乎每一個法律問題都存在唯一正確的答案？（Dworkin 1977; 1978, 279-290; 1985, 119-145; 1991）一方面，他的觀點一點也不像剛開始時看起來那麼古怪。至少在極近似美國的所有法律系統中，他同意法律問題的答案不僅取決於近似的法律淵源，如制定法、司法解釋、行政規章及憲法條款，也取決於內在於那些法律淵源中的最富有吸引力的道德原則。甚至當常見的法律淵源的清晰表述也無法給出複雜法律問題唯一正確的答案時，那些最富有吸引力的道德原則卻做得到。此類原則可以關閉司法的任何開放性（open-endedness），因為每一個疑難問題的唯一正確的道德答案，同樣也是其唯一正確的法律答案。

實際上，德沃金通過堅持主要的道德原則被合併入特定法域內的法律中，主張合法的決定性標準範圍比之那些僅關注明顯的法律淵源形式（像成文法、規章和條例、司法原則、合同條款及憲法規定）之人所認為的要寬泛得多。由於德沃金所理解的決定性標準範圍是如此寬泛，所以主張此種法律系統中每一個法律問題都存在唯一正確答案就不再難以置信。此外，可以對德沃金關於補充性法律標準（supplementary legal standards）之重要性的觀點做個歸納。在某些法律系統中，補充性法律標準的作用可由正確的道德原則來完成，其可作為合法拘束官員裁判的理由；但是，即便在一個並非讓人信服已將一些正確的道德原則植入了法律的系統中，某些補充的標準仍是有效的，那些標準也許是法律政體統轄下的社會中盛行的傳統道德信條。或者，在一個極端邪惡的法律政體中，補充性法律標準可以是一套無恥原則，這些原則的核心是利欲薰心的官員們的強取豪奪。另外，在任何法律功能系統中，無論其是善還是惡，官員們都會藉助於人類典型的欲望、動機、傾向等數不清的假設，以及藉助與日常語言相關的典型含義的假設。儘管那些常識性推斷的內容本身不是司法裁判之規範基礎的標準，但它們極大強化了作為規範基礎的那些標準的確定性。也就是說，它們對於某一法域中的成文法律、規章和條例、司法原則及其他法律標準，是否可適用或不可適用於任何特定情形，做出很大貢獻。上面提及的常識性推斷的內容，就像道德原則或者其他已經被合併入某一法域中的原則，是判定人們行為法律後果的決定性的試金石，它們有助於縮小由清晰的法律規範表述留下的非確定性的空隙。由法官或其他法律官員所使用的解釋技術用以闡明複雜法律語言的意思，可以說與上述有異曲同工之效。只要我們評價德沃金的"每一個法律問題都存在唯一正確答案"的合理性時，我們應該牢記這些觀點。

德沃金支持的另一個觀點是區分非確定性與非證明性，這一點我們已著墨甚多。當德沃金堅持說每一個法律問題都存在唯一正確答案時，他並非暗示法官及其他官員就那些答案是什麼總是達成了一致，遑論普羅大眾。相反，他反覆強調圍繞著那些法律難題的分歧是頑固的。在他的法律理論中，確定的正確與可證明的正確之間的區分非常明顯，因為他贊同在任何有道德權威的法律體制中，正確的道德原則就存在於法律規範中。鑒於正確的道德原則具有強的感知思維獨立性，而且也具有強的存在的思維獨立性，他主張疑難法律問題存在唯一正確的（uniquely correct）答案，並不簡單地意味著存在廣為一致（aboutwidely agreed-upon）的答案。因此，後者主張的荒謬性不能歸因於前者的主張。

另一方面，德沃金堅持認為，關於每一個法律問題都存在唯一正確答案這個說法，儘管也許並不可笑，但相當冒失。雖然我們在前三段已經說了那麼多，但像德沃金走得那麼遠，依然不存在令人信服的根據。他信心滿滿地挑戰"相當多的法律疑難問題不存在確定正確答案"的正統觀點是對的，但是，他的挑戰並非完全成功。雖然法律中存在的道德原則作為拘束法律判斷之基礎，會彌合非確定性的許多縫隙，否則它們將裂開，但是，認為那些道德原則會剔除所有的或幾乎所有此類縫隙的想法則不可信。毫無疑問，與對抗性考量相關聯的問題大量存在，它們或者是均等平衡或者是不可通約。德沃金對此情形的立場與其抵制道德不可通約性並由此拒絕道德價值多元主義的觀點密切相關。其主張基本的道德價值在某些方面會互相抵觸，由此有時候它們彼此之間不得不相互權衡。誠然，他對道德領域的不可通約性和價值多元主義的懷疑在某種程度上是有益的；人們有時候太急於假定某種取捨之所以棘手是因為完全無法進行協調。即便如此，倘若德沃金打算認為這是放之四海而皆準的，就是過於自負了。並不存在堅實的道德理由認為道德原則已給出法律系統所應處理的**每一個**問題的唯一正確答案。德沃金以克服不可通約性及價值多元主義的方式努力表明政治和道德價值緊密相聯，他不得不採用某些牽強附會的論證（Williams 2001, 13-14）。當然，此處所論還遠遠不夠，但是我們最好還是先於德沃金下結論吧：任何法律功能系統包括已經將道德原則納入法律規範考量的法律系統，將面對一種情形，其所引起的法律問題並不存在確定正確的答案。

承認許多法律概念都有不可根除的模糊性（vagueness）強化了該結論（Endicott 2000, 63-72, 159-167）。儘管在 1.2.6 部分我們會簡要討論模糊性問題，但是，全面討論該問題超出了本書的研究範圍；此處，簡單舉個普通的例子，對目前的目標就足夠了。假設批改試卷，從期限長短的角度，6 個月是個不合理長的期限，3 天是個合理短的期限。然而，如果 6 個月是不合理長的期限，那麼 6 個月減 1 秒也是不合理長的期限。確定前者為不合理長的依據會同樣適用於後者。相反地，如果 3 天是合理短的期限，那麼 3 天加 1 秒也同樣是合理短的期限。這些時間長度之間的任何合理 / 不合理區分都是沒有根據的。在此語境下，時間段 L 與 L+1 秒或 L-1 秒之間的區分也同樣如此。無論可變數 L 數值是什麼，L 與 L-1 秒或 L 與 L+1 秒之間的合理 / 不合理區分，都將是站不住腳的妄斷。然而，儘管如此，一個大膽想準確說明合理短與不合理長相區分的人，會在給 3 天期限增加額外秒數上無限推進，在給 6 個月長度減少秒數上同樣無限推進 —— 直至零。並不存在一個點，讓我們可以停下來並得到一個合理界限，來標識前者長度的合理終點或後者長度的不合理起點。由此我們似乎被驅使著得出判斷：6 個月（甚至更長）是合理短的期限，而 3 天（甚至更短）是不合理長的期限。

這一難題在古代就為人所知，且對許多（類似）二分法而不僅僅是合理／不合理區分有影響。（Sainsbury 1988, 25-48）要解決該難題，我們該承認每一個這樣的二分法都與邊界模糊例子中的灰色區域有關係。在灰色區域中 —— 界限本身即是模糊不清的 —— 特定邊界模糊問題是否會倒向二分法的一邊或另一邊，不存在確定的答案。目前，在法律系統中的主要概念，有許多都屬於引起此種灰色區域的模糊概念。雖然那些法律概念的模糊範圍彼此相異，即在實踐意義上模糊程度彼此相異，但是，每一個都可生產出不存在確定正確答案的問題。既然祛除種種表現模糊性的方法都需要依賴概念，而其本身並不受與前文略論的觀點類似的推理思路影響，那麼出現某些此類問題的可能性是不可消除的。雖然通常可以削減法律系統中的模糊性，雖然其總是被從一個焦點轉換到另一個上，但其從未被完全克服。

法律系統中的確存在非確定性，雖然比起批判法學者所想象的範圍有限得多。它甚至以抽象標準的方式進入到法律規範中，更不必說經由法律官員的實踐擴展而進入規範並發揮效用。然而，非確定性的精準範圍及其引起的特殊類型問題，在不同法律系統中自然會有所變化。在每一個作為整體的法律系統中，作為確定性的客觀性具有分層次的屬性，而非全有或全無的屬性。

1.2.3 作為統一適用性的客觀性

客觀性的另外一個突出方面或維度是統一適用性，儘管其與客觀性的其他維度存在重疊之處。在一個法域內，如果法律規範統一適用於人們，那麼，在那裏法律規範是以同樣方式適用於每個人的。可以比較區分幾種適用性來理解法律規範的統一適用性。首先，它存在於絕對命令中，也就是說，它存在於法律對每個人要求的絕對強制中，無論他或她個人的愛好與傾向。例如，關於謀殺的法律禁令以同等的強制力適用於本性趨向和平的人和本性趨向殘忍的人。雖然遵守如此禁令對前者而言可謂毫不費力，對後者卻十分令人懊惱，但是，前者跟後者恰恰一樣被嚴厲禁止謀殺。近似地，禁令同樣適用於那些極度恐懼進監獄的人以及那些因漠不關心自己生存環境、自我期許從而根本不在乎進監獄的人。懲罰等待每一個已經被控犯謀殺罪的人，無論其是否已作為威懾力量而被感知。

法律規範是絕對命令這一命題，應該添加幾個重要的限制性條件。其一，作為絕對命令的法律規範，如禁止謀殺，並不意味著某人違反此類規範的所有法律後果必然與其他人違反的後果一樣。某些結果的確對每個人都是一樣的，如引起遭受懲罰之責任的直接後果。然而其他法律後果也許非常不一樣，而且，之所以不同，也許部分或全部在於人們偏好與欲求上的差異。一個品行良好的人不那麼卑鄙地實施謀殺，比之一個被欲望腐化的人出於惡毒的理由而實施謀殺，後者將被課以更嚴厲的懲罰。相比而言，對某些謀殺的懲罰存在加重或減輕理由，其與人們的偏好、性格直接相關，也許可籲求更少或更多的寬恕。這些變化與禁止謀殺該法律規範的絕對強制性是完全一致的。像這樣的規範擁有了絕對強制性，因為它建立起 "某一行為模式屬法律上的不當，不管人們被此行為模式吸引還是排斥"。該規範所強制要求的是對每一個人的要求；其作為法律要求的身份不依賴於任何人的目標或欲望。就此關鍵點來說，一個法律命令即是絕對命令。其禁止某一具體行為類型致使那類行為對每個人來說都是法律不許可的，儘管每個人違反該命令之法律後果的嚴重程度也許不都是一樣的。

其二，法律規範作為絕對命令的另外一個限制性說明是法律規範的異質性。某些法律規範如禁止謀殺的確明顯具有絕對強制性。每一個此類規範要求人們以某種方式行為或避免以某種方式行為，並不考慮任何個人的目標也許是什麼。但是，另外一些法律規範卻沒能產生這樣的效果。在此語境中最重要的區別在課以義務的規範與授予權力的規範之間（Hart 1961, 27-41）。正如法理學家們已經強調了許多年，授予權力的法律規範不同於課以義務的法律規範，例如授權人們締結合同或者遺贈遺產的法律規範，其並不絕對要求人們採取特定的行為模式，相反，它們是給人們提供機會以實現某些願望。人們能夠利用那些機會或拒絕利用它們，以與他們的目標相一致。當然，任何希望通過授予權力的法律規範帶來可能後果的人都必須遵守踐行上述權力所規定的條件和程序。但是，授予權力的法律規範本身並不強迫人們努力帶來任何該法律規範所能夠帶來的後果。一個人行使法律權力不得不遵守相應的條件和程序，視其試圖實踐那一權力的情況而定（誠然，有時候，人們有法律責任行使其所被授予的法律權力。這樣的責任尤其與法治政府官員的公共權力密切相關。然而，任何這樣的責任都是由課以義務的規範所建立，伴隨著官員們據以擁有權力的授予權力的規範。授予權力的規範本身並沒有導致強制實施任何特定行為或履行任何功能）。

此外，法律規範作為絕對命令的第三個說明是，雖然絕對強制性屬於統一適用性中的一類（species），但兩者的屬性絕非簡單對等。例如，雖然授予權力的法律規範不屬於絕對命令，但是，既然在一個法域內它們通常適用於相似的每一個人，至少在西方自由民主體制下，它們仍通常是統一適用的。通常，任何此類法律規範都規定了程序，每一個希望行使該規範所授予權力的人都必須遵循。對這些程序的詳細說明不屬於絕對命令，因為它們並不要求每一個人都按照所規定的方式行為，除非他或她渴望某些後果。但是，它們是某一法域內的每一個人所獲得的有條件的命令。

　　相反，正如缺少絕對強制性並不蘊含在其他方面缺少統一適用性，在其他方面缺少統一適用性也不蘊含缺少絕對強制性。例如，假定非洲一個有著深厚種族主義的國家，法律中有禁止白人謀殺任何人的法律禁令，但卻沒有對黑人課以同類禁止性要求；而是禁止黑人殺害其他黑人，卻允許其殺害白人。這兩個禁令主要在兩個方面不具有統一適用性。在限制一個人可以做什麼上，以及對其他人違法行為所提供的保護上，這兩個禁令根據膚色對人們進行區別對待。儘管如此，這些禁令仍是絕對命令。根據它們所建立起的法律要求根本不會依據人們的願望與目標而有所不同。一個人進行謀殺或期望受懲罰的態度與其是否被法律禁止或許可從事該行為的問題，無甚關聯。在該法域內，法律禁止白人謀殺任何人，黑人則被禁止謀殺任何一個黑人。如此，儘管該類假想的禁令在某些方面明顯不是統一適用的，但從作為絕對命令的意義上看，它們依然是統一適用的。

1.2.3.1 統一性和個體化

　　從上文可以明顯看出，統一適用性遠不僅是絕對強制性。它的確與許許多多的差別適用性不一樣。在大部分語境中某些差別適用性（如種族或宗教歧視）都是有害的，而討論法律客觀性時尤其常提及的其他一些類型的差別適用性，其道德方位（bearings）多有些模糊。[11]也許這其中最值得注意的是根據能力或智力而做出的區別適用。在英

---

11 就這些問題的某些有著細微差別的討論，且主要聚焦於刑法上，可參見 Greenawalt 1992, 100-119。

美法中，像這樣的區分往往都被取消了。例如，英美侵權法中的過失標準，通常通過參考一個理性人所應盡注意的程度來進行定義，該標準也適用於那些缺少智力或身體靈活度的人。法律專家不斷表明該標準是客觀的，由此將之與考慮特定被告的特殊缺陷的方式進行區分。無可否認，存在為孩子、精神病人及肢體有嚴重障礙的人規定上的例外。儘管如此，英美侵權法的實踐一般仍堅持人們應依法對其過失行為所造成的危害後果負責，不問其是否有能力滿足合理注意標準（的要求）。英美法中許多其他領域在支持作為統一適用性之客觀性、超越任何迎合個人偏好的主觀方式上大體也是相似的。

是否法律的任何領域皆應該堅持統一適用的態度，而不顧及任何個人身體或精神上的缺損？這是個懸而未決的問題。一方面，以種族、宗教或民族偏見的方式提及此類缺陷而在人們之間相互區分，這種做法也許不是鮮明的不公；而對那些身體或精神上有缺陷的人，因其無法遵循某一更為苛刻標準而犯錯，適用一個更為寬大的法律標準，在某些方面這顯然是更公平的。儘管"應該"暗含"能夠"這一原則作為道德原則並非總是正確（Kramer 2004a, 244-294; 2005），但其經常是正確的。針對某人已經引起了麻煩而其又無力避免的情形，啟動政府法律機構的強制性力量會讓人討厭。另一方面，支持英美侵權法（及與之近似的其他法律領域）目前立場的、有影響的理由，還有幾種。

第一，就是公平的考慮。毫無疑問，判定一個倒霉被告因其達不到標準的行為承擔損害賠償對其是嚴重的負擔，但是若不判定被告賠償無辜受害人的損失（其他條件均不變情況下）則會是更嚴重的不公正。或許，此種情況下，一個替代性的私法賠償制度是恰當的。例如，也許應可以依靠公共維持的資金對受害人進行賠償。然而，為什麼應當由納稅人負擔某人的疏忽草率行為所造成的有害後果的補償，這仍然不是非常清楚。私法補償論的主張者也許援引類似的主張來進行回應，即許多人面對災禍時廣施花費來表達表面上的同情心。但是，按此邏輯推演下去，這種說法站不住腳。金融刺激削弱的損害無法阻止人們參加其無法安全從事的活動。無論如何，另外一個比公共賠償資金制度更沒吸引力的制度是因他人過失而受損的一方應該依賴甲方 —— 保險公司（也就是說，由潛在受害人購買保險以補償他們所遭受的來自他人行為的傷害）。本身並非特別依賴公共補貼支持的甲方保險公司，其任何可持續的方案都會有個鮮明的不討喜特徵：或者是經常因他人疏忽而遭致損失的人，不得不支付更高的保險費；或者是所有購買保險者將支付更高的保險費以支付過失引發事故的費用。如此，雖然私法賠償制度是不完美的，但它作為對過失後果的補償機制，比之其他的替代性制度，可能還是有點吸引力的。鑒於此，及如果因他人笨拙而引致無辜受害人的損害無法得到賠償是不公平，英美侵權法領域內的法學家不願意寬宥愚鈍者的缺陷就有了充分的理由。

支持法學家不願意寬宥的另一個理由已在上文略有提及。許多因為笨或傻而引起的事故，通過人們放棄某些行動很容易被避免。例如，如果某人因為身體原因（也許是糟糕的視力或者身體缺少靈活度）無法按照可接受的安全方式開車，那就根本不該以駕駛標準來判斷她犯有過失。如果她低於法律標準的駕駛行為不幸導致了事故，那麼無論是對她最初的駕駛行為，還是緊接著事故發生前那有點笨拙的駕駛行為，認為其有過失都屬於吹毛求疵。因為她原本可以通過不開車來避免這一事故，所以當她拒絕該選擇時，她就處於請求寬恕的一個弱處境（當然，若她的駕駛行為是因為極端緊急狀態發生這類屬於全然不同的情形，那麼，在這類特殊情況下，反對寬宥就缺少了通常的說服力。此情形下，她糟糕駕駛行為也許不被認定為過失）。

第二，根據人們體力、智力的缺陷進行彼此區分的實踐可能屬於滑坡謬誤。畢竟，一個有著根深蒂固邪惡性格的人與一個不能勝任或缺乏能力的人情形相仿。一個不幸充分擁有此種性格的人無能力遵循禮儀和社交之通常標準。然而，只要這樣的人基於其根深蒂固的性格而犯錯誤，侵權法甚或刑事法上訴訟都應該以鮮明讚許的態度對其進行免責。這相當不合理！誠然，他墮落本性的源頭，例如充滿坎坷的童年，也許應該在刑事審判制度的裁決階段予以考慮。但是，僅僅因為他極度邪惡的性格就應該免除其所有的懲罰，這樣的觀點可笑之極。然而，在一個過失案件中，如果被告長期以來智力愚鈍或身體有缺陷，這點可以作為認定其過失行為已經盡到合理注意的一個依據，那麼，也許就找不到強大的理由拒絕以大體相同的方式對待一個長久持邪惡看法的被告。在過失案件中，每一個能力欠缺的被告都通過突出其無力遵循一般的合理要求而庇護自己。那麼結果是，一個極度墮落的被告被訴犯有故意侵權時，可能通過突出其無能力戒除形成和追求邪惡的動機而為自己的行為開脫。這樣的被告會爭辯說，他不應該被迫為一個已完全超出其控制能力而形成且已發生效果的動機來支付賠償。他不應該被迫為依照按此動機而為的行為支付賠償，此動機是從其根深蒂固的性格中不可遏止地流溢出來。這正如一個智力愚鈍的被告不應被迫為其愚鈍行為支付賠償，因為他根本無能力改善此愚鈍狀況。如果我們希望拒絕此類故意犯罪者對自身情形所做的結論，我們應該同樣拒絕該討論的前提。也就是，我們應該拒絕這樣的主張：可以向智力愚鈍或肢體不協調而阻止其按一般標準行動的人調低侵權行為法之合理注意標準。

對剛剛論及觀點的另一個質疑理由是，雖然給予精神或身體稟賦上無足輕重的人特殊的對待不會引人反感怨恨，但其很可能給他們身上打上烙印。他們被視為與其他人不一樣，無法同等地對自己行為負責，是不完整的人，而通過法庭居高臨下提供恩惠，他們成為被降等的標本。雖然，也許他們中部分或全部人覺得逃脫履行賠償義務的好處比降低身份更有價值，但是，無論對其自身還是對其與他人相互聯繫的社會而言，低人一等是真正的缺陷。既然合理注意的一般標準是法院按照一個適當標準設定的，那麼，一個人被置於該標準之內即是其作為該社會中完整一員的尊嚴指標之一。

第三，降低過失檢測實施中的行政花費也是個有影響性的考慮因素。如果法官和其他法律官員不得不調查被告之精神或身體缺陷情況，以便確定過失測試應適用於每一個體的緊迫程度，那麼，過失理論的實踐花費勢必大大提高。另外，伴隨此種行政花費的提高將是相關被告人欺詐可能性的提高。無可否認，更多費用和更多欺詐本身並非是決定性的。但是，若將最後幾段的討論合併起來看，它們足以確保支持過失標準的不可通融的客觀性。雖然在許多刑事案件的判決階段，也許在更早階段，基於身體與精神缺陷的差別適用性毫無疑問是可取的，但是，如果其被引進過失侵權法中，則會得不償失。

1.2.3.2 統一適用性和中立性

在繼續推進話題前我們應該注意到，在英美侵權法中有關過失檢測的統一適用性討論，使我們注意到一個重要區分。本節至少要說明統一適用性與中立性（neutrality）是不對等的。統一適用性的一種情形即為參考同一標準對所有人進行評判。而當每個人的行為都被如此評判時，某些人明顯比其他人獲得更好的待遇。統一適用性會產生出迥然不同的後果。例如，一條合理注意的標準同樣適用於頭腦遲鈍的人和感覺敏銳的人，其自然將對後者有利。

中立性卻非常不一樣。它不是存在於適用的統一中，而是存在於效果的統一中。如果某一條法律 L 是完全中立的，它會將所有的好處和負擔按照就如 L 根本不存在那樣來分配。那麼，很明顯，沒有哪一條法律是完全中立的 —— 除非該法律僅是名義上的，且無論怎樣都沒有實效。既然任何法律規範都不僅僅是名義上的，最可能存在的情形是其在某一特定方面是中立的。例如，稅法中的稅收恆定修正將為政府得到同樣數目的稅收，如同修正前所收到的一樣。然而，儘管保持同樣的稅收額不變，但其將改變不同納稅人之間稅收負擔之分配。

在某一（些）特定方面的中立性，可以經由違反某一（些）特定方面的統一適用性而實現。例如，稅法中稅收恆定修正可以通過對一些納稅人擴大既定徵收額而對其他納稅人降低稅收額來實現。以前適用於所有納稅人的收費額從今以後僅適用一部分人，且以更重的稅負標準來適用。

無疑，統一適用性與中立性是不對等的，但是，任何統一適用的法律規範在某些方面可以是中立的，同時在許多其他方面則是非中立的。正如已經討論的，任何有實效的法律規範都不會讓既有利益與負擔分配一切都照舊；相反，我們現在應該加上一點：沒有一條（組）法律規範曾改變了所有一切既有利益與負擔分配。雖然也許某一條法律的統一適用方式（們）剛好非常突出，而其中的中立性卻少引人興趣、注意或不明顯，但是，必然存在一些的確是中立性的方式。因此，我們關注統一適用性與中立性之間的區分，應很難誘導我們認為這兩個屬性從未同時發生。毫無疑問，我們應該承認每一個屬性在**某一形式**上會與另一個屬性在**某一形式**上相一致；也要承認以統一標準評判每個人與為每個人帶來平等結果之間的巨大區別。

1.2.4 作為超越個體可識別性的客觀性

討論了實體論意義上的法律客觀性後，現在我們轉向認識論客觀性。也即我們將考察法律現象與人們（法律官員及普通民眾）確定或努力確定法律現象是什麼的思維之間的聯繫。對任何研究領域來說，認識論客觀性的核心特徵就是該領域內事物關係上（bearings）的超越個體的可識別性（transindividual discernibility）。換言之，一個研究領域存在認識論客觀性，目前就是指勝任研究該領域內實體的人們能夠就每一實體的本質或細節達成一致意見。如果所有能勝任的研究者或幾乎所有研究者能就那些實體是什麼達成一致，那麼實體所在的領域內，個體的偏好和特殊性就不是"究竟什麼可以保證被確定"的決定性標準。如果任何一個研究領域中個人的偏好和特殊性確實是認識論上的決定性標準，那麼該領域即是高度主觀的（作為認識論問題）；反之，如果一個研究領域中個人偏好和特殊性從屬於廣泛共享的觀念，而這些觀念維繫著其所從屬的事物實際上的統一，那麼，這些事物在認識論上就是客觀的。總而言之，任何事物的認識論客觀性存在於個體關於那些事物的信念趨向明顯相同之中。

從剛剛的闡述看，應該很明顯的是：認識論的客觀性具有分等級的屬性，而非全有或全無的屬性。事物的客觀性存在程度上的不同。一個研究領域比其他研究領域，可以有更多或更少的認識論客觀性。而且，像此類領域所涵蓋的議題本身就其所引起共識而言彼此也是不同的。另外，部分或全部議題的認識論客觀性可以隨著時間而逐漸演變。從前爭論不休的問題最終人們可以達成一致，先前達成廣泛共識的問題可以再受到激烈質疑。如此，從認識論的視角看，一個問題比之過去，可以變得更客觀或更不客觀。

剛剛談及某些研究領域的認識論客觀性可以隨時間而改變，這並非暗示說某一事物的認識論客觀性總是取決於該事物存在當下的共識。如果關於某一問題達成一致的適當方法上存在廣泛共識，且如果那些方法的實施將的確最終帶來某一答案上近似的一致，那麼，當前可以視這一問題具有認識論上的客觀性，即使近似一致的狀態好一陣子都未達成。只有當關於某一問題的答案既不存在廣泛共識，同時及時解決分歧的方法上也不存在廣泛共識時，其認識論客觀性才是不足的或大幅降低的。

作為超越個體的可識別性的客觀性並沒有蘊含作為強的存在的思維獨立性的客觀性，後者也不蘊含前者。近似地，作為確定正確性之客觀性也不蘊含作為超越個體的可識別性的客觀性，後者亦不蘊含前者。這些要點對理解法律的認識論客觀性相當關鍵。因此，儘管本章相關小節對這些要點的闡述稍有重疊，我們還是應再仔細研磨一下。

讓我們從作為超越個體的可識別性的客觀性與強的存在的思維獨立性之間缺少蘊含開始。的確，一方面，認識論客觀性也許在某些領域最顯而易見，該領域中的實體（entity）既具有強的存在的思維獨立性，也具有強的感知的思維獨立性。自然科學家研究的自然物質實體在認識論上屬於客觀的，也具有強的思維獨立性（既是存在的，也是感知的）。雖然在自然科學的前沿實驗和推論中不可避免地會有爭論，但是，處理那些問題的每一人或幾乎每一個人都承認無數有關自然實存的問題存在正確的答案。諸如有關物體的尺寸、材料等大量基本問題根本不會激起爭論。還有大量更具科學複雜性的問題對有能力理解它們的人來說，同樣是完全無爭議的。甚至關於自然科學容易引發爭論的邊緣問題如何得出強有力答案的適當方法上，在具有相關專業知識的人群中仍然經常存在普遍共識。簡言之，在自然科學領域中，某一現象的強的存在的思維獨立性伴隨著相當高程度的認識論客觀性。

另一方面，我們不應立刻做出結論，即認識論客觀性以強的存在的思維獨立性為前提。正如先前討論的，一個法律系統中的普遍性禁令及其他普遍性規則所具有的存在的思維獨立性僅僅是弱的而非強的。那些普遍性禁令及其他普遍性規則在任何一個特定法律系統中如此運行，僅僅因為該系統中官員分享某些信念和態度，這些信念和態度迫使他們將前述規則作為權威來對待。然而，雖然普遍性法律規則存在的思維獨立性僅僅是弱的，但那些法律規則及其所構成的系統卻具有高度的認識論客觀性。在任何一個功能性的法律體制下，人們行為的法律後果大多情形下是清晰的。事實上，大多時候那些後果都不會被詳細討論，因為對有能力討論它們的人來說這是清晰的。只是很少情形下，對多種行為特例的法律含義確實發生顯著分歧（在有專業知識的人們中間）。無可否認，當專家間的確已經產生分歧了，而解決分歧的適當方法上並非經常存在廣泛的共識。法律專家們觀點上的分歧經常被證明是棘手的。就此而言，法律的認識論客觀性也許比數學和自然科學的認識論客觀性更貧弱。儘管如此，在多數情況下法律的認識論客觀性是強勁的。趨同（至少在專家範圍內）是典型，而嚴重分歧是例外。既然如此，既然普遍性法律規則之存在的思維獨立性是弱的而非強的，那麼，某一現象的認識論客觀性顯然本身不以該現象之強的存在的思維獨立性為前提條件。那些發生或持續存在依賴於人類精神（minds）的事物即是有關其關係（bearings）上存在普遍共識的事物。正如 1.2.1 表明的，在大多語境中此類事物的認識論路徑確實是非常可靠的。相應地，在此語境中存在相當高程度的認識論客觀性。

現在我們簡單說說強的存在的思維獨立性與超越個體可識別性之間缺少蘊含的問題。處理宇宙作為一個整體之起源與動力的分支學科，宇宙學所探索的一些問題可以作為很好的範例。雖然目前關於宇宙學上一些問題的答案在專家中間有廣泛共識，雖然對許多剩餘問題的回答都在追求數學般的精確性，但是，就那些剩餘問題的答案，宇宙學家們還遠沒有達成一致。他們已經設計了多元的、複雜的模型，每一個模型產生出來的答案都相異於另一個模型的。某些模型吸引了更多的追隨者，但是，目前它們中間還幾乎不存在任何共識，關於其間做出判斷的適當方法上也幾乎不存在共識。那麼，掃描一遍宇宙學上的大量問題可發現，目前該學科的認識論客觀性程度相當低。儘管如此，宇宙學中那些爭議性問題所從屬的事實及事件，其存在的思維獨立性典型屬強的而非弱的。由此，這些懸而未決的問題明顯闡明一個一般性的要點。當專家研究某一現象，其出現以及持續存在完全不依賴於研究者及其他人的想法時，無人能保證他們之間不會出現棘手的分歧。雖然專家們的許多判斷毫無疑問會彼此趨同，但持續的分歧永遠是可能的，有些時候就是現實的。

接下來我們將仔細考察確定正確性與超越個體的可識別性之間的非蘊含關係。比照適用前文已經釐清的，各種各樣的問題上存在唯一正確答案並不蘊含這些答案本身是什麼上存在共識（甚至在專家中間）。畢竟，宇宙學中每一個未決問題都存在唯一正確答案 —— 即使也許我們從不知道該答案是什麼。鑒於對每一個未決問題的唯一正確答案是什麼，目前幾乎不存在共識（甚至在專家中），我們很容易推斷確定正確性並不蘊含認識論客觀性。但是，這個觀點不僅適用於存在的思維獨立性是強的現象中，而且也適用於存在的思維獨立性僅是弱的現象（諸如法律規範）中。在此章先前所討論的確定性與可證明性相區分時，我們已看到。

在大量簡單案件中，關於法律問題的確定正確答案存在廣泛的共識，但在上訴庭的疑難案件中則明顯有更多爭議。儘管如此，某些疑難案件中依然存在確定正確答案，尤其在官員們已將正確的道德原則併入法律中，以填充一般法律淵源缺失的法律系統時。例如，假定有這樣一個法律系統，其所在社會中種族關係近似於美國 20 世紀 50 年代早期的情況。假定這個系統的最高法院必須判斷，是否公立學校的種族隔離與憲法條款要求的法律平等保護之間一致。鑒於在此假想的社會裏種族關係的具體情形，公立學校種族隔離的合憲性問題會存在激烈的爭議（正如美國聯邦最高法院於 1954 年就該問題達成了一致卻非常慎重的裁決）。法律專家會彼此爭論不休，就該問題的方方面面會提出無數的推理原則。一些人強調公立學校種族隔離也許表示種族歧視，但大部分人非常理性地將注意力集中於諸如自由民主社會中法院的恰當角色等因素上。儘管專家們有明顯的分歧，但是，維持公立學校種族隔離與憲法條款要求的法律平等保護是否一致的問題，仍然存在唯一正確答案。雖然某些對抗性的考量皆有誠意，但關於該問題的唯一正確答案仍不容樂觀。那對於處理該問題的法院而言，只有否定種族隔離的裁斷才是恰當的。但是，這樣說並不意味著該裁決做出時是得到當時所有或幾乎所有法律專家贊同的。確定正確性並沒有蘊含超越個體的可識別性。

最後，讓我們討論超越個體的可識別性與確定正確性之間缺少任何蘊含的問題。有時候這一點昭然若揭。假設古埃及的智者與魔法師關於不同場合上的儀式及最有效的咒語上完全無分歧。我們假定他們都一致同意這樣一個符咒或儀式以及諸如此類的東西，在此一場合或此類語境下可以取悅神祇，而那樣一個符咒或儀式以及那種類型的東西，則在那一語境下可以取悅神祇。他們的智慧存在於如何取悅神祇之最佳方法的眾多問題的大量答案上。但是，事實上那些問題中沒有一個存在確定正確答案，即除了一個"答案"，它給每個問題自身都標識為"完全錯誤"，因為根據其所得來的是完全的主觀臆想。無論何時，埃及人提出一個問題，比如詢問神祇是否更喜歡葬禮上用山羊而不是綿羊作為犧牲，對該問題的每一個鄭重的回答都是錯的，由此也就沒有任何一個比其他鄭重回答更好或更糟的答案。簡言之，埃及人的問題不存在確定正確答案；唯一正確的回答是全部拒絕像這樣的問題。因此，儘管埃及的智者與魔法師本身關於神祇之願望的觀點彼此趨同，但是他們推定的知識體所涵蓋問題的認識論客觀性與他們主張的確定正確性是不匹配的。那些主張是無根據的，儘管其明顯具有超越個體的可識別性。

超越個體的可識別性與確定正確性之間缺少蘊含，更常見的是證明其自身並非與整個實踐或思維實體相關聯，而是與某一實踐或思維實體範圍內被提出來的某些主題相關。例如，在一個法律系統中，出現了一個問題，關於該問題沒有任何確定正確的答案（也許該問題是一個滑板掉入公共停車場，其是否屬禁止任何機動車進入公共停車場的範疇。或者也許是圍繞確保平等、自由或正義的憲法條款而產生的一個更為崇高的問題。在這裏我們無需關心我們自身在此問題或案件中的特殊性）。現在，雖然關於已出現的問題不存在一個唯一的確定正確答案，但是，處理此問題的所有或大部分法律官員或其他法律專家也許傾向於一個觀點。無疑，即使法律官員就此問題的裁判遵循先例，他們所分享的觀點也是從此以後將產生出該法律問題的唯一正確答案，其將變成對那一問題有拘束力的法律。但是，在法律官員們有力地表述那一觀點的時刻，據推測還不存在任何確定正確的觀點。某一觀點上的超越個體的可識別性並不蘊含該觀點的確定正確性。

雖然我重點強調了超越個體的可識別性與強的存在的思維獨立

性、確定正確性都是可分離的，但很明顯我並不是暗示這些客觀性的維度總是相異的或是典型相異的，它們經常是一致的。更確切地說，這些討論所試圖要彰顯的僅是在這樣或那樣的特定語境下，認識論客觀性與某些主要的實體論客觀性經常不相合的可能性。實體論客觀性從屬於事物實際上如何，而認識論客觀性從屬於事物共同被認為如何。如此，在許多研究領域內，儘管有堅實的理由期待認識論客觀性與實體論客觀性經常同時存在，這些理由以進化壓力為中心，其使得人類思想彼此相近，且總體上回應現實世界，但是，對此種同時共存從來不存在任何保證。在事物實際上如何與其被共同認為如何之間，分歧的可能性總是持續存在。

1.2.5 作為不偏不倚的客觀性

認識論客觀性的另一個面相是不偏不倚（impartiality），[12] 其由無私利性（disinterestedness）和思想開放性（open-mindedness）構成，也可以稱其為無偏袒（detachedness）或非人格化（impersonality）。這與偏私（bias）和黨派性（partisanship）形成對照，也與激情（impetuousness）和武斷（whimsicalness）相對〔雖然有時候並不與真正的隨意性（randomness）相對照〕。在法律語境下，該維度的客觀性可適用於法律創制階段及法律實施階段。像客觀性的其他維度一樣，它同樣是分層的屬性而非全有或全無屬性，應該意識到其有變化程度的不同。

---

12 法律語境中最近關於不偏不倚的很好討論，可參見 Lucy 2005，也可參見 Marmor 2001, 147-152。

1.2.5.1 與中立性相區別的不偏不倚

本章已經對統一適用性和中立性作了區分。不偏不倚和中立性間的區分很近似,在此討論一下是有益的。毫無疑問,正如某些評論者(Lucy 2005, 13)已經指出的,不偏不倚與中立性在一般話語裏可以交替使用。兩者均可表示某人的無偏私,其判斷不受特別的偏好或與判斷所涉事物的直接利害關係的影響。儘管如此,在一般話語中區分兩個術語與使兩者相似同樣容易。不偏不倚通常表示與做出判斷之條件相關的屬性,而中立性則常表示與做出判斷之結果相關的屬性。正如我已經在前面討論過的,後者存在於對人們既定的利益與負擔分配的保持上。法律及法律的執行過程在所有方面都是中立的情形並不存在,但是,在某些方面卻可以是中立的(雖然,在其他方面缺少中立性也許更突出和更重要)。

不偏不倚則不然。通常,當某人問法律系統的運作是否是不偏不倚的,她並非是質疑其效果。相反,她是在質疑過程,通過過程法律官員做出裁判以及修正它們。一個嚴格不偏不倚的裁判可以明顯是不中立的。

1.2.5.2 無私利性

很明顯,不偏不倚即是無偏私。對不偏不倚而言的必要之物,既是在一個判斷中感知不到任何個人利害關係,也是使一個人的判斷不被其所意識到的其中的利害關係所影響的能力。如果在一個判斷中,某人本人或他的近親屬、他的朋友在該判斷走向某一(些)方向而非相反方向時,從中受益匪淺,那麼,他做出該判斷通常就有了個人利害關係。當然,如果這個人在所論判斷中的每一邊都有近親屬或朋友,那這種利害關係就不存在了。例如,當一個母親不得不決定允許兩個孩子中的哪一個來玩某一玩具時，其不偏不倚並不會被 "她有兩個孩子，每一個都將明顯獲益如果她的決定朝向一方而非另一方" 這一事實損害。正因為就兩個孩子的個人利害關係是相互抵消的，母親的不偏不倚才沒受損害。然而，如果沒有類似這種恰好平衡的情形，裁判者明白其審思的判斷結果將對其近親屬或朋友的命運產生巨大影響，那該裁判者的不偏不倚就會受到損害。

對某一事項做出判斷，對判斷者來說不存在任何利害關係，此時的不偏不倚最強。然而，使每一個裁斷者避免個人利害關係並非總是可能的，尤其是法律創制時，甚至某些時候與法律執行相關時。例如，假定立法者不得不對一個法案進行投票，該法案將對那些收入不同之人的稅負分配產生影響。如果該動議法案的效力是普遍的，那麼，某種程度上每個立法者對於投票結果都存在個人利害關係。這同樣也適用於那些法官和行政官員，其必須對該法案的核心規定進行解釋或者得出其他的極大影響稅負分配的決定。對這些立法、司法、行政裁判來說，如果缺少個人利害關係是裁斷做出過程中不偏不倚的先決條件，那麼，該過程不可能是不偏不倚的。在前述的裁判中（而且在履行立法、司法、行政責任過程中所做出的大量其他決定中），每一個立法者、法官和行政官員都有個人利害關係。然而，我們不應該就此得出結論：這些情形下的不偏不倚是不可能的。既然對於任何一個裁判來說，避免與裁斷者有直接個人利害關係行不通，因為每一個法律官員都存在這樣的利害關係，那麼，每一相關官員對所討論的問題做出裁判時，他應該通過努力不考慮其個人期待而追求不偏不倚。認為人們沒有能力在心理上暫時放下個人的機運，以對其所不得不處理的事物假想一個超然的態度，這種想法是沒有根據的。在某些特殊的例子上努力暫時放下個人機運也許會失敗，但是它們並非必然注定失敗。

即便如此，甚至於在裁判者的個人利益會受到其所做裁判實質性影響的情形下，不偏不倚還是可能的，雖然這樣的情形明顯非常少見。在下述兩種情況下，裁斷者不考慮個人期待的努力也許會失敗：一是儘管他誠懇地試圖達致無偏私的立場，但他在支持自己私利上可能懷有偏見；二是他過分地向與自己福利相反的立場展示同情，補償過度傾斜。後者更有隱蔽性。總而言之，當有權處理某一法律問題的每一官員都是真正無私利之時，在法律裁判中追求不偏不倚就得到最好推進。既然裁判權可分配給其利益與裁判無甚關聯的官員，那麼就應該這樣進行分配裁判權。

當一個法律政府官員必須要做出裁判的問題，涉及的並不是公共政策上影響廣泛的某一事項，如徵稅，而是影響其自身利益遠超過其他所有或大多數人的事項時，真正的無私利性這一點就特別有分量。例如，一個典型的違反不偏不倚的例子是一個法官主持針對某人被控謀殺了該法官女兒案件的審判，或者一個公共行政管理人員主持一場針對他作為領導的某公司的聽證答辯會。另外，甚至在某些情況下，即使一個法律官員的利益並沒有達到遠比其他大部分人更要緊的程度，仍然應該追求真正的無私利性，只要其是合理可獲得的。例如，假定一個公共行政管理人員打算主持一場針對其自己持有大量股票的公司的聽證答辯會，進一步假定實際上共同體內的其他每個人都持有該公司近似數量的股票。儘管事實是該行政官員從自己對公司交易的裁判裏不會一定比其他人失去或獲得更多，但是，他仍應該被要求採取措施，以獲取真正無私利性的姿態。至少應該要求他將其股份交由獨立第三方管理的保密信託；也許更有力的是，甚至應要求他在履行聽證調查前就放棄全部股份。當一個法律政府官員面對一個嚴重問題，該問題迫使其在競爭性的主張和利益之間做出裁判時，當他通過採取合理的法律義務性措施而使其自身與事件無任何利害關係時，他所採取的那些措施應該是強制性的。雖然沒有那些措施不偏不倚不是不可能的，但是其將是更為困難和可疑的。

理想情況下，關於無私利性的這些觀點適用於法治體制中的立法分支，也適用於司法與行政分支。立法者對涉及公共政策的事項給出評判，其之所以應該無私利，來自一個觀點：所聚焦的是普遍福祉而非個人所得。但是，不必說世界上其他的專制政體，單在西方自由民主國家，無私利性的需求對立法者而言遠沒有對司法人員與行政人員來得迫切。一方面，毫無疑問得到支持或至少可容忍的事實是，大部分立法者例行公事地投票，這些投票以各種方式被計算以使選民滿意。一個立法者若經常違背自己選民的願望與利益，在接下來的選舉中通常不會很走運。另外，一個立法者努力取悅選民，除了能使其實現保住位子的願望，實際上也正是在履行她最重要的職責。在自由民主制下，立法機構的每一個成員不但被要求履行代議功能，而且要履行促進普遍公共福祉功能。因此，當一個立法者通過留意選民的想法，來增進自己作為再次選舉中的未來候選人這一利益時，如果基本權利好歹沒有出問題的話，她確實並沒有偏離正常的軌道。另一方面，一個立法者在有關公共政策的問題上跟隨其選民的傾向而放棄嚴格的不偏不倚（與有關基本權利的事項相對比），雖然此時她的行為並非真正的不當，但是，在主要的自由民主國家，尤其在美國，立法者背離嚴格的不偏不倚經常遠遠超過了任何代議功能的實現。許多龐大且資本雄厚的組織主要致力於在各種議題上遊說立法者，對關係其自身的公共政策領域施加讓人豔羨的影響。這些組織一手給親近的政客提供財政支持或其他選舉支持，一手威脅將嚴格抵制那些對其目標不感冒的政客，從而在各種政治觀點上發聲，獲得影響。面對胡蘿蔔和大棒，許

客觀性與法治

多立法者在某些議題上的投票，遵循的是這些組織的要求，而不是根據無私利性的評估。

對於立法者明顯悖離理想的無私利性情況，是否應該通過更嚴厲的立法使之快速減少，值得商榷。正如詹姆斯・麥迪遜（James Madison）在有關政治派系（factions in politics）之作用的經典討論中所指出的〔Madison 1961 (1788), 78〕，治病易，遏制派系難。此外，公民聯合成一個高調的遊說集團也許是唯一有效的方法。通過它，公民們可以為其可能更有價值的事業贏得支持和尊重。這樣，當對有關公共政策的關鍵事項形成結論時，如果立法者打算便宜行事，考慮普遍的公共福祉，而非以他們自己的政治利益為圭臬，選舉的壓力將成為驅使他們的指揮棒，不至於弄得一塌糊塗。當然，立法者或其他法律官員某種形式的悖離無私利性（例如腐敗）應該被禁止。但是，對立法者提出嚴格的無私利性要求，例如，嚴厲限制遊說組織的花銷和政治活動，對一個自由民主體制的政治運轉也不是純粹地有益。

無論對立法者而言更高程度的無私利性之吸引力為何，對法官和行政官員來說，一個高度的無私利性之價值是無可爭議的。雖然在下一章節我們會簡短地考察其價值的原因，但是，首先要考慮的是作為不偏不倚的客觀性的其他要素。裁判做出上的不偏不倚不僅在於無私利性，還在於思想開放性。

1.2.5.3 思想開放性

思想開放性中的一個鮮明成分即是沒有偏見（prejudice）和偏袒（favoritism）。如果某人 P 對某一類人懷有特別的憎恨或特別的愛，尤其是依據諸如種族、宗教及民族等與人的品質（merits）和正直無關的因素時，那麼，P 即缺少思想開放性。而思想開放性恰是使憐憫一類人、反對其他類人的案件能達成不偏不倚的裁判所必需的。誠然，如果案件僅僅涉及 P 非常厭惡或非常喜歡的一類人，P 也許依然能夠給出一個公平的判決。例如，如果 P 對拉丁美裔人有偏見，即便如此，在處理兩個拉美裔商人之間的合同糾紛時，他還是可能給出得體公平的裁決。然而，若 P 的偏見的確對一個其所裁決的事項有影響，而且，如果那些偏見很有可能會歪曲 P 對該事項的立場，在此意義上，他就該事項的看法就不具有思想開放性，當然裁決也就由此並非是不偏不倚的。

　　毋庸置疑，偏見的強度有大有小。如果 P 對某一類人僅僅是溫和地持有偏見（喜歡或不喜歡），那麼，在與這類人打交道時，其思維開放性並非實質性大打折扣。另外，正如某人對某一事項也許能夠避免其個人利害關係以便做出不偏不倚的判決那樣，P 也許能夠將其偏好放置一邊以便公正裁決。即便如此，真正不偏不倚的立場之可能性在此種情形下仍遠低於 P 沒有令人厭惡的偏見的情形。如果 P 的態度人盡皆知，其裁斷被認為是不偏不倚的可能性會更小。結果是，無論是對一個法律系統運行的實際客觀性還是被認為的客觀性，法律官員沒有偏見都是至關重要的。

　　思想開放性的另外一個重要要素（對不偏不倚也是如此）是沒有奇思怪想（whimsicalness）與盲目衝動（impetuosity）。一個人橫衝直撞卻沒能注意到事情的實際情形，其是無法展示出思想開放性的，這就像某個人的偏見使其對事情的實際情形視而不見一樣。處理問題上有開放思想，某種程度上即是審慎地去獲悉引起該問題的各種各樣事實。即使有人根據怪想和猜測，也許偶爾也可以在特定語境下對問題得出正確的判斷 —— 正如某人依據偏見也許也可得出的那樣，然而，通過設計避免任性地偏愛或厭惡某人的程序，這樣的後果原本就不會出現。一個設計恰當的程序將確保裁判者獲悉所有相關的可理性獲得

客觀性與法治

的事實情況。

1.2.5.4 司法場域的思想開放性

在一個法律系統中，法官及其他法律官員需要利用使其可熟練掌握合理查明事實的那些技術，而那些事實則會對他們將要給出答案的法律問題產生影響。當然，官員的思想開放性得以實現不限於只要求一套收集信息的技術。雖然在英美法系中糾紛及公訴的對抗性結構中包含了一套此類技術，但是在許多民法法系國家卻有著頗為不同的一套信息收集技術，其剛好也是合適的。無論所採納的最恰當程序是什麼，法律官員除非盡最大努力使自身與其所做判決有關的具體情況相協調，否則其不會以思想開放的方式發揮作用。就這個目的而言，在信息收集程序中，無論是對抗式的還是糾問式的，每一方對法律爭議的參與都是必要的。鑒於如果當事人沒有機會表達其觀點，相關事實的某些關鍵方面也許就會疏漏，那麼提供相應的表達機會對一個法律系統運行機制的不偏不倚就必不可少。只是因為法律官員正一直忽略著某些關鍵信息，缺少像那樣機會的法律機制也許正置某一方當事人於劣勢的境遇。顯而易見，證人或其他掌握重要信息人的參與機會也必不可少。如果從法律官員裁斷行為法律後果的程序中排除了像這樣的信息來源，那麼，該程序與其說是對複雜事物擁有思想開放的敏感性，還不如說是主觀任性的。依賴於臆測的官員幾乎不會去盡力避免專斷。

準確地說，在法律判斷中究竟什麼應被算作是當事人及證人的恰當參與，在不同法域內有相當大的變化。在大多情形下，當事人應該免費利用專家法律建議和獲得支持（如果當事人是貧窮的，也許必須要為其提供那些建議和支持）。但是，那些建議和支持的傳輸可以有許多不同的途徑，其可能深受諸如在特定法域的法律系統是對抗式還是糾問式等因素的影響。如果有需要，對當事人或證人的語言支持明顯不可放棄（Lucy 2005, 11）。如果由於語言障礙，當事人完全不知所措，那麼給予他們的任何信息輸入都沒什麼價值。當事人、證人的特別有助於法律裁斷程序的能力，其深層次的先決條件在某些社會比在其他社會隱約顯現得更突出，但是，無論在哪裏，那些先決條件都有價值，應該予以提供。

此處需要給一個提醒。追尋不偏不倚中獲取準確及相關信息具有普遍價值，儘管如此，有時候此種追尋的成功依賴於對某些準確及相關信息的排除。正如英美法系刑法中已長期為人們所熟悉的，對被告的審判若要是不偏不倚且公正的，某些真實情況不得不擱置不予理會。雖然那些事實的確是事實，但它們可能是不可接受的偏見。也就是說，暴露像這樣一個事實很可能導致陪審團人員把焦點集中於此，而無法冷靜地評價其他證據。例如，在許多法域中，大多數情況下，一個被告過去的犯罪情況在宣判以前不可洩露給陪審團成員。雖然關於以前罪行的信息是準確的、也相關（既然過去犯過罪的人也許比其他人現在或將來犯罪的可能性更大），但是，提供這些信息給陪審員很有可能誘使他們中一些人對其他證據注意不夠。如此，為了維護審判整體上的不偏不倚，對被告過去犯罪信息進行隱瞞是合適的。

關於隱瞞準確及相關信息的觀點，在某些案件中顯得極為迫切，該信息具有一般的統計性質。例如，假設在某一國家 70% 的駕車槍擊案都是年輕黑人所為，他們只佔該國人口的 2%（只佔該國所有年輕人總數的 12%）。倘若這些統計數據被告知陪審團，其正在對涉及到一個黑人青年捲入的一起駕車槍擊案進行審理，那麼，一些陪審團成員很有可能被引領到關注不太相關的被告的膚色問題上，而對那些排除性證據的細節關注不足。因此，雖然那些統計數據也許是完全可靠的，雖然它們也並非完全與被告有罪或清白全然無關聯，但是，許可其作為證據會損害審判作為整體的不偏不倚和公平性。為了訓練陪審團成員保持對案件各種特殊情況的注意，主審法官應該認定前述統計數據是不應被洩露的（當然，即使存在普通人從統計數據中得出有效推論的不當情形，人們幾乎也不能得出結論：所有的統計數據都應被排除在證據之外。當這樣的數據是準確、相關且無偏見的時候，援引其作為證據就無可指摘及適當。甚至於，如果數據與被告有罪或清白的相關性遠比在此處假設的案件中更直接，更有分量，即使其是有所偏見的，援引其作為證據也可以是恰當的）。

需要給的第二個提醒是，雖然在任何嚴謹的裁判程序中，怪想與衝動都會被拒絕，但是，偶爾隨機的程序仍有存在空間（Duxbury 1999）。在體系設置的有限範圍內，隨機性與嚴謹性可以共處。例如，看看一個擁有國有化醫療衛生體系的國家稀缺性醫療資源的分配問題。在一群生病的人中，無法根據通常那些確定醫療優先權的各種各樣標準來對之加以區分，諸如疾病的嚴重性、等待治療所花費的時間、疾病的可治癒性或可緩解度、病人的年齡及健康狀況、一個適當治療過程的花費等等，最好的醫療資源分配方式也許就是採納隨機性程序，比如抽籤。既然在病人中採納這一程序進行選擇並沒有排擠掉任何令人信服的原則性理由，即便從貶義的角度，採取該程序都不能算是任性的。這樣做嚴格講是不偏不倚的，相當於承認有關優先性不存在任何決定性的理由（諸如賞罰、需求或社會成本等）。不過，雖然在上述假設情形裏，通過引入一個隨機性機制來確定優先順序，不會損害而是支持了不偏不倚，但其大抵也表明了行政官員及其他法律官員的裁判行為中很少有隨機性的角色。在人們競爭性主張之間進行選擇時，缺乏令人信服的原則性根據的情況很少，根本就不存在原則性根據的情況更是少見。既然偶然性程序僅在的確不存在確定性理由的場合才可維持不偏不倚，那麼倡導此程序的情形就不會很普遍。然而，這樣的情形有時會出現，尤其當只有兩、三個人捲入時；但其不會經常出現。正如本章前文已經指出的，法律中真正的非確定性是例外情況而不是典型情況。再有，在某些情況下，甚至不存在決定性根據以得出裁判結論時，採納隨機性程序仍是不合適的。在典型的裁判機制中——其任務是確定人們行為的法律後果，而且該後果及其理由（在普通法系國家）將獲得先例效力，直到其被推翻——使用偶然性程序比如拋硬幣，即使在極少的、與不存在確定正確答案的法律問題攪合在一起的疑難案件中，可能也是不適當的。一個法庭必須解釋為什麼其裁判是正確的，即使並沒有支持該裁判是唯一正確的依據。即便如此，應許可行政官員可以在某些有限範圍情形下秉公求助於偶然性程序——如本段所提及的醫療資源分配情形。當我們將注意力從權利分配轉移到某些負擔的分擔時，發生上述情形的潛在可能性就非常明顯。在分配某些沉重的責任諸如陪審服務上，偶然性程序通常是公平的。

　　還有一點需要提醒。雖然不偏不倚的確包含了無偏袒，但其絕沒有蘊含缺少對人類行為和目的同情理解。那些必須對他人大量的行為下判決的法治政府官員，經常無力充分地履行職責，除非他們掌握了人類行為典型的主要動機，以及特定個體行為具體的主要動機。他們必須能使自身充分地與他人認同，來徹底瞭解為什麼那些人會如此作為。像這樣的認同本身並不會生產出認同，由此也不會生產出悖離不偏不倚。雖然官員們也許剛好會支持他們遇到的某些激動人心的行為模式而譴責其他的模式，而純粹的功績在於獲得對那些行為模式的同情理解，可以發生於對惡行的反應，就如對善行的反應一樣，其本質既不是赦免也不是定罪。它與不偏不倚是完全一致的。除非官員據以做出裁決的信息既準確又相關，全部都可合理地獲得，否則他們是無法抵制任性的。如此，同情的理解對不偏不倚而言的確是、也經常是必要的。在許多情況下，據以做出裁決的那一信息恰好包括了通過同情理解所得來的東西。

1.2.5.5 為何要不偏不倚 [13]

在結束討論不偏不倚之前，我們應該轉回到前面提及的一個關鍵問題上。政府官員做出判斷的過程應該具有作為不偏不倚的客觀性為什麼是如此重要？換言之，諸如此類過程中要求遠離明顯的偏見及根據可合理獲得的信息而非猜測和怪想，其正當理由是什麼？當法律官員（尤其是司法和行政官員）做出裁斷時為什麼他們應是無私利性的？關於這些問題的正當性論證在第二章會有更多關注，但在此處圍繞當前的討論有幾點需要說明。

不偏不倚之所以重要，部分緣於其認識論上的可靠性。也就是說，既然做出判斷並非為利己動機所主宰，為偏見所引領，為疏忽大意所蒙蔽，那麼其更像是深思熟慮產出了確定正確的結果。當法律官員被要求做出裁斷並回答法律問題時，他們正在全力以赴 —— 或應該全力以赴，至少在自由民主的法律系統中 —— 根據可適用的法律規則而得到判斷和答案。他們正努力解釋那些規則並使其生效，使與其中的各條款相一致。為這個目標，不偏不倚的姿態是至關重要的。如果法律官員許可其自己的私利或令人厭惡的偏見或無知的衝動改變其深

---

13 有關為該問題辯護的富有啟發的某些評論，可參見 Coleman and Leiter 1995, 242-245。

思熟慮，他們就正在實質性地削減通過深思熟慮終會得出正確答案的可能性。從而，他們正在逃避賦予其法律系統規則以效力及養護其所蘊含價值的法律責任。除非所涉及的法律規則是極度邪惡的，否則，官員們同樣也正在逃避他們的道義責任。

請注意，對不偏不倚裁斷的認識論可靠性的論述並沒有忽略在本章已經討論過的一個事實，即任何法律系統中的官員事實上被合法授權和許可在某些有法律實施中運用自由裁量權。無論授予官員們自由裁量權的規範表述清晰與否，它們作為第二序列規範存在，具有合法的實質性強制力。如此，它們自身不得不隨同系統的其他法律規範一樣，被官員解釋和適用。如果官員們對待那些規範的方法因違反不偏不倚而被毀壞，那麼非正確適用那些規範的可能性會極大提升。如果官員們熱衷於諸如此類的違反行為，他們就正在加劇某些行使自由裁量權的方式或場合不匹配其被授予該如何行事這一風險。簡言之，不偏不倚對於官員自由裁量裁斷之認識論上的可靠性，與對於其他法律裁斷之認識論上的可靠性是同樣重要的。

那麼，堅持法律官員不偏不倚的一個主要理由聚焦於裁斷做出過程中的結果上。不偏不倚明顯提高了裁斷結果正確的可能性。而支持不偏不倚的另一個主要考慮是裁斷做出的過程本身。法律官員堅持不偏不倚既有助於確保法律規範與其條款效力一致，同時也有助於確保一個法律系統運行是公平的及被感覺是公平的。當裁斷做出過程缺少不偏不倚時，其對因該程序結果而受損的任何人 D 來說將是雙重的不公道。之所以是不公道，一方面當然是因為結果本身損害了 D 的利益，另一方面則是因為整個程序對 D 表示了蔑視，至少是缺少尊重的。即使程序後果意外地獲得 D 的贊成，第二種形式的傷害仍然存在。就相關官員而言，如果缺少不偏不倚源自利己動機佔優勢，那麼，以 D 為代價而對個人利益的追求即是對 D 漫不經心地貶低。這種貶低是一種有害的輕蔑，非常不同於官員最終裁決之弊害。如果缺少不偏不倚是因為對 D 的偏見，那麼，對其尊嚴的打擊甚至更為致命和明顯。如果缺少不偏不倚在於一種無知狀態，在沒有不合理困難情況下其原本應被克服，那麼，此時正展示了官員缺少公正對待 D 的關懷。

無論 D 是否意識得到，剛剛列舉的傷害都將會發生。另外，在許多語境下，基於官員們悖離不偏不倚而處於不利地位的人至少大體會意識對其所遭受的待遇。即便不是詳盡的但大體上他們會感覺到受到輕蔑。由此，法治政府官員採取可靠的不偏不倚立場不僅對實際的公平及程序正當性是關鍵的，而且對可感知到的公平和程序正當性也是關鍵的。無可否認的，官員們在裁判中嚴格堅持不偏不倚並不能保證受裁判影響的人接受 "他們已經被公平地對待"。儘管我們沒考慮裁判所適用的法律規範本身令人反感的可能性，但還是應該承認，無法與法律官員很好相處的人會經常感覺受侵害，而不考慮處理其所涉情況之方式的實際合理性。即便如此，雖然官員們努力在確定法律規範及適用它們上不偏不倚地行動，並不能保證那些努力被公民感知為公平和正當的，但這些努力是培育像這樣感覺的最好方式。在一個自由民主社會，人們的思想並沒有長期受集權主義影響，如果官員及其行動實際上是不偏不倚的，那他們通常是傳遞公平性印象的最有效者。諸如此類狀態確實存在的情況下，正義就實現了，而且是以看得見的方式實現的。

每當官員們偏離不偏不倚之理想時，他們自負地將自身的觀點灌進法律系統運行中，損害系統的客觀性。當他們用私利、偏見、偏好、衝動和臆想來塑造裁判時，系統運行就被扭曲了。由此，他們違背了通過參考可適用的法律規範之條款來確定人們行為法律後果的責任。相反，他們確定那些後果卻是參考他們自身的情況。這樣一來，獲得道德上不當結果的可能性提高了，法律系統運行之程序正義減少了。他們對受規範約束的人們表達了不敬，也遭受被那些人還以相同不敬的風險。此外，他們甚至削弱了其法律系統作為法律系統的功能性（這一點在下一章會更清楚）。由此，也削弱了此類系統所保護之價值的實現。

最後，讓我們記住，討論不偏不倚的某些部分關乎自由民主制下立法者的功能，就如影響到法官和行政官員的功能一樣。一方面，正如已經討論的，某種程度上當選立法者的代表角色與其判斷中不能有私利誘導的強烈期待或嚴格要求間存在張力。大部分立法者對選舉的壓力是敏感的，當基本權利和自由沒有處於危機中時，他們的敏感性在道德上是正當的。另一方面，立法者的代表角色也無法保證朝著無知和盲從而走向悖離不偏不倚。對於就有關公共政策的事項做出判斷的立法者來說，無知和偏見引起的專斷會讓人反感，這與對特定案件做出裁判的法官和行政官員來說是一樣的。當然，由於立法者處理的是一般性問題而非浮於那些問題表面的具體情況，故其自身獲悉相關事實的責任與法官及行政人員的是有區別的。立法者的重點是由各種公共政策選擇而產生的不確定結果上 —— 這些結果經常可以通過統計公式來表達。他們並不更多關注具體個人之間特定糾紛的細節。然而，雖然一般不要期待立法者會將注意力放在局部的細節上，但他們應該且被期待熟知不同公共政策選擇大體的優缺點。如果在類似這樣的公共選擇判斷上，他們沒有把握一般的信息（在此類信息是可合理獲取的前提下），那麼該判斷即是專斷的。為將不偏不倚上升到避免專斷的立場，立法者必須戒絕猜測。他們應努力知道自己正在幹什麼。

在這樣的努力中，立法者將使其行動的認識論可靠性最大化。也就是說，他們將使其所正處理的問題獲得確定正確答案的可能性最大化。當然，立法者面對的問題並不像設法賦予法律規範以效力的法官和行政官員所處理的問題，其並不是典型的法律問題。換言之，它們並不是關於既存的法律規範之含義問題。確切地說，立法者處理的（或者應該處理）是道德問題，是關乎他們打算給出的法律規範之長處和缺點的問題。以確定正確的方式解決那些道德問題的機會的確是微小的，除非他們不帶偏見和可修復的無知來著手完成任務。像這樣的偏見和無知所導致的專斷不僅對程序正義有害 —— 因為基於偏執和任性的推測將會損害一些人的利益，而且，立法者審慎思慮的可靠性也會被損壞，審慎思慮是獲得政治道德核心問題之正確答案的一個途徑。無論是聚焦於程序正當的視角還是聚焦於結果正當的視角，我們都可領會，不偏不倚對立法者的審慎思慮而言是一個規範理想，就如同對司法和行政的審慎思慮一樣。在自由民主制下，雖然不偏不倚對立法者的要求與對司法人員、行政人員的並不一樣，但是，沒有不偏不倚不可能真正履行立法責任。

1.2.6 作為真值 — 能力的客觀性

討論了實體論和認識論客觀性後，我們現在轉向語義學客觀性。正如在本章開頭所提到的，語義學客觀性是有關人的斷言與該斷言所涉及的事物之間的關係。此處所詳論的此類客觀性存在於具有真值的陳述中（也即真值或為真或為假）。如果在某一領域內，可做出某些富有意義的、陳述性的陳述（meaningful declarative statements），如果其中許多此類陳述或者是真或者是假，那麼，該領域在一個更大或更小的程度上具有語義學上的客觀性。反之，如果在某一領域內無法做出富有意義的、陳述性的陳述，或者其中所有像這樣的陳述都沒有真值，該領域即沒有語義學上的客觀性。

　　在將語義學客觀性與法律聯繫起來討論前，我們需要對上述語義學客觀性的觀點做些說明。具體而言，為什麼將討論限制於"富有意義的、陳述性的陳述"？將富有意義作為一個附加條件的目的在於排除荒謬的句子。諸如"綠色的思想憤怒沉睡"、"第七根睫毛變成三角的比沒有棒球賽的幾率更小"，像這樣的句子因為沒有任何可理解的意義，所以也同樣沒有真值。像此類句子在某一研究領域明顯有存在的可能，其不應算作是損害該領域語義學客觀性的一個因素。同樣的道理也適用於非陳述的句子。這類句子沒有真值，最明顯的如祈使句（如"關門"）、疑問句（如"你出生於本週的哪一天？"）、感歎句（如"你好！"或"天哪！"）。在某一研究領域，顯然有說出像這類句子的可能性，但很難將之算作該領域不具有語義學客觀性的一個因素。如果一段話語中的所有或部分富有意義的、陳述性的陳述是真的或假的，那麼，無論其中會提出多少問題及發出多少命令，該段話語都具有語義學上的客觀性。

　　在任何不是人為設限的研究領域中，某些富有意義的、陳述性的陳述缺少確定的真值。例如，每一個矛盾的陳述，如"現在的這個陳述不是真的"，都缺少融貫的真值，既然任何此類陳述的"真"蘊含了"假"，"假"蘊含了"真"。缺少確定真值的另外例子是預設缺失的陳述，其中最顯著的例子是根本指稱的缺失。斷言"當前法國有國王"與斷言"目前的法國國王已經在四分鐘之內跑了一英里"，兩者區別很大。前者直接確認法國的國王目前是存在的，而後者僅僅以目前存在這樣一個人為先決條件。結果是，前一個陳述擁有確定的真值，它是假的；而後一個陳述卻不存在任何真值。

而法理學者相當感興趣的是另一類缺少確定真值的富有意義的陳述性的陳述，是包含某些使用模糊謂項的陳述（Endicott 2000）。此處我們轉回 1.2.2 快到結尾處所討論的主題，但角度稍微有不同。模糊謂項，如"高"、"矮"、"瘦"、"禿頂的"或"一堆"，對其可適用的所有現象的整個範圍來說也許並非完全準確。在整個範圍內，存在臨界個案未確定的區域，該區域的起點和終點本身都只是可模糊說明的。在此區域內的非確定的適用，我們既不能正確地斷言也不能否定某一實體擁有所涉及的模糊謂詞所表示出的屬性。例如，某個男人也許身高處於某一高度，而我們對此既不能正確斷言也無法正確否定他是高的。同樣的，沙灘上所堆的穀粒也許是某一尺寸，我們既不能正確肯定也不能正確否定其是"一堆"（在每一個案件中，我們也許不知道或者甚至沒有能力知道 —— 我們既不能正確肯定也不能正確否定相關的命題）。司法中此種現象的例子不勝枚舉。在先前討論模糊性時，我們的確已經遇到過一個像這樣的例子。從所闡明的意思看，法律謂詞"合理的"是模糊的，那麼，一些行為實例可能就屬於我們既不能正確肯定也不能正確否定其是"合理的"。在那種情形下，主張或反駁像那樣的臨界行為具有合理性的陳述就不具有確定的真值。

如此，當我們試圖確定某些話語或實踐中所提出的陳述是否具有語義學上的客觀性時，需要牢記有許多陳述是要被我們的考察排除。我們撇開無法理解的或非陳述性的陳述，[14] 同樣也撇開缺少確定真值的富有意義的陳述性的陳述，或者是因為其自相矛盾，或者是因為其預設欠缺或者謂項模糊。我們將注意力集中於其他那些富有意義的陳述

14　研究法律話語的語義學客觀性，排除非陳述性話語特別重要，既然某些一般法律規範和許多針對具體情況的法律指令都可以正確解釋為絕對命令。

性陳述（如果有的話），它們在話語或實踐中能被清晰表達。每一個像這樣的陳述都被賦予真或假的真值嗎？很顯然，任何領域的相關渴望回答該問題的人需要利用"真值"這個概念。出於法理學的目的，或許出於任何目的，最好的真值理論即所謂的極簡主義真值理論。[15] 雖然極簡主義的標籤囊括了大量認知真值的同類方法，但此處所支持的一個變體被稱為消引號論（disquotational account）。根據該解釋，真值的本質由如下的等效公式表示：

命題 P 是真的，當且僅當 P。

這裏 P 代表任何命題，可以通過富有意義的、陳述性的陳述來表達。如此，則有大量潛在的真值等效公式的實例（instantiation），其中之一即：

命題 "亞伯拉罕林肯在 1865 年被暗殺" 是真的，當且僅當亞伯拉罕林肯在 1865 年被暗殺。

從法律命題領域看，潛在的真值等效公式的實例數量眾多，其中之一如下：

命題 "在整個美國謀殺是法律禁止的行為模式" 為真，當且僅當在整個美國謀殺是法律禁止的行為模式。

---

15 關於極簡主義認知真理的方法，最傑出的闡述是 Horwich 1998，雖然我不同意他在某些重要問題上的複雜論述。最近有關極簡主義的非常棒的討論，可參見 Holton 2000。

根據消引號論，下述等效公式給出假值的本質：

命題 P 是假，當且僅當非 P。

鑒於我的討論範圍所限，此處 "非 P" 可被理解為 "不是 P 的情形"。因此，無數潛在的假值等效公式的實例，其中之一如下：

命題 "亞伯拉罕林肯在 1864 年被暗殺" 是假的，當且僅當情況不是 "亞伯拉罕林肯在 1864 年被暗殺"。

這個實例同樣剛好可用下面的公式表達：

命題 "亞伯拉罕林肯在 1864 年被暗殺" 是假的，當且僅當亞伯拉罕林肯在 1864 年沒有被暗殺。

從法律命題領域看，潛在的假值等效公式實例數量眾多，其中之一如下：

命題 "在新澤西在街道上吹口哨是法律禁止的行為模式" 是假，當且僅當在新澤西在街道上吹口哨不是法律禁止的行為模式。

現在，當一個人首次遇到關於真值的消引號方法，似乎它是如此簡單、幼稚以至於無關緊要。它似乎完全無爭議，僅僅因為似乎沒有出現任何值得爭議的東西。但是，事實上這種方法充滿了技術困難，圍繞其可持續性已經引起持久的、有啟發性的爭論。雖然其擁護者的

目標的確在於收縮 —— 也就是說，雖然他們提出"動人地去神秘化"（Horwich 1998, 5）作為自己的廣告詞是恰當的，但消引號論本身幾乎不可能是簡單易懂的。它直接將邏輯哲學和語言哲學引進了深水區。此處我們無法研討那些技術困難的細節。該方法的最有才能的擁護者已經給出的中肯辯護已經足夠，而且，無論如何我已避開了圍繞其的大量晦澀之困。繞開那些困難對於我給討論所謹慎設置的限制來說是一個可喜的結果。極簡主義的真值理論所面臨的某些最艱深晦澀的問題就是有關它處理某些富有意義的、陳述性陳述的能力，即互相矛盾的陳述、根本指稱缺失的陳述以及臨界案件中適用模糊謂詞的陳述。在這裏我已將之放在一邊，繞過這些難題而集中注意力於其他富有意義的、陳述性的陳述（這裏有兩個簡單的提醒。第一，我對某些缺少確定真值的富有意義的、陳述性的陳述的評論並非是完全無爭議的。從先前的伯特蘭·羅素（Bertrand Russell）始，一些哲學家已做出分析，例如霍里奇（Horwich）堅持說含有根本指稱缺失的陳述確定是假的。（Horwich 1998, 78）第二，如果我打算處理此處被擱置的那些問題，我針對極簡主義真值理論上有重大意義的幾個觀點所作的辯護，將不同於其他哲學家已做出的某些最著名的辯護）。

那麼，根據極簡主義的真值理論，法律陳述的語義學客觀性依照消引號技巧的可適用性而定。例如，"在整個美國謀殺是法律禁止的行為模式"該陳述為真，當且僅當在整個美國謀殺是法律禁止的行為模式。該陳述為假，當且僅當在整個美國謀殺不是法律禁止的行為模式。事實上，在整個美國，謀殺是法律禁止的行為模式。我們能通過整合經驗主義的調查以及基本的法律解釋來確定它。如此，有關謀殺的這個給定的（specified）法律陳述是真的，而且我們可直截了當地知道其為真。相反，"在新澤西在街道上吹口哨是法律禁止的行為模式"該陳述是假，因為事實上在新澤西吹口哨不是法律禁止的行為模式。同理，我們也能通過整合經驗主義的調查和基本的法律解釋來確定它。由此，關於吹口哨的這個陳述有確定的真值，我們也可直截了當地知道這個真值是什麼。許多其他的法律陳述也同樣擁有確定的真值，雖然在很多情況下確定那些真值所必需的方法，比此處所選陳述的真值查明方法要複雜得多。簡言之，我們可以得出結論，在語義學客觀性的討論所揭示的限制範圍內，法律話語在語義學上是客觀的。

1.2.6.1 真理符合論的收縮

真理符合論（Correspondence theories of truth）通常是作為極簡主義（minimalist theories）的對手而提出來，其堅持某一陳述為真，當且僅當它與實際相符。但是，極簡主義的主張與符合論的收縮版的主張相當一致。我們不需要糾結是否符合論能持續以非循環的形式適用於任何領域（如科學研究領域）。可以確定的是，將該理論的收縮版適用於法律話語是恰當的。在該領域適用時，其可表現為兩個主題：

（1）如果一個明確表達某一行為模式的法律後果的陳述為真，當且僅當其內容遵循了法律標準 —— 由成文法、憲法性條款、司法原則及實踐、合同、行政法規以及其他規範所表達的 —— 這些標準在相關的法域內實際上有效並可適用於像那樣的行為。

（2）斷言存在某一法律標準的陳述如果為真，當且僅當引起或建立該標準的條件是真實的。

正如所料，這兩個主題並沒有使辨別一個特定法律陳述是否為真的任務變得更容易。為了判定表達某一行為模式的法律後果之陳述是真或假，我們必須弄清有效的並可適用的法律標準是什麼，而且，我們不得不進行法律解釋和推理，其也許對確定行為所涉的那些標準之含義來說是必要的。為了判定斷言在某一領域內存在法律標準之陳述是真或假，我們必須弄清該類標準存在的條件是什麼以及那些條件是否令人滿意。換言之，如果我們用"S"表示一個法律陳述，證成或證偽"陳述'S'是真"的過程與證成或證偽"S"本身的過程是一樣的。例如，證成或證偽"陳述'在新澤西謀殺是被禁止的'為真"的過程與證成或證偽"在新澤西謀殺是被禁止的"的過程是完全一樣的。完全不出所料，與真理符合論的收縮版相聯繫的認識論結局，和與極簡主義的消引號論版本相聯繫的認識論結局是一樣的。兩者都凸顯了思考是否"S"為真與思考是否是 S 兩者不可區分。

1.2.6.2 有人質疑法律話語的語義學客觀性嗎？

面對前面為法律話語的語義學客觀性所做的辯護，有些讀者也許質疑是否這樣的辯護真的必要。人們怎麼會懷疑在法律話語中富有意義的、陳述性陳述被賦予確定的真值？事實上，某些可笑的法律現實主義者 —— 特別是斯堪的納維亞支派早期的某些學者，[16] 就是懷疑法律話語中真正有意義的、陳述性陳述之存在。採納此極端立場的學者主張，需要超越膚淺的語法以便於把握法律陳述真正的實質和功能。我們被告知：那些陳述也許看起來是富有意義的且是陳述性的，但實際上它們是感歎（類似於"哎呦"、"噓"、"啊"、"哦、哦"、"哇"）。其作用在於表達或引起情感而非傳遞真實。所有法律強制性規範及其他法律規範被這些學者解釋為感歎句或僅僅是祈使句（相當於"離草坪遠點！"），其功能是引起服從的態度；這些理論家沒有為任何法律

16　關於斯堪的納維亞法律現實主義一些入門級討論，可以參見 Harris 1997, 103-108; Freeman 2001, 855-872。

強制性規範及其他法律規範可作為陳述性的表達進行分析留下餘地。現在，正如已經指出的，感歎句與無條件祈使句是沒有真值的，如句子“噓！”“坐下！”，既非真也非假。結果，如果最狂熱的斯堪的納維亞法律現實主義者的分析是正確的，那麼，法律話語將完全沒有語義學客觀性。由此，對關於客觀性此類觀點的辯護還沒有成為不著邊際的、多餘的事業，即使必須得承認斯堪的納維亞法律現實主義支派已經失勢很久了。

導致最狂熱的斯堪的納維亞法律現實主義者迷路，是因為一個錯誤的假設，對之最佳的矯正方法是關於真值的極簡主義闡釋。根據那一假設，任何非同義反覆的、非自相矛盾的陳述，都具有真值，且都是有關某一實體或事件的，該實體或事件在世上存在或出現（如果有的話）是通過自然科學探知的。如果像這樣的某物從未曾作為自然界之物質和能量的成分而存在的話，那麼任何關於它的陳述就不是真正有意義的、陳述性的陳述。如果像這樣的陳述正在發揮任何作用的話，那肯定發揮的不是知識性（informational）作用。總而言之，極端現實主義者的方法是以真理符合論的粗鄙版本結合嚴格的自然實體論（主張確實存在或能夠存在的唯一實體就是那些在物質世界由自然科學所探明的東西）為基礎的。

極簡主義真值理論的支持者發誓將拋棄極端的斯堪的納維亞現實主義者的假設，方式不是陷入與他們的形而上學爭論，而是表明如此的爭論是完全偏離要點的。極簡主義真值理論沒有捲入支持或反對被斯堪的納維亞現實主義者所嘲笑的形而上學論題中。相反，它揭示了從來不需以完美地為法律話語的語義學客觀性進行辯護（方式）提出那些論題。它之所以能看到這點，因為它表明了在任何特定社會中，一個法律陳述為真或假的問題有待回答，答案與其說是形而上學的還不如說是關乎法律的、道德的和經驗主義的。通過瓦解"揭示某法律陳述 S 是否是真"與"揭示是否是 S"兩者間的區分，極簡主義方法（伴隨真理符合論的收縮版本）澄清了法律陳述的真值賦值不依賴於形而上學的支持。那些真值賦值需要法律的專門技術、道德的洞察力及經驗主義知識，而非哲學的敏銳性。

1.2.6.3 兩個提醒

　　以兩個告誡性觀察來結束我的討論。第一，雖然我已對斯堪的納維亞法律現實主義學派關於法律陳述僅僅是表達或喚起情感的工具這一觀點表示了懷疑，但是應沒有人否認法律陳述經常可以表達或喚起情感。另外，某些普遍性的法律強制性規範的表達和許多個別化的法律指引規範的表達，都能得體地使用祈使句。我當然不是全然不顧那些表達功能、喚起功能、祈使功能。相反，我試圖強調，一方面要承認那些功能，另一方面要堅定地意識到，不管在哪個法域，關於法律有意義的、陳述性的陳述的核心作用是闡明關於事實的信念（beliefs）。這兩者應該結合起來看。儘管該核心作用經常服務於相關法律官員所認為的正當目的，希望為其行為和判斷提供理由，但它的確發揮的是揭示事實（fact-reporting）的作用。正如其本身看起來那樣，關於法律有意義的、宣示性的陳述，不但在實質上而且在語法形式上，它們是富有意義的、宣示性的〔注意，當我將法律陳述的作用歸結為明確地闡明關於事實的信念時，我並沒有引入某一新的、神秘的被稱為"事實"的實體。此處的事實就像真值（truth），是遵循極簡主義立場來理解的。當且僅當在新澤西無緣無故的謀殺是法律禁止的行為模式，那麼，"在新澤西無緣無故的謀殺是法律禁止行為模式"即是一個事實。還要注意，在我目前的討論中，事實並沒有與規範對比著來進行理解。法律陳述所明確闡明的信念與所揭示（report）的事實，其內容通常都是規範性的〕。

第二，一些讀者也許擔心，本小節極簡主義對法律話語的語義學客觀性所作的辯護，會導致對那些聲名狼藉的話語門戶大開。畢竟，只要極簡主義版本關於真值的解釋對法律話語產生影響，其中的一個關鍵要素是：評價法律陳述之真或假是參考在某一特定法域盛行之法律標準而確定的。那麼，大量其他話語中的陳述難道不可以同樣這樣嗎？例如，難道不可以對科學論（Scientology）、神創論（Creationism）、德魯伊教（Druidism）、納粹主義同樣這樣？也就是說，當人們被諸如此類的學說蒙蔽時，難道他們在某種意義上不是有權利堅持，正是那些荒謬話語中所詳細闡明和維繫的標準，對於那些話語中所提出的各種主張之真或假具有決定性嗎？

此類抱怨嚴重誤解了我的觀點，尤其是忽略了一個事實：語義學客觀性僅是客觀性的一個維度。一方面，我們假設存在於科學論者、神創論者、德魯伊教者行動中的許多句子是有意義的、陳述性的陳述。進一步假定某些像那類的陳述也不存在邏輯上自相矛盾、模糊性引起的非確定性、預設缺失如根本指稱缺失。這樣的話，與他們的行動分別聯繫起來的話語，在一個更大或更小範圍意義上，都各自具有語義學上的客觀性。每一個像這樣的話語都是包含可正確賦予真值的陳述。另一方面，我們將語義學客觀性歸結於，每一個這樣的話語完全相容於一個觀點並實際上以之為先決條件，即前述每一個可被賦予真值的陳述或實際上每一個可被賦予真值的陳述都是假的。如果不假定科學論或其他有害教義之核心論題在語義學上是客觀的，我們則無法一致譴責其為假。

1.2.6.4 內部標準學說

　　一旦牢記語義學客觀性與其他客觀性維度如思維獨立性、確定正確性之間的區分，我們就可以看到，對某種話語進行語義客觀性的歸類本身並不是一項值得稱讚的事情。但是，上面倒數第二段所提出的批評並非僅針對這樣的歸類。相反，它首要聚焦於一個見解，即某些實踐中所表達出來的陳述之真值是以實踐者自己的標準為基礎的。該有關真值歸因的見解可在此處命名為 "內部標準學說"（Internal Standards Doctrine）。既然該學說被解釋成令人嫌惡的，則它與本討論的大部分主張都不一致；但是，它也可以被更寬厚地重新闡釋為與本討論所主張的是相容的。

　　根據我的法律話語語義學客觀性的極簡主義解釋，前述所設想之抱怨的控訴要旨是：任何特定實踐的參與者對其在實踐中所作斷言之真或假給出判斷，他們絕不會集體出錯。任何像這樣的對我討論的批評毫無疑問是搞錯了。從 1.2.1 小節我關於感知的思維獨立性看，兩個較輕微的錯誤應該是明顯的。雖然在任何法律制度中，程序的、實體的標準都是慣例性的，由此諸如此類標準之存在的思維獨立性是弱的，但是，其內容和可能後果的感知的思維獨立性卻是強的。雖然那些標準通過官員們共享的信念和態度而得以形成和維持，但是在既有的情形下，並不能確保官員們有關第一序列的信念及態度之第二序列信念正確。無可否認，我們沒有任何根據認為第二序列的信念經常是明顯錯誤的，我們當然也沒有任何根據認為其從來不會是錯誤的。法律官員們可集體地誤解規範的意思，他們已經集體將之塑造成有拘束力的法律標準。像這類誤解也許有先例的約束力，而且也許是終局性的。換句話說，它們也許在其所在的法律系統中無法被上訴到任何更高的權威機構。但是，它們的的確確是誤解。當然，類似的觀點也適用於其他的制度和行動。當對那些據以形成制度和行動的規範進行解釋時，集中維繫制度或行動的人會共同犯錯。因此，即使把我的語義學客觀性的極簡主義方法置於這一主題——即在實踐範疇內確定陳述的真值僅僅參照實踐自身的標準，也不會伴有額外的可疑的保證（commitment）。也就是說，在實踐範疇內的參與者，當其作為這樣的參與者對其所作的陳述賦予真值時，他們絕不會個別或共同出錯，對這一荒謬的主張而言，並不存在什麼額外的保證。

在當前語境下，另外一個更為重要的錯誤是低估了對前述設想之抱怨。圍繞"內部標準學說"而來的抱怨，嚴重低估了運行於諸如法律系統等複雜實踐中的正確標準的多樣性。在任何法律運轉機制中，官員的許多權威性語句關心的是經驗的事物。為了使法律後果與人們的行為關聯起來，裁判者和行政官不得不自己告知自己行為的本質，包括行為的主要原因和後果。這時，他們不得不做出大量經驗性的判斷，並將其表達在許多官方陳述中。某些經驗性的發現與事件和事務的簡單細節相關，其他的則與更為複雜的情況如根據統計分析推論出來的因果關係相關。與所有像這樣的發現相關的陳述的真值是由世上的事實來確定的，而且有時是由數學和統計學的規則所確定的。從事這類經驗調查的法律官員受制於在自然科學與社會科學中同樣要遵循的精確性與適當性的要求（當然，當他們部分從事經驗性任務，查明在其法域內規則是什麼時，也要受制於那些要求）。如果官員們在經驗調查中犯大錯，且如果其削弱了法律規範適用於其處理事項的效力，那麼，通過官員們無意識扭曲了經驗的、可辨別的事實，反映那些適用的錯誤裁判就做出來。由此，即使官員對相關法律規範本身的解釋是毫無瑕疵的，然而那些適用卻是錯誤的。

先前提及的那些五花八門的騙子學說也同樣受制於經驗主義的精確

性與適當性要求，因為其中每一個學說都含有大量經驗主義的斷言。例如，當納粹分子提出關於人類生物學的主張時，那些主張的真值是由人類基因、解剖學和生理學上的現實而非納粹分子對這些現實持有的愚昧信念所確定的。同樣的，當創世說鼓吹者清晰表述其宇宙論教義時，其教義的真值是由物質世界的事實而非任何內在於創世說的東西所確定。許多情況下，當創世說鼓吹者、納粹分子或其他江湖騙子訴諸經驗主張時，每一個此類主張之真或假參考什麼加以測定，與一個普通科學家對經驗主張之真或假做出判定時所考慮的是一樣的。根據這樣的評價標準，前述江湖騙子們的荒謬觀點確實不會有什麼好結局。

法律系統中的官員不僅說出大量經驗主張，在大部分法律系統中，官員也經常說出道德主張。在任何法律制度中，當官員已將正確的道德原則合併入疑難案件的法律中時，像此類道德主張的句子非常突出。經過如此的合併，那些道德原則成為官員們將人們行為與法律後果聯繫起來的、既具有法律拘束力也具有道德拘束力的標準。在這樣的法律制度下，當官員援引和適用道德原則時，他們的道德判定之真或假所受制的標準恰恰與適用於一般道德判定的標準是一樣的。官員們進行道德裁判也是法律裁判這一事實，並不能些微改變確定那些裁判之真值的道德正當性標準。另外，即使在一個法律系統中，法律官員沒有將正確的道德原則併入疑難案件之法律中，他們也常傾向於進行許多道德宣示。例如，他們常傾向於譴責犯罪不僅在於法律上不許可，也在於道德上不可接受。雖然關於法律之道德義務的此種宣示不能等同於司法和行政裁斷對法律根據的援引，但是，對那些裁斷來說其絕非偶然。它們恰好可被作為司法陳述。就如官員們的確在疑難案件中援引道德規則作為其裁斷基礎的那些司法陳述一樣，然而，這些司法陳述的真值是由正確的道德原則而非官員們共享的信念所確定的。鑒於該觀點在我對法律話語的語義學客觀性討論中相當容易被認可，那麼，任何暗示說該討論不知怎麼就認定法律官員們絕不犯錯則完全沒有根據。

就前文提及的那些亂七八糟的教義而言，道德主張乃其樞機，即便這些道德主張大多是荒謬誤導的。例如，納粹黨人支持令人厭惡的政治道德學說，致使他們提倡對成千上萬人的屠殺。神創論、科學論和德魯伊教雖說更少一點嗜血和邪惡，但他們也向追隨者和普羅大眾表達各種道德禁令的混雜物。那些道德指示的真值，像前述納粹分子的道德指示的真值，只依賴於那些指示與道德實際上所禁止的是否一致，絕不是依賴於那些愚昧教義的倡導者所贊同的正確性（correctness）之標準。

總而言之，將語義學客觀性歸因於某些話語，其本身幾乎算不上是對話語知識可靠性的證明。對一個研究領域的知識聲望而言，這樣的客觀性也許是必要條件，但很難是充分條件。雖然關於一個法律陳述的極簡主義方法能夠輕易確定一系列像這樣的陳述是有真值的，雖然它揭示了擁有那些真值並不以存在深奧的實體為前提條件，但它本身的確沒有表明法律系統的運作在任何更宏大意義上是客觀的。它本身也沒能讓我們在法律話語與科學論（或神創及其他已提及的那些讓人抓狂的思想派別）間作出區分。為了把握這種區分，我們不得不考慮本章已經探討了的客觀性的其他維度。

1.2.7 其他類型的客觀性

迄今為止，我們已經考察了六種客觀性：三種實體論的、兩種認識論的及一種語義學的。有關客觀性的哲學文獻中，其他客觀性概念通常都非常淺顯。本節只是簡略提及那些剩下的概念。在多數情況下，簡略闡述是基於將客觀性另外的面向歸納進已詳細闡述了的客觀性面向的能力。不過，我們將從與法律本質關聯性比較弱的兩個客觀性面向開始，所以討論也會是簡潔的。

1.2.7.1 作為理性必需性（**Rational Requisiteness**）之客觀性

在若干道德哲學傳統中，尤其是顯著的康德哲學傳統中，道德客觀性經常被理解為道德需求之理性的強制性。也就是說，那些道德需求之所以被視為客觀的，是因為任何道德主體都不得違反，除非以徹底的非理性為代價。違反一個道德原則就是將自己置於邏輯矛盾中，如此的行為模式不但是錯誤的而且不合邏輯。於是，道德義務可能就如非矛盾律（Law of Noncontradiction）那樣成為客觀的；遵守道德義務對於一個人實踐理性的持守是必不可少的，正如遵守非矛盾律對於維持一個人的一般理性是必不可少的。

我在別處已討論過，反對用道德責任的效力同化邏輯的理性的強制性（Kramer 1999b, 174-199）。違反諸如此類的道德責任與其說是邏輯的失誤，還不如說是道德的失敗（Hills 2004）。誠然，道德話語中發生邏輯錯誤總是可能的。如果某人主張無緣無故攻擊的行為總是被禁止的，同時又主張在星期二許可以進行無緣無故的攻擊，那麼，她就採納了兩個邏輯不一致的立場。同理，如果她既主張喬有道德義務探望某些生病的朋友，又主張喬有不去探望他們的道德自由，那麼她就是自相矛盾的。在道德語境中，像這種絕對的非理性例子當然是可能的，但是，它們絕非普遍存在。大部分違反道德需求的情況並不含有像這樣的邏輯過錯，某些哲學家揭示其中細微邏輯過錯的努力無疑是徒勞無功。

如此，儘管作為理性的強制性之客觀性概念絕沒有被去掉。換言之，雖然其闡明了一個"易懂而充分的客觀性"（Williams 1985, 206），但其沒有闡明道德的本質。道德在多種意義上是客觀的，但卻非在此種意義上，即行為違反道德要求的每個人皆負疚於一個自相矛盾。在法律語境下，作為理性強制性之客觀性的相關性甚至更有限。法律系統的運作在多種意義上是客觀的，但卻不是在此意義上，即錯誤解釋或違反法律命令的人正表現出徹底的非理性。一方面，邏輯錯誤可出現於法律領域，正如它們出現於道德慎思領域。人們進行法律推理時有時候會完全弄錯了，就如他們進行與法律無關事項推理時所犯的一樣。另一方面，大部分對法律規則的錯誤適用或違反並不牽涉像這樣的邏輯過錯。當一個法律人或外行在理解法律規則之內容、可能後果時誤入歧途，或者當他基於違法行為而選擇不顧及那些規則時，他通常並不是以某些方式而自相矛盾，而是他對解釋和決定所應取決的平衡考量敏感性不足。像這種失誤很難說是不尊重基本邏輯規則。因此，當我們問法律系統的運作是否客觀時，我們並不是在問 —— 也不應該在問 —— 該系統的法律強制性規範（mandate）是否就是這樣的：即輕視或誤解那些法律命令的每一個人都陷於不合邏輯中。在該意義上，沒有任何法律系統是客觀的。

誠然，在日常話語中經常廣泛使用"非理性"（irrational）這個詞（就像"不講邏輯"、"愚蠢的"和"沒根據的"等）。例如，有時候這個詞被用於特別可怕的罪行、非常愚蠢的錯判或令人驚愕的執拗。但是，諸如此類的用法的確很少在暗示需要為罪行、錯判、執拗而負責的那些人本身是自相矛盾的。當然，適用於極惡罪行的"非理性"，該詞意在指出驅動那些罪行之放縱的野性已經遠在可由正派的文明人所理解（以最低限度的同感方式）的動機範圍之外。適用於愚蠢的錯判時，這個詞意在指出那些錯判所證明的愚笨程度遠大於那些擁有適度智力的人通常所預料的。適用於某人的極度執拗時，這個詞意在指出該執拗的人所展示的不屈服是如此的過度或無根據，以至於其自身利益也被損害。這個詞明顯也用於如占星學、巫術等研究領域，現代科學已使其名譽掃地。就我目前的討論看，"非理性"一詞更狹義、精準地適用於邏輯上矛盾的例子。當我在此處主張違反或誤解法律要求很少是非理性的時候，我僅僅在主張它們（違反或誤解）幾乎都不在於邏輯上矛盾。是否它們在某一鬆散意義上屬於特定的非理性，目前我的討論所持的立場對之並不關心。

鑒於我在此處的討論集中於非理性概念，對客觀性此面向的任何考察都會從非理性（irrationality）與不合理性（unreasonableness）的區分中獲益。[17] 非理性存在於自相矛盾中，而不合理性卻存在於道德或理智上的應受譴責性中。如果某一行為或判斷是不合理的，即是其跌到道德諒解度和理智可信度的臨界線以下了。給此情形冠以"不合理性"的稱謂是非常恰當的，因為做出該行為或判斷的人看不見或漠不關心支持相反做法的那些有壓倒優勢的理由。或者是因為沒有意識到那些理由或者是因為輕視那些理由，從而對之缺乏敏感性致使某人的行為或觀點被標記為"不合理的"。

什麼造成了非理性與不合理性之間區分？此處值得注意的是，違反道德或法律要求的情況屬非理性的極少，大部分違反道德要求的及許多違反法律要求的情況都屬不合理的（在更大或更小程度上）。當一個人遵守道德責任（moral duty）而做出行為 X 時，且不存在根據同樣

---

17 我關於非理性與不合理性的區分與 Paske 1989 中對兩者的區分頗有不同。與我近似的是 Greenawalt 對簡單理性和基本合理性的區分，儘管 Greenawalt 最初幾頁的討論令人費解，參見 Greenawalt 1992, 176-179。

嚴格或更嚴格的道德責任避免做 X，不存在特別重大、審慎的因素影響其進行 X 時，那麼，此人進行 X 就有了一個決定性理由。[18] 沒能進行 X 由此即為 "不合理的"；像這樣的違反行為暴露了行為人對其應進行行為之依據沒有充分的敏感性。當然，不合理性的嚴重程度將隨責任（duty）的分量（weightiness）和不履行義務（the nonperformance of the obligatory action）而造成的錯誤後果的嚴重性而變化。但是，對道德責任的任何違反在某種程度上都是不合理的，除非該責任已經被同等重要或更為重要的道德義務（legal obligation）或特別有分量的審慎因素所抵消。關於法律責任（legal duty）的情況更為複雜但也相當近似。即使在自由民主制下，並非每一個法律義務（legal obligation）都會引起之所以遵守它的道德理由（Kramer 1999a, 204-209, 254-308）。因此，並非每一個違反法律義務的行為都是一點也不合理的。實際上在某些語境下，甚至在自由民主制下，履行一個法律義務可以明確為 "不合理的"。儘管如此，許多法律義務的確對道德義務遵守產生影響，即使是那些容易被更具緊迫性的對抗的道德責任（moral duty）所壓倒的道德義務（moral obligation）。在自由民主制下，大多數法律義務產生出像這樣的效果，而且，由那些法律責任所引起的大部分道德義務遵守的確沒有被任何對抗性的道德義務或特別有分量的審慎考量所壓倒或保持同等平衡。由此，許多違反法律義務的行為在自由民主制下是不合理的。甚至在大多數不自由的國家，許多像這樣的違反行

---

18 在本段中此處或其他地方的 "同樣地"，應該被解釋為 "同樣地或無從比較地"。注意，如果一個道德責任不可抗衡或壓倒另一個道德責任，對這一道德責任的違反雖然不是不合理的，但其依然是錯誤，因為違反之人已經引起了一個以某一方式補救的道德責任。關於這一點，可參見 Kramer 2004a, 249-294; 2005。

為也是不合理的。

如此，雖然作為理性的強制性的客觀性不是法律系統及其強制性規範（mandates）之客觀性的一個方面，但法律要求與理性之間存在聯繫。任何人都可以違反法律強制性規範，卻未被作為非理性的。也就是說，違法行為沒有捲進邏輯矛盾中，但是，在許多案例中違法行為卻是不合理的。雖然像這樣的行為沒有表示在一個人思維中存在著如自相矛盾一樣的東西，但在許多情況下它的確表示道德推理出了錯。它表明沒能充分平衡那些本影響一個人行為搖擺的理由。既然已經承認了不合法性與不合理性間的慣常聯繫，我們就更容易接受不合法性與自相矛盾間通常並不存在聯繫。

1.2.7.2 作為恆定性（Invariance）的客觀性

在某些哲學家眼中，客觀性的關鍵是恆定性（Nozick 2001）。當然，恆定性本身具有多面屬性。某些方面在前面的章節已考察過。例如，在某種意義上，法律制度具有恆定性即指法律規範統一適用於每一個人。這樣，恆定性顯然就可歸入我先前討論的作為統一適用性之客觀性中。另一個意義上的法律制度具有恆定性是指就大部分規範之內容和可能後果廣泛達成了共識，尤其是有法律知識的專家間普遍地達成共識。當人們對法律規範之存在及內容的看法的確趨同時，個人關於法律的觀點和看法中的變化，對於觀點中的共性而言，就是次要的。如果以人們理解法律之內容和可能後果的方式明顯同質這一尺度來解釋恆定性，恆定性明顯就可歸入我先前討論的作為超越個體可識別性之客觀性中。法律制度具有恆定性還可指其規範的感知的思維獨立性是強的。因為在任何既定情況下，規則的內容和可能後果都不會必定符合人們個別或集體相信其為何，所以，在那種情況下它們不會改變以符合人們個別或集體地所產生的誤解。該意義上的恆定性明顯可歸入我前面討論的作為思維獨立性之客觀性。

　　恆定性的另兩個屬性無法歸入這一章中先前的任何小節，即不變性（unchangingness）與遍在性（ubiquity）。但這兩個屬性並不屬法律規範之實質的一般性特徵。如果法律在"不變"的意義上是恆定的，其存在、內容及可能後果將總是相同的。也許在相當原始的法律制度中可能存在此種狀態，但在現代的任何一個法律系統中顯然不可能有。現代的每一個法律系統都有對其所包含的規範進行修改的機制。最突出的是通過公職人員的立法或準立法行為進行修改，也可以通過許多私人行為進行（例如簽訂合同）。認為現代法律系統沒有像這樣的方法來改變既存規範的想法既滑稽又牽強。因此，作為不變性的恆定性的確與強制性規範及法律政府機構制定的其他規範之實質相距甚遠。在該意義上，法律的實質明顯不同於道德實質。許多道德法則已經是有約束力的而且將總是會有約束力的，如禁止對嬰兒的酷刑、禁止故意屠殺非武裝的平民、禁止無緣無故的襲擊、禁止為了取樂和獲利的欺詐。它們是永恆的。人們遵守諸如此類禁令之程度從一個歷史時期到另一個歷史時期當然會有明顯變化 —— 雖然某些禁令在某個時期實際上也許無人問津，但那些禁令及其他基本道德法則的決定性影響在現世還是恆定的。無論何時，只要人類或其他理性生物存在，都要受那些法則約束。因此，作為不變性的客觀性涵容了許多道德的實質，然而，它卻沒能以近似的方式涵容任何法律規範的實質。

　　儘管上一段說了不少現世恆定性屬於法律規範之實質的一個特徵，這個見解還是有一點兒真理性 —— 雖然只有一點兒。正如第二章將會討論的，任何此類法律系統的存在依賴於系統內法律規則變化的規模和頻率的限制。如果其法律規範遭遇頻繁、徹底的修改則致使人們不知所措，沒有哪一個自詡的法律系統能夠以最低有效性來指引人們的行為。持久而大規模地改變最普遍的規範，其所引起的極度方向迷失將削弱法律指引、規範人們行為的核心功能。如果一個法律系統打算履行這一核心功能，並因此而作為一個法律系統存在，那麼，其指令的變化頻率不能太高，讓人眼花繚亂。法律變化會發生，也應該發生，但若要將其視為法律變化而非一團糟，其應該發生在適當限度內。主張法律規範的本質具有現世恆定性僅僅意在凸顯對法律演化速度的必要限制，鑒於此，其非常準確；但是，既然堅持前述限制與堅持沒有變化幾乎不可能等同，那麼任何對現世恆定性的援引都非常容易誤導人。我們最好建議放棄像這樣的主張，並直接承認作為現世恆定性的客觀性不適用於法律規範的本質。

同樣的情形也適用於作為遍在性之恆定性。每一法域內的法律規範對該領域而言是特定的。雖然在現代社會，某些國際法規範也許可全部或大部分適用於國內法領域，但每個國家的國內法對本國而言仍然是特定的。另外，在許多國內法範圍內，還存在擁有自身系列法律規範的其他法域（比如美國的五十個州）。既然法律系統有多重性且多樣性，因此，通常“遍在性”特徵不屬於任何法律規範的本質。當然，也許許多不同的法域共同存在著某些諸如此類的規範，特別是當出現為形成像這樣的統一而積極努力時（如美國的各州之間及許多歐洲國家之間在某些法律領域已進行的努力）。即便如此，大量的法律規範並不以此類方式而超越法域的界限，而那些確實跨越界限的規範也遠不是普遍存在的。它們在許多法域中存在，伴隨著它們在其他法域中缺席。雖然整個宇宙中的自然法則和邏輯法則都是相同的，但是由政府官員設計出來的用以調整人類行為的法則卻不是這樣。

我認為作為不變性的恆定性與作為遍在性的恆定性不屬於任何法

律規範之本質特徵，由偉大的法哲學家哈特（H.L.A. Hart）所發起的著名討論也許並不同意該主張。哈特認為，如果我們留意人類及其所生活世界的某些基本特徵，我們會得出結論：每一可持續的法律系統中的強制性規範必須有禁止嚴重犯罪的禁令，如謀殺、無緣無故的攻擊、縱火（Hart 1961, 187-198）。一個社會若沒有像這樣的法律禁令，特別是對於一個規模大的社會來說，其將在轉瞬間灰飛煙滅。它甚至缺少最低限度的凝聚力。無疑哈特準確地強化了這一要點。如果在每一個可能的法律系統中發現了禁止各種各樣嚴重違法行為的強制性規範，我不願意將不變性與遍在性歸屬於法律規範的本質特徵，這也許看起來是有點可疑。

上面概略提及的哈特的觀點，我曾在別處論述得非常詳細（Kramer 1999a, 262-307）。基於當前討論的目的，我們可簡單關注一下剛好哈特自己也意識到的東西。在任何一個試圖長久延續的社會裏，雖然禁止嚴重犯罪的法律禁令的確必須存在，但是禁令所採取的具體形式在不同社會、在一個社會中的不同歷史時期存在相當的變化。例如，禁令可以更多或更少地包容其所保護之人的範圍。在自由民主制下，同等的人受到禁止嚴重犯罪之法律的同等保護。而在等級制社會中，部分或全部禁止嚴重犯罪的法律可能將某些人從法律保護中遺漏。正如哈特寫道"人類歷史上的這些苦痛事實足以表明，雖然一個可能的社會必須為某些成員提供一個系統（以保護他們不受嚴重罪行侵害），但遺憾的是，它並不為其所有成員提供。"（Hart 1961, 196。著重號為原文所加）

另外，一些基本的法律強制性規範會發生很劇烈的變化，比較一下聖經上關於強姦的概念與現代西方法律上的強姦概念是具有啟發性的。根據聖經舊約，一個男子強姦了尚未婚配的處女被要求必須娶受害者並給其父親賠償（申命記 22:28-29；出埃及記 22:16）。如此，雖然在古代以色列清晰地承認強姦不能被寬恕及置之不理，但聖經對該問題及其所採取的適當補償的處理視角，非常不同於現代西方法律。在古代以色列人眼中，強姦未婚配少女的行為造成的主要受損者是倒霉的受害人的父親。由此，為矯正該行為，適當的補償體現在給付父親一定報酬及一個婚姻以確保受害人不再被認定為獨身（此中的一個前提條件是該女子在經濟上依附於其父親）。21 世紀的西方國家對強姦犯罪的態度當然是非常不同的。對特殊案例上的補償結果也非常不同 —— 主要是指服刑時間的長度，當然不是指結婚。在當今自由民主制下，強姦的法律補償目的在於維護受害人本人的尊嚴和人道（也在於修復因強姦蔑視社會價值而導致的社會機體裂隙），而非伸張受害人父親的自尊和經濟幸福。因此，雖然我們在古代以色利和 21 世紀的西方國家都發現了禁止強姦的禁令，但是，禁令之間的分歧比近似性更引人注目。故任何暗示禁止強姦的禁令具有現世的恆定性都是站不住腳的。

　　禁止主要犯罪行為的法律強制性規範還存在許多方式的變化。例如，禁止性行為的範圍可以更寬或更窄，就如違反這些行為而被課以懲罰的人的範圍可寬可窄一樣（當今大多數社會，懲罰只給予從事禁止性行為的主體本人。而在某些社會或某些時期，懲罰被拓展到那些主體所在的家庭成員）。簡言之，哈特關於禁止極端違法行為規範的不可或缺性這一極為合理的觀點，並沒有導致支持某些法律規範或系列的法律規範是具有不變性和遍在性這一觀點。贊同此錯誤觀點是因為忽略了前述的法律禁令隨時間和地域不同而具有的多樣性。哈特本人從未如此。正如在下一章將闡述的，無論何時何地，法律規範均存有某些正式特徵，但其實質卻總是可變的。

1.2.7.3 作為可矯正性（**Corrigibility**）的客觀性

有些法哲學家如斯塔夫勞波羅斯（Nicos Stavropouls）主張，從法學的目的看，客觀性的核心維度即是可矯正性（corrigibility）。根據該客觀性的概念，只有某一研究領域中錯誤存在的空間真正存在時，該領域才是客觀的（Raz 2001, 198-199; Rosati 2004, 278-279）。如斯塔夫勞波羅斯寫道，"我們應通過考察是否相關的領域為錯誤留有空間來嘗試檢驗客觀性。" 他詳細解釋說，"一方面，我們應該期待某一研究領域是客觀的，在那裏，如何理解、判斷、認知或相信事物為何與我們在該領域的不同實體或屬性中做出了怎樣的區分，這兩者之間本應該存在一定的邏輯空間。另一方面，才是實際上情況如何"（Stavropouls 2005, 316。著重號為原文所加）。

作為可矯正性的客觀性概念可歸入已經討論的一個或更多個概念中，這一點應該很清楚。將之歸入這一章中作為思維獨立性之客觀性那節最明顯。那節闡述了在法律領域如何剛好具有了斯塔夫勞波羅斯所提及的"邏輯空間"這一特徵，即事物被認為如何與事物實際上如何之間的空間。雖然一般法律規範的存在的思維獨立性僅僅是弱的，但每一個法律規範的感知的思維獨立性都是強的。這樣，在任何法律制度中，官員們就法律規範的內容和可能後果集體或個別會出錯。

也可部分將斯塔夫勞波羅斯的客觀性概念置於本章中有關確定正確性的那部分之中（1.2.2）。如已討論過的有關一個問題不存在不正確的答案，這即是一個不存在任何確定正確答案的問題。結果，既然法律問題都是存在確定正確答案的，法律領域就含有了被斯塔夫勞波羅斯作為客觀性標誌來加以認識的錯誤空間。目前，鑒於在任何法律功能系統中所出現的大多數法律問題都有確定正確的答案，那麼，任何像這樣的系統中也將持久地存在充足的錯誤空間。顯然，法律規範滿足了斯塔夫勞波羅斯的客觀性標準。

在某種程度上，可矯正性的客觀性概念也可以吸收進本章中"不偏不倚"那一小節。正如在那小節所討論的，只要法律判斷是根據無助於獲得正確結果的因素（比如偏見、猜測、自私自利）做出的，那恣意就來了。坦率地講，指出某些因素並將其作為無助於獲得正確結果，是以某些結果不正確這個觀念為前提的。因此，我關於不偏不倚的大部分討論是以斯塔夫勞波羅斯意義上的法律系統運作是客觀的為前提條件的。

總的來說，本章已很好地論及了作為可矯正性的客觀性概念。雖然在某一話語範圍內，錯誤的可能性對該話語的客觀性來說的確至關重要，但是，沒有必要將該可能性作為客觀性的一個維度，以區別於此前已探討的那些維度。即使其不能完全與前面章節所考察的客觀性維度等同，但前面那些討論還是漸次地體現了它的性質和含義。

1.2.7.4 作為非虛幻性（Nonillusiveness）的客觀性

在一般的交流及哲學爭論中，客觀性經常被認為存在於非虛幻性（nonillusiveness）中。一個完全虛幻的東西就是一個人頭腦中的完全虛構物，他似乎感受到了該虛構物。除了在某一（些）人的假定經驗以外，它根本就不存在；它不以任何方式存在於外在世界，僅存在於前述那些人的某些意識的形態中。如果某物看起來外在地存在著，它在非完全虛幻的意義上屬於客觀的，那麼，它就不是某人想象中的絕對虛構物。它以某種形式存在於外在世界，即使也許僅是用以引發某些經驗（當然，真正的精神現象在外部世界也是沒有任何存在方式的，諸如頭痛、驚恐、痛苦、興高采烈等。與那些現象不同，幻象看起來擁有某種形式的存在）。

虛幻不必是徹底的。有時候虛幻是什麼並不僅指確切地存在什麼，而是指其具有某一屬性。例如，假定對某人來說，一條線與另外一條線似乎是同樣長的，實際上它們的長度是不同的。在此情境下，虛幻並不是指究竟哪一條線存在，而是指每一條線表面的長度這一屬性都與另一條是同樣的。儘管如此，對於部分虛幻而言，客觀性與虛幻性之間的對比與對於完全虛幻而言，本質上是相同的。一個客觀的屬性即指某些實際存在的、其本身為真的特徵；而一個虛幻的屬性則指似乎對某人而言存在的，但實際並不存在的特徵。

　　毫無疑問，非虛幻性是客觀性的一個核心面向。不過，同樣清楚的是，前文關於作為思維獨立性之客觀性的討論已基本覆蓋了這一點。然而，當前語境下，通過如約翰・邁克道爾（John McDowell）等哲學家的工作，恰當地強調在"以反應為中心"（response-centered）的屬性與虛幻的屬性之間的區分（McDowell 1985, 13-14），正是改善思維獨立性之討論的很好時機。雖然這兩者中每一個屬性都具有思維依賴性，但是此中兩種思維依賴性的本質是大有分歧的。

　　在上述的方式下，一個虛幻的屬性具有極度的思維依賴性。也就是，它僅存在於有著感知到它的經驗之人的頭腦中。在這個人心靈之外的世界它根本就不存在。任何相反情形與其說是真實的還不如說是欺騙性的，雖然其可能是強有力的。當人們屈從於那一表象，並由此相信虛幻的屬性是真的時，他或她就徹底被誤導了。

　　但諸如紅色、酸等"以反應為中心"的屬性，卻非常不一樣。它們真實地存在於事物中，似乎其就是這些事物的特徵，雖然它們是作為喚起擁有正常感知力的人類（以及某些非人類的動物）的某種體驗事物的能力或傾向性而存在的。"以反應為中心"的屬性是真實的，這一信念是正確的而非錯誤的（Fine 2001, 26）。例如，當一個擁有正常視力的人在很好的視覺條件下，看著一個蘋果並確定其是綠色時，他或她得出該結論肯定是正確的。蘋果的綠色並非是這個人想象的虛構物，該想象超出他或她的思維之外即不存在。相反，它的確是蘋果皮的一個屬性；果皮的微結構成分可以某種方式反射光，引起擁有正常視力的人形成綠色的感知和體驗。邁克道爾的有效表達是，蘋果皮的綠色是"被感知到的"（McDowell 1985, 114）。

既然客觀與主觀的區分與真實的屬性與虛幻屬性之區分，或者真實的體驗與虛假的體驗之區分彼此相聯繫，那麼諸如紅色、酸等"以反應為中心"的屬性很明顯可以歸類為客觀的。這樣的屬性是真實的，對之的體驗並不是虛假的。不過，當然也可通過其他的方式得出主觀與客觀的界限劃分。一種方式即區分（i）無需參考人類某些真實或潛在體驗即可全面闡述其本質的屬性，與（ii）通過參考人類某些真實或潛在體驗才可全面闡述其本質的屬性。倘若按照這一思路來理解客觀／主觀二分法，"以反應為中心"屬性將被歸類為主觀的。雖然它們完全是真實的而非虛幻的，雖然在某些方面它們具有思維獨立性，但是，根據這個最新的主客觀區分公式，"以反應為中心"屬性的核心方面不具有思維獨立性。

"以反應為中心"的屬性在哪些方面具有思維獨立性？乍一看，它們似乎既是存在的思維獨立也是感知的思維獨立。但是，有些離奇點兒的思想實驗可揭示出不同的東西。假設一代或兩代廣佈的基因突變導致所有的或幾乎所有的人在八十年後缺少感知紅色的能力。在此情形下並沒有停止拿該顏色來做例子。也就是說，我們應該認為玫瑰、西紅柿、紅寶石依然仍是紅色的，只是它們依然呈現的紅色不再為常態的人類所感知。正如已經指出的，紅色屬性之存在是因為各種物體表面的微結構成分可以某些方式反射光，引起當下具有正常視力的人形成紅色的感知。如果普遍的基因突變嚴重地改變了人們常規的視覺能力，那麼，各種物體表面的微結構成分可以某些方式反射光，引起任何天生具有常規視力的人**當前**形成紅色的感知，這仍然是真的。也許基因突變後不會再有此類人存在；但是，若確有像這樣的人，在常態條件下物體表面將引起他們對紅色的感知。因為物體表面保持著引起那些感知的能力，所以它們依然是紅色的。即使紅色對所有或大部分人而言已是不可感知，但它仍然存在著。

前述的思想實驗還可引發大量的複雜問題。例如，基因突變不是使人喪失了感知紅色的能力，而是轉變了某些感知的能力。在八十年後，當所有人或大部分人看著目前任何正常人體驗為藍色的東西，卻體驗成了紅色；當他們看著目前任何正常人體驗為紅色的東西，卻體驗成了藍色。鑒於本書探討認識論思維、形而上學思維及哲學思維，我強烈建議思考這些複雜命題。但是，從本書的目標看，前面段落的討論已經足夠。其足以表明，雖然"以反應為中心"屬性在某一重要方面具有思維依賴性，但在某些其他重要方面則具有思維獨立性。未經參考人類真實的或潛在的經驗則不可能全面闡述"以反應為中心"屬性之本質，在此意義上"以反應為中心"屬性屬思維依賴；但從基因突變的例子中凸顯的那一面看，"以反應為中心"屬性屬思維獨立。也就是說，即使人類不再具有感知它或其效果的能力，它仍然可以繼續存在。

讓我以一個免責聲明來結束這一討論。某些哲學家已主張類推道德屬性如對、錯、正當性、義務性等具有"以反應為中心"的屬性，很有啟發意義（McDowell 1985; Pettit 2001; Wiggins 1998, 106-108）。此處並不支持這樣的觀點。相反，任何將道德的或其他規範的屬性吸

收進 "以反應為中心" 的屬性都充滿著不可克服的困難。[19] 讀者們當然不應該推斷我對 "以反應為中心" 的屬性的簡要評述，旨在暗示這些屬性與法律規範的主要特徵具有密切聯繫。當然，要引起對作為思維獨立性之客觀性概念的複雜性的注意，從這個角度來說，那些評述已稍顯偏題。對於理解法律規範來說，雖然我關於作為思維獨立性之客觀性的主要章節中的那些區分，比之虛幻屬性與 "以反應為中心" 的屬性的區分更為重要，但是對全面理解客觀性來說，掌握後一個區分是至關重要的。客觀性不僅包含了多個維度，而且，每一個維度內部都極端複雜。

1.2.7.5 作為理性敏感性（**susceptibility to reasons**）的客觀性

某些重要的哲學家主張客觀性的典型特徵是其對理性的敏感性（susceptibility to reasons）。如果在某一領域內所聲稱的主張、所採納的立場與理性是相容的，換言之，如果該主張和立場的改變基於理性說服而非僅是次級理性（subrational）的操縱，那麼，該領域就是客觀的。循著這些思路，包括大衛 · 威金斯（David Wiggins）在內的許多人詳述了一個觀點。他說，某一研究領域的客觀性存在於 "公眾接受的存在、可理性批判的爭論標準或導向真理的推理"（Wiggins 1998, 101）。就此，波斯特瑪（Gerald Postema）給出近似的觀點："客觀性使無論是協調或衝突的觀點表達，還是一致或相異的觀點表達成為可能，或者以之為前提條件；使與所涉問題的一致觀點或相異觀點的真正關聯處有可能被追問、被解釋、被討論、可商議或以之為前提條

19　有關的某些困難，可參見 Blackburn 1993, 159-162; Sosa 2001。拙著《反對元倫理學：作為道德學說的道德現實主義》第三章對此有更詳細的論述。

件。"波斯特瑪還說："在客觀性存在的地方，即可合理期待理性能夠將所討論問題導向一致。同樣的道理，在客觀的領域內，客觀性的另一個重要標誌是，有關判斷的理性考量可以將所論問題從觀點一致導向不一致"（Postema 2001, 108）。

許多其他哲學家都有與上述引文近似的主張。他們所支持的客觀性認識論維度，對大量不同的人類行為及制度而言明顯具有價值。其在西方自由民主制的法律語境中尤其突出，因為在那些國家的法律系統中幾乎總是有高水準的反思性爭論。通過協商和交流、通過公開務實的說理，這樣的爭論得以推進。當許多哲學家討論作為理性敏感性的客觀性時，他們也會進行這種協商和交流。法治機構以及大學是追求並實現此面向之客觀性的最重要舞台。

儘管此客觀性概念對理解法律有明顯的意義，但本章還是沒有必要單獨闡述它。雖然作為理性敏感性的概念並不能完全被迄今討論的任何單一客觀性概念所涵蓋，但是它還是一點點地被超越個體可識別性和不偏不倚兩個小節所包容。如作為超越個體可識別性之認識論客觀性那節談到，此種客觀性不僅存在於就某一（些）事項已達成一致時，而且存在於就認識該事項的方法或路徑上有共識的時候，涌過那些方法或路徑，一個尚未存在的共識最終將被打造出來。雖然，那些方法和路徑可以是先進科學領域及其他研究領域中的高度專門化的調查技術，但它們同樣也可以是公共協商之類更一般的途徑和標準。波斯特瑪所設想的那種公開務實說理將無成功希望，除非人們暗示或明確地同意接受各種程序標準，例如，區分相關考量與不相關考量的標準、區分證據充分與證據不足的標準、區分有說服力論爭與無說服力論爭的標準。當然，當人們仔細考慮這樣的標準時，它們本身對修改和擴充是開放的。另外，除了在包括法律解釋在內的專門研究領域以外，很少有完全一致或接近完全一致的程序標準。公開務實說理在某種程度上是一系列有關其自己本質的辯論。儘管如此，如果人們就程序標準和實質性的原則沒有充分地達成一致，即使關於公共政策和法律原則的寬泛事項，隨心所欲爭論的結局也會是一團糟。當極度忽視理性交流時，甚至作為最低限度的理性交流也不可能出現。簡言之，作為對理性敏感性的客觀性極度依賴作為超越個體可識別性之客觀性。

但是，如波斯特瑪所注意到的，理性敏感性不僅是趨於一致（convergence）。既然在某些場合（如古埃及那些智者），超越個體可識別性源於幻覺或偏見，那麼理性說服將會成為顛覆共識而非促進和鞏固共識的工具。甚至在那樣的場合中，研究者的一致觀點部分是根據正確的洞察力，部分是根據錯誤、偏見或無知而來，那麼理性慎思的作用至少應該既是瓦解已接受觀點，也是證實那些觀點。這樣，雖然作為理性敏感性的客觀性依賴於作為超越個體可識別性之客觀性，但是，前者超越了後者。理想的理性敏感性要完全實現不僅必須包含超越個體可識別性，也要包含不偏不倚（本章在拓展意義上進行了詳細說明）。也就是說，任何像此種完全實現的情形下，影響人們判斷的考量不是根據偏見、無知、恐慌、見利忘義等虛假理性（ersatz reasons）。所有像這樣的虛假理性養成了判斷中的任性，因為它們使人們遠離那些有益於發現事物真理性的可靠的探尋程序（processes of enquiry）。甚至當專橫任性判斷程序下的結果偶爾是正確的時候，它們依然不屬真正的理性。如此，在任何語境下理性敏感性既是現實的，也是所願望之物，而不偏不倚應該是人們奮鬥的理想。受偏見、無知等無助於真理的因素影響而引發的分歧，通過幫助減少它們實現不偏不倚這一理想，應該對形成共識有極大貢獻；但是，通過幫助揭示人們互相達成一致是因為分享了幻想或偏見而非藉助洞察力，也會分裂就特定事項而存在的共識。

　　總之，鑒於本章所考察的理想的不偏不倚之範圍，作為超越個體可識別性之客觀性與作為不偏不倚之客觀性兩者共同建構了作為對理性敏感性之客觀性。雖然任何話語的客觀性，其中一個關鍵因素都是範圍，在範圍限度內，參與者可以進行影響其觀點形成的理性交流，但是本章沒有必要單獨對待這個因素。一方面，在法律語境中，理性協商與爭辯有重要意義。在自由民主制下或某種程度上擁有法律功能系統的其他國家，公共實踐理性是法律的生命線。另一方面，在本章已經形成的理論框架內，公共實踐理性的組成可以得到最好地理解。一個額外的分節或分類將是多餘的。

　　這也同樣適用於聯繫緊密的認識論客觀性概念。其他許多哲學家如布萊恩・萊特（Brian Leiter）已經暗示，一個研究領域的認識論客觀性存在於程序與機制的認知可靠性中，憑藉該領域的程序和機制，參與者們形成對其所考察對象的主觀認知（belief）（Leiter 2001, 1）。這樣的可靠性最關鍵之處在於沒有狹隘的自私自利、偏執及無知的怪念頭等曲解性影響，或其是最小化的。（Raz 2001, 195-196; Svavarsdóttir 2001, 153-154）。對客觀性概念而言，萊特所歸納的至關重要且顯然是正確的，我對不偏不倚的討論包含了這點，確實大致可與其相提並論。因此，此處沒有必要單獨探討作為認知可靠性的客觀性。

1.3　小結

　　非常清楚，本章考察的客觀性的六個主要維度，儘管以不同的方式表現，卻是法律規範或法律系統所具有的特徵。至少客觀性的一個方面，即法律規範的強的感知的思維獨立性，不具有分等級的屬性。也就是說，它適用於全有或全無方式而沒有程度變化。法律規範的感知的思維獨立性並不比其他這類規範更強；每一個法律規範的感知的思維獨立性就是簡單地強。另外，強的感知的思維獨立性是一個唾手可得的特徵，而不必上下求索。客觀性的其他面諸如不偏不倚、超越個體可識別性都具有分等級的屬性。儘管如此，雖然它們因法律系統運行機制的變化程度而有所變化，但是在每一個法律系統中，每一個客觀性維度都是其運作機制所實質特有的程度上的客觀。在下面兩章我們將發現，如果一個法律系統不具備客觀性的每一個維度（除了那些本章放置一邊、明顯不適用於法律規範實質的維度以外），那麼其本身就無法存在。

每一個法律系統中都會出現每一個有等級屬性的客觀性。這樣說絕非是指那些客觀性會自動或像魔法一樣出現，正如法律制度自身的存在和功能性也不會這樣。只有通過人類殫精竭慮的努力，才可能實現。另外，每一個有等級屬性的客觀性都是一個理想，在這個意義上，它應該值得被追求。在一個良性的法律系統中，每一個有等級屬性的客觀性都將努力被實現，因為對其自身正義來說，這是有價值的；同樣也因為對通過法律制度之存在和繁榮而所要實現的目標來說，這也必不可少。儘管一方面，無論人們是否自覺地試圖獲得它，每一個客觀性就是一個屬性；另一方面，它是法律治理體系中官員們應該為之奮鬥的善。

CHAPTER TWO

第二章

法治的要素

在第一章"作為恆定性的客觀性"那小節（1.2.7.2），已經提出將不變性與遍在性歸為法律規範的實質特徵是不正確的。然而，那小節的結尾處卻指出法律規範的形式特徵非常不同於其本質特徵。無論在何時何地，只要法律規範存在，某些形式特徵總是存在。無論何時何地，只要沒有那些必要的特徵，法律系統的運行就不存在。

不過，即使僅僅將不變性與遍在性與法律規範的形式方面關聯起來，也會使人更容易被誤導而非更有啟發性。在本章中，一個鮮明主題即是：雖然當一個法律系統有效存在時，法治的基本特徵總是存在的，但它們在本質意義上卻有相當大的差別。一方面，無論每一個法律制度中的規範是善還是惡，法律規範的基本特徵獨立於其內容。一個法律系統之所以作為一個法律系統，端賴其擁有那些特徵，無論其法律的內容以及官員所追求的目標是好是歹。另一方面，每一個法律系統的本質都深刻地影響著其所實例化的法律規範之本質屬性的實質意義。雖然那些本質屬性與道德觀念沒有任何固有聯繫，但是它們從其所棲身的任一體制的特徵中逐漸養成道德觀念。於是，由那些本質屬性所構建的法治本身是一個分裂的現象。作為只要任何法律系統存在及運行即可存在的一組條件，法治本身是處於道德中立狀態的。特別是在一個較大的社會中，雖然法治對於維持公共秩序、協調人們行為、保護個體自由必不可少；但是，法治對於一個政府長時期、大規模、有效地做惡同樣是必不可少的。（Kramer 1999a）由此，法治沒有任何固有的道德立場。儘管如此，當法治運行於一個良性政體中時，其道德價值超越了賦予它的效用價值（uses）。雖然法治通過使政府官員和公民有能力追求和實現此種效用目標，確實促進了該目標的實現，但是在一個良性的政體中，它應該做得更多。此外，法治並非僅僅立足於工具價值，其還有助於培育那些特別富有表現力的理想。它的基本特徵承載著那些理想的道德價值，因為在此種情形下，法治的持續即是一個社會堅持自由民主價值的審慎證明。

那麼，我們將遇到法治的兩個典型情形（Craig 1997; Summers 1993; Tamanaha 2004, 91-113）。首先，作為一般法理學現象，法治就等同於滿足任何一個法律系統之存在的那些基本條件，不多也不少。其次，每當該法理學現象在自由民主社會裏明確存在 —— 其中的具體制度與實踐展示出豐富的多樣性 —— 它即是對個人尊嚴、平等的承諾進行珍貴的道德表達。然而，由於法治在某些機制中屬於珍貴的道德必需品，在其他機制中卻未必，故任何將恆定性歸結為法治的主要特徵都是誤導性的。的確，那些主要特徵在任何一個以其為特徵的法律系統中總是不變的，但是，在不同的法律體制中，它們所扮演的角色在許多方面分歧很大。當我們努力掌握客觀性與法治的複雜聯繫時，需要清晰牢記這一點。當我們試圖徹底瞭解那一系列聯繫時，不但必須要對客觀性維度的多樣性保持警覺，而且要對有關法治想法中富有意義的分歧保持警覺。因為法治的本質屬性在實質性的道德 — 政治方向上是千變萬化的，故其與多維客觀性之間的聯繫同樣是變化多端且有意義的。

2.1　法律的本質

本節討論從特定體制的道德 — 政治觀點中抽象出來的、作為一般法理學現象的法治，將很大程度上依賴朗・富勒（Lon Fuller）關於法治要素的著名論述。美國法理學家富勒描畫了他所謂的"合法性八原則"（Fuller 1969, 33-94）。他的八項原則不乏重複重疊之處，但藉助這些原則，他提煉出只要一個法律系統存在就會有的基本特徵。如果某一社會至少有一項富勒原則大部分或全部未被滿足，那麼，該社會就不存在任何法律系統。

本節將遵循富勒理論框架的一般輪廓，放棄他在大量關鍵之處的瑣碎分析。雖然富勒"合法性八原則"的精巧論述為法哲學做出了富有價值的永恆貢獻，但是其支持或闡明那些原則的某些觀點令人迷惑不解或者相當不充分。他最為影響深遠的錯誤在於他相信，他所挑選的法律基本特徵與法律實證主義所堅持法律與道德分離無論如何不一致。富勒主張他的八原則構造了"法律的內在道德"並由此建立了法律域與道德域間的內在聯繫。我已在別處詳細質疑了他證實自己反實證主義的努力（Kramer 1999a, 37-77）。此處我們不必關心關於法律實證主義合理性的爭論。相反，我們可以兩種方式從對富勒的反思中獲益，其與法治的兩個版本相符。第一，雖然他的某些討論邊界是含混的或缺少精確性，但他全面提煉的法律本質屬性是一項非凡成就。伴隨一系列細節上的修正，他闡述的合法性原則將為我思考作為一般現象之法治提供框架。第二，雖然富勒堅持法律的本質特徵內在地具有道德屬性屬於判斷失當，但他探索法律與道德之關聯將經常提醒我對作為自由民主理想之法治的思考。正如我在別處已經表明（Kramer 1999a, 62），如果將法律內在道德的沉思明確集中於自由民主社會中法律價值上，富勒的討論是如此機敏並富有啟發性。本章將以嚴格的限制性方式來闡明那些沉思。如此，不僅為了研究作為一般統治模式的法治，而且為了研究作為道德理想的法治，本章將為洞察富勒理論提供一個有價值的資源。

接下來，讓我們開始考察富勒合法性八大原則。根據這些原則，一個有資格被稱為法律體制的治理系統，應有以下必要條件：

1. 其遵循普遍規範進行運作；

2. 規範對人們公佈，人們的行為根據規範而被官方評判；

3. 規範是可預期的而非溯及既往的；

4. 規範的官方表達是可理解的（至少可被具有專門知識的人理解）而非含混不清；

5. 規範彼此邏輯一致，規範課以的義務是可共同履行的；

6. 規範不得要求明顯超出人們能力範圍以外的事；

7. 規範的內容不得徹底而頻繁地變動，通常長時間不變，足以使人們熟悉它們；

8. 規範效力通常應該與其所規定是一致的，因而規範的表達（在書本上的法律）與其實施（在實踐中的法律）是一致的。

在更進一步探討這些合法性原則之前，需要做一個提醒。在一個法律系統中，每一個原則表達一個條件，該條件必須實質性地得到滿足，而並非始終不變地或全面地得到滿足。沒有哪一個法律系統曾完美地實現了全部八個原則。完美地實現每一個原則是幻想，而且對一個法律體制存在而言無論如何也是不必要的。對任何此種體制的存在來說，雖然符合合法性原則是必要的，但這種符合只需要達到或超過一個閾值；雖然對每一個原則而言，該閾值都是很高的，但一定程度上它都達不到完美（順便提一下，這樣的閾值無法被準確規定。任何試圖為一般的法律系統或為某一特定的法律系統提供一個準確的閾值，都將遭遇模糊性問題，這已在第一章的幾個關鍵地方討論過）。

簡言之，一個法律系統的存在以富勒的每一個合法性原則滿足度不低於某一閾值為前提條件，只是偶爾才包含高於閾值的情況。雖然每一個生機勃勃的法律系將以高於閾值的標準來遵守那些原則，但是，高標準的遵守關係到的，是一個法律體制的活力問題而非其作為法律體制之存在的問題。此種高程度的遵守特別清晰地呈現出一個治理體制作為法律系統的資格，但是，即使當系統遵守的標準僅處於閾值或稍微高於閾值時，該資格也可以獲得（儘管沒那麼清晰）。

　　一些評論者不顧富勒本人反方面的論述，如奈哲爾·西蒙斯（Nigel Simmonds）認為富勒的合法性原則共同構成了一個原型，任何現實的法律系統都或多或少接近該原型。西蒙斯主張，像這樣的每一個法律系統都以更高或更低程度接近該完美原型，就如一張唱片（圓形）或畫一個圓的曲線將接近數學定義的圓的那些具體條件一樣（Simmonds 2004, 118-119）。在他看來，法律系統是否作為法律系統所涉及的變化程度，就如一張唱片或畫一個圓的曲線是不是圓所涉及的變化程度。

　　就此問題，應該放棄西蒙斯這樣的觀點，因為其對數學定義進行了簡單化理解，曲解了富勒的合法性原則。當數學上的圓被定義為由無數動點等距離到達某一普通定點的曲線時，在物質世界中根本就沒有什麼是一個圓。數學上的每一個點都是無窮小的，由此它們所構成的任何直線或曲線在寬度和深度上也是無窮小的。數學上定義的圓是絕對抽象的實體，而非在物質世界可真正被實例化的東西。因此，如果富勒的合法性原則可貼切類比為數學定義，那麼，我們不得不得出結論：在物質世界根本不存在或不曾存在過法律系統。

　　很明顯，當"圓"這個詞被用在一般話語時，通常就不那麼嚴謹了。它不再表示一個從來不以物質形式存在的純粹抽象實體，而通常指一個物質性的東西，其帶有與物質相對的抽象實體的特徵。任何像這樣的東西在更高或更低程度上帶有"圓"的性質。但是，這一觀察很明顯一點兒也沒表示我們支持西蒙斯的立場。首先，西蒙斯設定一個準確被標記為"圓"的物質性的東西就是更大或更小程度上嚴格數學意義上的"圓"，這就搞錯了。物質實體在任何程度上都不是抽象實體。本質上，西蒙斯與那些認為無窮大就是指無數的數量，無窮小就是指極少的數量的人犯了同樣的錯誤。嚴格數學意義的"圓"與日常意義上的"圓"存在一種性質上的不同，而非僅僅是程度上的不同。因此，如果富勒的原則像西蒙斯主張的是一個原型的話，那麼也許其所明確要求的條件，在性質上是不同於任何現實的法律系統存在時而獲取的那些條件。富勒本人也將被像這樣的想法給完全弄糊塗。

另外，質疑合法性原則的原型地位這一問題與西蒙斯賦予此般重要價值的另一問題要分開，即成為一個法律體制的屬性是分等級的還是不分等級的。此處先讓我們簡單提一下作為一個圓的屬性。當我們在日常意義上而非嚴格數學意義上理解圓的屬性時，也許會問是否將其歸類為分等級的。也許一個物體或一個圖形模糊地符合可指明的"圓的"閾值，其就是日常意義上的"圓"；也許遠遠超過閾值的一個物體或圖形，比之僅僅勉強超過閾值的物體或圖形，是更為明顯（clearly）的"圓"（而非更高程度上的"圓"）。如果這樣的話，日常意義上成為一個圓的屬性就是不分等級的。如同嚴格數學意義上成為一個圓的屬性，它以全有或全無的方式獲得，這不同於顯著性（clarity）的屬性。反之，也許"圓"物體及圖形是圓，在於其圓的形狀在更高或更低程度上與光滑度相稱。如果這樣的話，日常意義上成為一個圓的屬性就是分等級的。當然，關於分不分等級的問題，在法律系統之屬性問題上也同樣會出現。也許以達到或超出某閾值的方式滿足了富勒合法性原則的任何治理系統，就屬於一個法律體制；任何大大超出該閾值的系統──直到某一不可確定的高點──比之僅僅勉強達到閾值的，則是更加明顯的法律體制（而非更大程度上的法律體制）。就該問題，正如哈特和德沃金已經爭論過的，成為一個法律體制的屬性是不分等級的（Hart 1983, 354-355; Dworkin 1965, 676-678）。另一種情況是，也許一個治理系統之所以是法律體制，在於在更高或更低程度上符合富勒原則之衡量。在此情形下，正如富勒本人所相信的，作為一個法律體制（legal regime）的屬性是分等級的（Fuller 1969, 122-123）。

　　上一段並沒有打算暗示關於分不分等級區分的問題是無解的。相反，每一個此類問題都存在唯一正確的答案。雖然在日常意義上圓狀（circularity）的屬性無疑是分等級的，如圓形（roundness），但是，作為一個圓（circle）的屬性，在日常意義上卻是不分等級的。儘管存在一些臨界個案，物體或圖形既不確定是圓，也不確定不是圓，不過幾乎每一物體或圖形要麼是圓要麼不是圓。在日常意義上某物作為一個圓的狀態的顯著性是有程度之分的，而該狀態本身並沒有程度之分。按照同樣的脈絡，成為一個法律系統的屬性是不分等級的。只要超過了遵循富勒合法性原則的一個無法明確規定的閾值，任何治理系統都等同於一個法律系統。當然，臨界個案情況是存在的，其中法治既非確定地存在也非確定地缺失；而且也存在這樣的區域，其中法治在某些方面存在，在另外方面卻是缺失。後者引發了一類情形，其剛好也可作為前者情形的臨界點。例如，當一個治理系統在某些運作中擁有規律性的規範指引，而在其他運作中卻是混亂不堪，毫無規律性。這些顯然可能發生的情況完全符合成為一個法律系統的屬性是不分等級的事實。該屬性無論何時確定地存在或缺失，且都是以全有或全無的方式確定地存在或缺失；在欣然接受成為一個法律系統的屬性有時候既不是確定地存在也不是確定地缺失時，我們也應該堅持同樣的觀點。簡言之，所謂的分等級並不是指一個治理系統成為法律系統的資格，而是指該資格本身的清晰度或明確性。

當然，上面一段主要是主張（assertions）而不是論點（arguments）。如果說要在本書範圍內證實該段落所主張的結論是重要的，那麼清晰的論點也是必要的。然而，我在此處的目標已不是為那些結論提供充分的辯護。恰恰相反，我的主要目的之一意在於表明那些結論符合了一個命題，即富勒的合法性原則是一個原型，與圓的數學定義如出一轍。它們也與原型有關的另一命題相符，自然是相反的結論——即分不分等級的二分法適用於在日常意義上作為一個圓的屬性，也適用於作為一個法律系統的屬性。此處關鍵點之一是，關於作為一個法律體制的屬性是分等級的或不分等級的分歧，與關於作為一個原型的富勒原則本質的分歧是不相干的。因此，即使西蒙斯認為那些原則作為原型是正確的，他也還沒有朝著構建起"作為一個法律系統的屬性是分等級的屬性"這一點上出發。

然而事實上，西蒙斯觀點中最有爭議的即是合法性原則在整體上是一個原型。在該觀點中西蒙斯歪曲了那些原則，沒能注意到富勒本人的警告（Fuller 1969, 41, 45），西蒙斯本人部分引用了那些警告（Simmonds 2004, 118 n27）。稍做反思即可明白，即使在一個理想世界裏，八個原則也不可能共同完美地實現。例如，讓我們想想第一和第四個原則：普遍性和明確性的要求。僅"完全的明確性"這一概念某種程度上也是模糊的。而且就算我們能夠弄清楚該概念，我們會發現它與"完全的普遍性"之間存在明顯緊張。如果法律規範具有完全普遍性，它們將抽象得嚇人，以至於在任何特定場合其含義會非常不清楚。如果完全或充分地履行明確性原則，那麼實質性地悖離完全的普遍性原則就在所難免。所以，認為富勒合法性原則整體上構成了完美的合法性原型是明顯站不住腳的。並不像數學上圓的定義所規定的條件那樣，當合法性原則所規定的條件被理解為共同形成完美原型的理想時，它們卻無法全部相互一致、彼此適應。

如此，當我們繼續檢討富勒合法性原則時，我們應該拒絕兩個觀點：即那些原則是一個原型，以及作為一個法律系統的屬性是分等級的。作為那些錯誤看法的替代，我們已經指出理解富勒原則的最佳方法。每一個原則給出了法律系統之存在的一個必要條件。也就是說，每當法治在一個社會佔了上風，概述於每一個富勒原則中的條件至少要達到某一閾值。而超過該閾值直到某一相當高的點更符合於每個原則，將提高其作為法律系統資格的清晰度和明確性，但是，其對於該資格的最佳適用性來說，卻並非是必不可少的。

2.1.1 普遍性規範的治理

也許合法性八原則中最平淡無奇的就是第一個。如果不是依照普遍性規範運作的話，任何治理體系都不能算作是一個法律體制，因為那些普遍性規範是該治理體系的核心規範（principal laws），也是其他規範的淵源。沒有法律規範（laws），則幾乎就不可能有法律（law）。

此處的兩個對比切中要害：普遍性規範與針對特殊情形的指令不一樣，也不同於針對特定個體而發出的強制性規範。也就是說，一個法律規範的普遍性既適合於該規範所施加影響的場合，也適用於行為受其調整的對象（Hart 1961, 20-22）。一個法律系統中的每一個普遍性規範都適用於一組同類情形，而非僅適用於一個特定的事件或某些事物的特定階段，這與該系統也包含的針對特殊情形的指令截然相反。例如，一條禁止謀殺的規範普遍地適用於一類行為，而不單單適用於該類行為中的一個特例。當然，即使它適用於每一個特定例子，也是適用於作為例子的每一個，而不是適用於一個還未根據某一支配性標準而進行歸類的獨立事件。大多數法律規範在第一種意義上是普遍的（即不僅僅是針對具體情形的意義上），同時它們在第二種意義上也是普遍的；也就是說，在大部分此類法律規範中，每一個都是針對普遍的一類人發出的，而不是只針對某一特定的個體發出的。在許多法律規範中，每一個都是針對作為整體的共同體發出的。例如，一條禁止謀殺的規範就是專門調整近似個體的一個行為。總而言之，法律系統中的每一個普遍規範都適用於一類行為而非僅僅某一特定行為，大部分像這樣的規範都是針對一般的人而非指定的個人發出的。

當然，當我們說每一個法律系統可能必須通過普遍性規範來運行時，很少是在說這樣的系統只能通過普遍性規範來運行。在任何法律體制中，針對特殊情形及對特定人發出的指令是不可或缺的，不僅是為使系統的普遍性規範能對特定問題發生影響。賦予普遍性規範效力的官員們只有獲得授權對與特定行為相關聯的特定人簽發指令，他們才能夠繼續履行其職責。既然如此，在任何法律系統的運行機制中，個別指令與普遍性規範同為必要的角色，兩者是完全相容的。

那麼，在何種意義上普遍性規範這一角色是必要的？讓我們先來仔細考慮這些規範適用上的普遍性，再來看我們所說的規範制定上的普遍性。至少在任何一個比零星幾個家庭更大些的社會中，可普遍適用的規範之存在 —— 也就是針對具體情形的指令不是獨有的，或調整人們行為的主要方式這一事實 —— 不僅對法治至關重要，而且對任何治理體制的存粹實用性也是至關重要的。在任何一個體制中的官員，如果打算以處理每一事項都孤立於其他事項的方式而努力治理社會，那麼，無論該社會還是該體制都將是一團糟。表面上看起來的治理系統實際上是沒有治理的狀態。只有通過將同類情形互相關聯起來的普遍性規範的運行，一個體制才能夠恰當地使自身活動與普通公民的活動相互協調。另外，只有通過這樣的普遍性規範，法治才能在一個社會中佔上風。正如已經闡述的，那些普遍性規範既是該體制得以建立的核心法律規範，也是其中其他法律規範的淵源。很明顯，沒有法律規範的法治從來都不可能實現。如果一個體制僅是依賴針對特定情形的指令來調整行為，那麼，法律的規範性、統一適用性等基本特徵將全部丟失。鑒於法治與這一觀念有必然的聯繫，即我們受 "法律的統治而非人的統治"（Tamanaha 2004, 122-126），在沒有普遍規範運行的任何機制裏，法治被致命地削弱了。畢竟，在這樣的機制中，官員們將不得不完全以自由裁量的方式逐一對具體情況做出判斷。他們將不受任何規範的限制或指引，這些規範本是超越那些個案處理程序之各自語境（的產物）。此種雜亂安排確實與法治背道而馳，也與最低限度的有效治理系統相矛盾。

　　法治依賴於存在可普遍適用的規範，這肯定是沒錯。但是，法治依賴於普遍制定（address）的規範之存在也許並非十分易理解。至少富勒本人的第一個合法性原則中沒有包括規範制定的普遍性（Fuller 1969, 47）。不過，與富勒同步，此處所探討的普遍性要求的確包含了規範制定的普遍性。誠然，並非每一個有法律拘束力的指令都是普遍針對某一類人發出的。正如我們已經探討過的，在任何功能性法律系統內所發佈的許多強制性規範都是針對特定個體而不是普遍針對某一類人。即使我們已經發現與特定個人相關聯的指令是絕對必要的，但我們也應該很難推論說針對普遍一類人所制定的規範絕對是不必要的。事實上，此類規範的存在不但對法治而言是必需的，而且對任何一個靠得住的治理方案來說也是必需的，這與可普遍適用於類行為的規範的存在是一樣的。如果一個體制試圖對每個人甚至對每個家庭給出不同的規範，其想有效運轉將毫無希望（除非在相當原始的幾個家庭組成的極小社會中，也許有可能）。在擁有成千上萬人口的社會中，詳細闡明無數不同規範的任務遠超出了任何一個可靠治理方案的能力範圍。至於巨量規範的實施任務就更荒謬和難以完成了。負責監控的官員為確定每個人的行為是許可的或是不許可的，將不得不瞭解每一個人的個性，及其制約每一個人的那些特定規範的內容。換言之，即使我們撇開這一事實，即在設計一個體制的規範時整體放棄規範制定的普遍性是荒謬不當的，像這樣的創造法律和實施法律的方法也是完全不可行的。每當一個治理機制有效時，規範的制定普遍性與適用普遍性同樣將是有效的。

更坦率地講，此類規範是法治中不可或缺的要素。在一個體制的規範設計中總體迴避規範制定的普遍性，將損害法治的許多核心特徵。毫無疑問，如果一個體制在缺乏具有適用普遍性（例如規範性和統一性）的規範下運行，法律規範的基本屬性將被損害。與此一樣，如果一個體制在缺乏具有制定普遍性的規範下運行，法律規範的基本屬性也要受到損害。如果針對不同的個體給出的一組規範確實是五花八門的，那麼不同人所實施的近似行為的後果會明顯相異。在任何一個規模較大的社會中，負責實施那些規範的官員將無力以最低限度的知情、協調、有效的方式履行其職責，而公眾也將無力據此而形成可以彼此相互影響的自信預期，深受損害。除了家庭成員、親密朋友等狹小圈子之外，將沒有人對其他人有義務做什麼、許可做什麼及授權做什麼，感覺了若指掌。這種荒謬的情形與法治的情形正相反，法治—— 無論其在惡的化身裏還是在善的化身裏 ——是使每個人就其他人有義務做什麼、許可做什麼及授權做什麼獲得一種可靠的感覺。

總之，雖然富勒認為法律規範之制定普遍性經常是考慮公平時所需要的，這一點當然正確，但是，他認為該普遍性並非法治的一個固有特徵，這就犯錯了。毫無疑問，在任何一個法律系統中，許多法律指令並沒有規範制定的普遍性，對於此很容易得到認可；缺乏針對特定人給出的指令，任何一個法律系統都無法運行。同時，在任何一個法律系統中，大量的其他強制性規範的確是針對普遍的一類人發出的。缺少此類強制性規範或具有制定普遍性的其他法律規範，任何一個法律系統都將不是功能性的。

2.1.2 公開確定性（Public Ascertainability）

如果一個法律系統的規範內容對其所在法域的人是完全秘密的，該法律系統則無法引導、指引人們的行為。作為世界上有效調整人類行為的機制而非無效、抽象的表達集合，一個法律體制必須為人們提供明確的指令及其他規範以適用於其行為。一個法律系統必須以某些方式 —— 經常以各種各樣的方式 —— 遵守富勒的第二個原則，即公開原則。如果一個表面上的法律系統完全沒有遵守該規則，其對人們行為的指引將徹底無效。該系統的存在對人們推定行為過程恰當與否沒有絲毫影響。的確，只要我們擴大解釋公開原則，應該承認：它不僅為法治，而且為任何可能的治理模式規定了一個必要條件。

在公開原則所闡述的要求中，對使一個法律系統中法律規範制定得明確的那些方式的多樣性，存在充裕的空間。極端的情況是，一個法律體制的法律規範之公開也許僅是通過具體判決才發生，藉此規範得以影響人們的行為，這一點我已在別處討論過（Kramer 1999a, 45-48）。在任何法律體制中，官員們必須得解決糾紛、懲罰犯罪及判定人們其他方面的法律地位。既然其所在的體制是法律體制，官員們往

客觀性與法治

往參照適用人們行為的普遍性規範來履行那些功能。在一般情況下，全部或大部分普遍性規範是可由其所適用的大眾直接確定的。雖然沒有法律專家的支助，大眾也許無力直接利用弄清主要的普遍性規範內容的路徑，雖然某些大眾成員可能很少或從未設法利用那一路徑，但是，如果他們想要的話，他們將可以保留它並求助於該路徑。固然，在極端情況下不存在這樣直接的路徑。相反，唯一顯示主要的普遍規範內容的即是司法及行政官員賦予那些法律規範效力時所做出的判定（decisions）。如果那些判定數量充足且系統，那麼，判定的模式將充當起指示器的角色，普通公民通過它可間接瞭解那些據以評價其行為之法律後果的普遍性規範。在此情形下，官員的判定不是沒有意義的任性結果。相反，它們將是在一個法域內調整人們的法律強制性規範和其他法律規範的易理解的模式化表達。另外，在官員的判決及其論據有先例效力的情況下，那些判決及其論據本身將直接構成可確定的法律規範。

很明顯，剛剛談及的"以判定結果為主"（outcome-centered）的公開模式是一種極端情形。除非官員們所清晰達成的結論數量足夠多且系統以造就明顯可理解的行為模式，否則，作為一種公開的方法，"以判定結果為主"將是站不住腳的。如果那些判定結果數量稀少或彼此之間關聯甚少，抑或許多判定是偏離正軌的，那麼，它們將不足以作為可靠的、提供信息的渠道，使人們間接接近隱藏於其中的規範。如果基礎的規範不斷變化的話，那麼嚴格地"以判定結果為主"的公開方法是難以維持的。當一個法律系統的普遍性規範是可直接由其所調整的人們確定時，一個合理程度上的可變性與法律規範指引調整人們行為的主要功能兩者是相互兼容的；相比之下，當那些普遍性規範只能通過其具體適用而間接被確定時，任何顯著程度的變化將挫敗人們從其適用中推測規範內容的努力。因為人們瞭解那些規範內容的路徑是間接而非直接時，瞭解成為一個更困難的任務，所以，認識論上任何規範變化的破壞性影響將被大大強化。此外還要注意的是，只是當官員們適用法律得出結論本身是可公開確定時，間接路徑才可用。如果那些結論不知怎麼始終是秘密的，那麼百姓將沒有方法瞭解制約著他們的法律規範的內容。在這種情形下，那些所謂的法律規範對人們推定行為過程恰當與否無絲毫用處。

基於上一段落所簡略論及的理由，除了最原始的法律系統之外，在任何法律系統中，嚴格以"判定結果為主"的公開方法遠不夠最理想。充其量作為輸送給百姓調整其行為的法律規範之條款的方法，它還是不穩定的；而在一個有適度活力的法律體制中，其很有可能被證明幾乎完全是無用的。但是，不應該視這種簡陋的公開方法無可救藥而將其全部排除，不要覺得其從不被任何功能性法律系統在任何程度上採用。畢竟，在某種意義上，它是普通法法系所特有的方法，雖然普通法的判決及其模式本身經常被當做普遍性規範，而並非僅是這些規範的指示器。

如在其他法域一樣，在普通法法域內嚴格以"判定結果為主"的公開方法絕不是傳遞給百姓調整其交互影響行為之法律規範內容的孤立方法。成文法、行政法規、憲法條款、甚至司法原則（judicial doctrines）全部都可以直接由社會公眾確定。雖然此類法律規範的具體解釋必須等待法官和各行政官員對之的具體適用，但是，它們的一般條款（有時候是非常細節性的）先於其適用就是可理解的。法律規範的直接可確定性是由什麼構成的？明顯不需要每個公民都實際上熟悉那些規範的條款。在任何特定時間段，大部分人會忽視那些影響其行為的大量主要法律規範，甚至法律專家也會個別忽略許多諸如此類的規範。如果一個法律系統存在的必要條件是百姓實際上熟知每一個主要法律規範的實質，那這樣的系統從來沒有存在過。當然，事實上，公開原則並沒有設想這麼大的實際熟知度。此原則所要求的熟知度僅僅是任何社會大眾所渴望知道的能夠被獲知。法律規範必須是可確定的，即使大部分人很少花費時間或精力去確定它們。

在不同法律系統之間，使公民瞭解法律規範之內容的機制是不同的，而且，即使就在一個法律系統中，其也隨時間的變化而變化。除了最小最原始的系統以外，在任何法律系統權威發佈的規範表達中最有意義的是法律規範。對大多數人來說，努力獲悉自身各種行為進程的法律後果，正是那些法律規範表達主要引起其注意力之處。它們不僅存在於如石碑之類傳統的公開媒介上，晚近也以電子存儲形式大量存在。努力瞭解法律規範的人無論是直接研究那些權威表達形式，還是通過間接闡述而獲知其內容，正是那些書面法律規範的存在使每個人有能力獲知法律規範的普遍性要求、許可和授權。也由此，它使法律可以影響每個人的實踐推理（reasoning），使負責執行法律的官員能持續瞭解大量的法律規範。除了在最小、最原始的社會以外，對一個功能性的法律系統來說，權威的書面表達必不可少。當然，這並非暗示在一個先進的法律系統中每一個法律規範都伴隨著一個權威的書面表達。正如法哲學家長久以來承認的，在任何現實的法律系統中，某些法律規範並沒有以權威書面形式進行表達。全世界講英語的區域有許多例子，諸如某些作為法律規範的習慣規範、某些普通法規範。習慣規範在人們的行為中隨處可見，這本身就屬恰當的公開方式，抵償了權威書面表達的缺失。法官們對某些普通法規範的表述彼此有些差異，在適用時大多情況下是微小的，不至於引起迷惑。另外，那些習慣規範和普通法規範與具有權威書面表達形式的其他法律規範共同存在。因此，即使一個人承認存在某些法律規範不具有此類表達，他也很少會由此放棄這個觀點，即法律規範的權威書面表達形式對一個體制遵循公開原則來說通常是至關重要的。

此前我簡略提及可以通過間接闡述而獲悉法律規範內容，這應使我們意識到有效實現公開原則的另一個關鍵要素：一個社會中的法律專家。在大量的法律領域，專家作為建議和協助的資源，有助於確保法律規範的權威表達方式是語意可及的。假設由百姓自己弄清楚適用於其所作所為之法律規範的內容，對許多人來說，那些法律規範的可確定性之實踐意義實質上將化為烏有。不管是在一個先進的法律系統中，還是在一個非常粗糙的法律系統中，倘若沒有來自律師及其他法律專家的有效建議及協助，該系統的規範將總是非常難理解的。回顧第一章討論不偏不倚時，我們談到，涉及緊密相關於做出某些權威結論的大量細節，會引起司法、行政官員的注意，在那裏我談及了法律人的關鍵作用。此處可見，在法律系統運行的更早階段，法律人也是核心。使一個法律系統中複雜的規範為老百姓所熟知，並由此使其成為老百姓實踐理性中的活躍要素，法律人在其中扮演著橋樑角色。

許多更為精細的法律規範公開方法在某些社會中可能是必要的，在其他社會中卻未必。在法律規範的權威書面表達可輕易以電子存儲形式獲得之前，書寫那些法律規範的文本之廣泛傳播，對規範的公開明確性而言必不可少。眼下，西方自由民主制下所有的法律專家及大量普通市民實際上享受著通過電子渠道而來的巨量法律材料，載有那些材料的印刷文本之傳播重要性明顯下降了。但是，即使在西方自由民主制下，仍然有一些人無力支付電子法律材料所需的費用。考慮到這些人，印刷文本的有效性對滿足公開原則而言仍然是關鍵性的。

在西方自由民主制以外的世界，許多人很少擁有或根本沒有電子途徑獲得其所在社會法律規範的權威表達形式。的確，某些非西方國家文盲非常多（在西方自由民主制下，文盲也是非常緊迫的一個問題）。對那些無法閱讀的人來說，法律材料無論是電子存儲方式還是印刷文本方式都是沒有直接價值的。法律規範的權威表達在音像製品中可以變成有聲讀物，但上述困境也很難被紓解。實際上在大多情況下，即使這樣的音像製品被免費提供給沒有任何讀寫能力的赤貧者，那些人還是無法吸收並記住他們聽到的東西。此類人幾乎不得不完全依賴於更為博學的人，包括法律官員的建議和協助。他們囊中羞澀，幾乎當然是無能力來購買建議和協助，所以某些慈善性的或官方安排提供的法律服務將非常必要。

正如已經強調的，無論如何，對一個法律系統的存在來說最關鍵的並不是公開原則或富勒的任何其他原則的完美（perfect）實現，而是該原則的**充分**（adequate）實現。甚至當我們考慮公開原則僅要求的是可確定性而不是實際上確定這一事實時，我們應該承認有一點不完美沒什麼大不了的。即使並非每一個人對所有的法律規範都了如指掌，一個法律系統依然存在。可能對大多數人來說，少量的法律規範是很難弄清楚的；而且實際上對那些亦貧的、被忽略的、與世隔絕的人來說，也許所有的法律規範都是難弄清楚的。像此類對公開原則的偏離與法律系統之生機勃勃是完全可兼容的。事實上，這樣的偏離存在於每一個真實的法律系統中。儘管在其法域內某些要求和授權也許不為某些人所知曉（unknown），甚至是不能理解（unknowable），一個法律體制也可毫不費力地實現其核心指引作用。

2.1.3 可預測性

　　一個法律系統中沒有任何可預測的規範，這種想法就如一個法律系統中沒有普遍性規範或沒有任何公開其規範的方式一樣荒誕不經。遵循富勒的第三個合法性原則不僅對一個法律體制的有效運行而言是必要的，而且對該體制的確實存在也是必要的。如果某一社會中所謂的法律規範都是有溯及力的，那麼，在任何既定的時刻，將不會有能確定在該時刻所做行為之法律後果的法律規範。像這樣的法律規範如果說不是根本不能形成的話，那也只會在行為之後才形成。那些設想的法律規範，無論其最終何時出現，在指引與之有關的行為時都是完全無效的。一個完全憑藉類似的偽法律規範運作的虛假的法律系統根本不是真正的法律系統。既然任何可預測性規範的缺失蘊含了授權及強制明顯是法律官員的人履行其假定職責之規範的缺失，像這樣的系統的確將是完全無功能的。在任何既定的時刻，不但老百姓無力發現作為其行動根據的法律指引，而且，連所謂的官員也無法獲取在該時刻其作為官員之資格的根據。那麼，在此類系統中的任何規範都無法被賦予效力。當在任何 t 時刻想來實施那些規範時，而按推測 t 時刻卻還沒有人獲得正式授權來實施它們。簡言之，認為一個法律體制只擁有有溯及力的法律規範卻還是有效的，該想法極不合邏輯。在任何功能性的體制下，所有或大部分法律規範必須是可預期的而非僅僅是溯及既往的。簡單講，在一個社會中，如果打算發揮法律系統的權威功能的話，那麼通過所有法律規範或大部分法律規範授權某些人以法律官員的身份行動，這些規範將必須是可預測的。同樣，如果該法律系統打算以顯著的方式影響相關人的選擇和行為，其所有的或大部分的其他法律規範也將必須是可預測的。

如富勒的其他原則一樣，不要過多期待完美地遵循可預測原則。實際上，就如富勒自己已敏銳察覺到的（Fuller 1969, 53-54, 56-57），偏離可預測原則在許多可信賴的場合是有益的。例如，有時候將偏離作為一種機制，去改正那些由先前的法律規範創制或執行的混亂而產生的不幸後果，是可取的；在某些語境下，對付那些不幸後果的最好方法也許就是追溯性地消除它們。另外，在少量的私法案件中，其聚焦於那些不存在確定正確答案的問題，引入有追溯力的法律規範既不可避免，在權衡之下，也是可取的。在此類案件中，原告還是被告誰將最終獲勝，當事人之間缺少一個機制（settlement）。無論該判決能否被證明，任何審理此類案件的法官有義務做出判決。然而，是否被告該贏還是原告該贏這一問題不存在確定正確的答案，直到該案件已被審結。結果，如果被告輸了並由此被勒令支付給原告賠償，那麼，由該判決的先例效力而引出的新的法律規範將針對被告進行溯及既往的適用。在行為發生之時不被確定認為是非法的，已經被追溯為非法的。反之，如果原告輸了，由此賠償要求被否決，由該判決的先例效力而引出的新的法律規範將針對原告進行溯及既往的適用以支持被告。一種行為在其發生之時未被確定為合法的，已經被追溯為合法的了。

然而，不可避免的追溯力這一特點卻不會同樣出現於少量的有關沒有確定正確答案問題的刑事案件中。在任何良善的自由民主法律系統中，有一條背景規則（background rule）、一個終極規則，規定任何人不會因其行為在發生之時不是確定地違法而招致刑事懲罰。因此，當一個法庭判定「直到判決時為止有關某一行為是有罪還是無罪仍屬不確定，應將此行為歸類為刑事犯罪來處理」時，由該判定所闡明的這一規範僅是未來可適用。在一個自由民主的體制裏，此案中庭前的被告將被立即無罪開釋。

比較而言，在圍繞解決非確定法律問題的任何私法訴訟中，溯及既往之害是躲不掉的。一個私法案件中如果被告人的行為被溯及既往認定為確定合法，那麼，因該行為法律性質的溯及既往認定，原告將遭受一個損害。相反地，如果被告人的行為被溯及既往認定為確定非法，那麼，被告將遭受一個損害。倘若法庭打算通過判定該判決所闡明的規範僅能適用於將來而非手頭這件案子，而將被告拉出這一困境，那麼，此案中的原告將遭受損害。就這個特定的原告而言，法庭實際上溯及既往地將該特定被告的行為認定為確定的合法行為了。畢竟，至少在英美法中，並不存在一個一般背景規則規定，一個被告從不會因為其行為發生之時並非確定地非法就絕不會引起任何賠償義務。在缺少這樣的背景規則情況下，反對對被告課以溯及既往負擔的判決就等於對原告課以了溯及既往的損失（注意，在英美法中缺少具體的背景規則很難說是一個令人費解的反常現象。如果法庭常常在上述假設的案子中拒絕針對被告簽發賠償命令，那麼，這非常明顯會削弱此類案件中潛在原告提起訴訟的積極性。法律中的非確定性將較少出現於訴訟中，其由此趨向於保持未決的態勢。我先前討論作為確定正確性的客觀性時重點討論過非確定性（indeterminacy）與不確定（uncertainty）之間的區分。的確，既然法院非常可能經常沒能留意這兩者之間的區別，那麼，在某些取決於存在確定正確性答案問題的案件中，法院可能傾向於不簽發賠償命令。法官的該立場帶來的損害訴訟積極性的影響也由此變得非常不確定。基於這些原因，英美法系的法官在私法案件中將新確定之法律規範適用於被告所造成的損害，被證明是正當的）。

在上文對私法訴訟的討論中，我重點集中於某些不純粹屬於溯及既往的法律規範。實際上，那些規範首先是可預測的。此類規範溯及既往地適用，跟純粹為了溯及既往地改變人們的法律地位而適用的法律規範而引出的富勒第三個原則存在顯著差異。儘管如此，本節第一段就可預測性所提出來的主要主張仍舊是恰當的。正如只有純粹溯及既往的法律規範別無他物的法律體制不可能存在一樣，只有表面上可預測的法律規範且溯及既往地適用而別無他物的法律體制也是不可能存在的。如果一個法律體制只是通過像這樣的持續適用規範而運行，那麼其所聲稱的可預測法律規範根本就不是真正的可預測。那些法律規範將不斷被其他所聲稱的可預測規範的溯及既往適用所破壞和取代，而其他所聲稱的可預測規範反過來自身也不斷被破壞和取代。由此，法律的指示和引導人們行為的一般作用將被取消。在一個系統中，如果其主導性規範（prevailing norms）的適用大多數是溯及既往的，哪怕有些適用是不溯及既往的，剛剛所提及的法律規範的一般指引作用也會被削弱。所以，在任何功能性的法律系統中，大部分的法律規範適用應該是非溯及既往的，當然大部分法律規範本身也應該如此。同樣，我們應該儘量承認有時對可預測原則的偏離是有益的。事實上我們就是這麼做的。

如上所述，並且也正如富勒所看到的，偏離可預測原則有時候的確不僅是有益的而且是無法避免的。至少，在任何一個法律系統中，其具備可為訴訟提供適當動力的私法裁決程序，情況是這樣的。鑒於此，我們可以認識到"富勒的八個原則形成了一個完美的原型"的說法明顯不可靠。該說法模糊了那些原則的實際特徵。可預測原則像富勒的其他原則一樣，不是在給出一個完美的標準，而是沿著前面提到的兩個路徑前進，即，它為任何法律系統之存在勾畫了一個必要的閾值條件，並設定一個屬性。該屬性存在的程度越來越高（直至高到剛好超出了閾值），將提高該法律系統作為法律系統之身份的明確度（straightforwardness）。對可預測原則的一點反思有助於深刻理解富勒的整個理論框架。任何將該框架描繪為一個原型的做法，都是誤解。

2.1.4 明確性（Perspicuity）

除非一個法律系統中的強制性規範及其他規範被以明晰的語言合理地表述，否則該法律系統將很大程度或完全不能作為指導人們行為遵循某一方式而非其他方式的手段，履行基本的法律功能。法治的特點之一即其傳遞給人們清晰的認知：什麼是其所必須的，以及什麼是被許可的、什麼是被授權的。如果法律、行政法規、司法意見及其他法律規範的表述不是清晰明瞭的，那法治的基本面就會被破壞。如果法律系統的指令相當費解或荒唐或糊塗，那麼，人們將無法從該系統的運作過程中獲取足夠的指引。

當然，法律語言的清晰度並不是主要通過參考普通人的理解力和知識來測定。作為特定職業用語，法律語言中充滿了術語、固定搭配，其為缺乏法學專業知識的人所不熟悉。某些諸如此類的術語、短語被吸收到公開的法律、法規及其他種種法律淵源形式中。因此，如果我們打算把普通人的理解作為檢測法律指引清晰度的試金石，那麼將大大高估每個社會現實法律規範的不清晰度。相反，能勝任的法律專家的理解是法律規範表述可理解性的試金石。即使沒有經過法律訓練的大多數人對某一法律或法規中的用語望而生畏，如果法律專家認為那些用語是清晰和準確的，那麼，該法律或法規則正好符合富勒正當性的第四個原則。

我時不時強調律師及其他法律專家在任何法律體系運作中的中心

地位，其主要原因之一實在是任何法律系統的運作經常都是相當技術化的。就這點而言，它們往往涉及技術暗語（argot）。如此，對一個法律體制適當發揮功能來說，專家支持的廣泛可得性（availability）是關鍵。倘若這種支持是不可得的，即使老百姓知道到哪裏查找並努力查找法律表達（formulations），對普通百姓來說，其大多也不會變成有意義的指導淵源。但是，鑒於專家的建議和幫助通常的確都是可得的，那麼就不應當按老百姓不得不完全靠自己的時候的標準，來測定法律規範表達中語言的可理解性。既然對門外漢來說屬於糊塗的表達，對專業人士也許卻是非常清晰明瞭的，既然大部分門外漢通常都有足夠的機會來請教專業人士，那麼，當我們判定各種法律載體中的用語是否與富勒主義之明確性原則一致時，後者而非前者的觀點應該成為我們的基準。

當然，即使由能勝任的專家來對法律規範表達進行測定，任何現實的法律系統幾乎當然包含了一些不足以清晰提供任何翔實指引的表達。正如已經暗示過的，每一個法律體制中存在某種不清晰性的重要原因之一是富勒第四原則與第一原則之間的緊張：明確性原則與普遍性原則互相對抗。在許多情況下，掌控法律治理系統的官員們通過採納明顯抽象的標準而非更為詳盡的、精細的規則機制，而使其目標有適當彈性地、最有效地實現。現在，請記住我在第一章關於非確定性與不確定性（uncertainty）的區分，以及相關的非確定性與非證明性（indemonstrability）之間的區分，我們不應該匆忙假定抽象標準會引起法律中大規模的非確定性。但是，這樣的標準卻經常引起不確定性及法律規範具體含義上的分歧。甚至在法律專家眼中，法律規範的抽象性使其不清晰了。富勒本人很好地意識到了普遍性需要與清晰性需要之間的緊張（Fuller 1969, 64-65）。

因此，在某種程度上，不清晰性是任何法律系統都不可避免的。在適當的範圍內，它不會減損一個法律系統運行機制的有效性，甚至可以促進那些機制。如此這般講，並不是在說與明確性原則不相符的什麼東西；明確性原則不是關於完美的討論，當然也不是作為一個原型被提出來的。儘管如此，當不清晰性存在於不合適的語境下，或當其強度超出了某一限度（當然，這無法被精準地界定）時，它的確損害一個法律體制的有效運行。事實上，如果不明晰性既程度高又範圍廣，它可以毀損的恰恰是一個功能性法律系統的存在，而非僅僅是其有效性。並非所有對明確性要求的偏離都是不受歡迎的，更不必說並非所有此類偏離對法律系統之存在都是致命的，但是，最低限度地遵從明確性需要是必不可少的。該最低限度是相當高的，就像富勒其他原則的最低限度一樣。

2.1.5 反對衝突（conflict）和矛盾（contradiction）

合法性的第五個原則比富勒的理解更複雜。雖然他將之作為以非矛盾性為特徵的原則，但其大多數討論的重心卻放在了衝突上。儘管富勒用的術語不合適，但是，他的第五個原則既作為針對法律中衝突的警告，又作為針對法律中矛盾的警告，毫無疑問應該詳細闡述。像這樣分析第五個原則，與富勒的其他原則在結構上是近似的。也就是說，第五個原則為任何可能的法律系統之存在清晰地闡明了一個必要條件，指出了邏輯齊整這個屬性更多或更少地實現（高於某一閾值，並直至某一更高的值），將使一個法律系統成為更接近或更遠離法治的樣本。

讓我們從區分矛盾與衝突開始（Kramer 1998, 17-19; 1999a, 52-53;

　　　　　　　　　　　　　　　　客觀性與法治

2001,73-74）。法律中存在衝突即是指只要某人有法律義務做 X 時，同時其又有法律義務放棄（abstain from）做 X。[1] 法律義務之間的衝突能夠存在而且有時候確實存在，但是，相互衝突的義務絕不可能被共同履行。在任何既定的時刻，相互衝突的義務中，一個且只有一個可以被履行。儘管如此，互相衝突的義務之共存是完全可能的。這種共存並不涉及邏輯上的不當，當然，儘管會涉及到某些道德上的不當（既然在互相衝突的法律義務下，無論某人怎麼做，都可能面對受罰的可能）。

矛盾則不同。與有義務做 X 相矛盾的，不是有義務不做 X，而是有不做 X 的自由。不像衝突性的義務，一個義務和一個與之相矛盾的自由從來不會真正共存。從不會存在這種情況：某人既真正地有做 X 的義務，也真正地有不做 X 的自由；在任何既定的時刻，有且只有一種情形是現實的。換言之，一個人有做 X 的法律義務，當且僅當他沒有法律上不做 X 的自由。命題"我目前有做 X 的義務"為真蘊含了命題"我目前有不做 X 的自由"為假，反之亦然。

目前，雖然在一個法律系統的運行機制中，不可能存在真正的矛盾，但會有表面上的或假裝的（apparent or ostensible）矛盾（Kramer 2001, 73-78）。也就是說，一個法律系統可以容納某些法律規範的表達，比如某些尚未撤銷的成文法或在某單行法律中的某些條款，它們共同既確定每個人有法律義務做 X，又確定其有不做 X 的法律自由。

1 　出於文體考慮，這個討論自始至終我用"放棄做 X"（to abstain from doing X）這個短語，似乎它與"不做 X"（not to do X）是可互換的。正如在此處的理解，"放棄做 X"並不必然包含拒絕一個利用做 X 的機會；它可以剛好是因為一個人沒能意識到這樣一個機會或缺少像這樣一個機會而發生的。

自然，從不會出現這種情形，即在任何既定時間裏，不一致的兩個表達在涉及到一個特定的人 P 時，兩個規範表達都會實際上有效。在任何時刻（at any juncture），當適用於一個已經放棄做 X 的人的時候，兩個規範中有且只有一個是有效的。如果 P 放棄做 X，那麼，他或者將遭受懲罰或者將不受懲罰。如果他遭受了（subject to）懲罰，那麼賦予其有不做 X 自由的法律規範，在該情況下就是無效的。與此同時，代之而有效的是 P 根據它有做 X 義務的法律規範。反之，如果 P 放棄做 X 後沒有遭受懲罰，那麼，規定 P 有做 X 義務的法律規範在那種情況下就是無效的，或者因為該義務是不可強制執行的，或者因為其被免除了。與此同時，代之而有效的是授予 P 有不做 X 自由的法律規範。總而言之，課以做 X 義務的法律規範與授予不做 X 自由的法律規範兩者從來不可能在同一時刻針對同一個人而同時有效，但是，表述那些規範的淵源形式（例如，兩部尚未撤銷的成文法）可以同時存在於一個法律系統中，作為其權威性材料（authoritative materials）的一部分。[2] 在法律規範的表達中，矛盾是非常可能的；儘管在法律運行中，真正的矛盾是不可能的。

正如已經論述過的，富勒將其大部分注意力放在針對衝突性規範的非矛盾性原則上，而不是針對矛盾性規範的非矛盾原則上。他的一個例子是美國食品法中的兩個條款實際上既沒有包含衝突也沒有包含矛盾（Fuller 1969, 67-68）。儘管如此，也如已經主張過的，他的第五個原則應該被理解為對非衝突以及非矛盾的堅持（insistence）。如果

2　"權威性資料"（authoritative materials）在此處及其他地方是指被司法 — 行政官員作為有法律拘束力的各種各樣的表達式，它們包括成文法、行政法規、憲法性條款、行政命令、公共和私人合同、司法命令、司法原則、民事、刑事訴訟規則、產權證書及條約。

某一個治理系統中的權威性材料充滿了衝突或矛盾，那麼，其作為一個法律系統之完全存在就成問題了。因此，這樣一個原則，即要求將衝突和矛盾保持在某一度（這個度無法精準地界定）之下，被明定為此類法律體制之狀態的一個必要條件。

如果某一治理系統中的規範充滿衝突，在特定的法域內，法律指引人們行為的最重要功能可能就受損了。如此這般，該系統慢慢就不成其為法律系統了。在此語境下，與一對對衝突性的義務相聯繫的懲罰則是關鍵性的。如果一個人違反了做 X 義務而遭致的懲罰明顯重或輕於違反不做 X 的義務而遭致的懲罰，那麼，對他來說將有強烈的動機去遵循一個義務而違反另一個。如果在實際上相互衝突的一對義務規範中，與兩個義務規範各自相繫的兩個懲罰之間存在與前述近似的巨大差異，那麼，衝突性義務數量巨大與實現法律的指引功能是相容的。在那種情形下，包含無數衝突性義務的這個治理系統仍舊可以是一個法律系統，儘管是一個令人反感的、特殊的法律系統。相反，如果在每一對衝突性義務中，與兩個義務各自相系的懲罰實際上是對等的或近似對等的，那麼，對任何人來說，都將不存在或者實際上不存在合法動機，去支持兩個衝突性義務中的任何一個。如果一對對衝突性義務漸漸覆蓋了人類行為的大片領域，那麼，所設想的含有大量衝突性義務的該治理系統將無法指引人們的行為。它很可能根本就不再是個治理系統，更別說法律系統了。

儘管有例外，但在多數情況下，關於矛盾性規範的結論應該是近似的。讓我們假定在某一治理系統中規範的權威性表達中充滿了矛盾。在該系統的權威性材料中成對的矛盾表達漸漸覆蓋了人類行為的大部分領域。正如已經指出的，在既定的時刻，適用於任何特定人的每一對相互矛盾的法律規範中，有且只有一個是有效的。真正的矛盾從來不會作為事物的一種狀態在世上存在。現在，如果各種矛盾的法律規範運行或不運行存在於有充分預測性的調整模式中，那麼，像這樣的法律規範所棲身的系統也許能夠作為治理系統而運行。雖然它很難成為有效運行系統的典範，但其有可能獲得充分的規範性而使其社會遠離無政府的非治理狀態。儘管如此，鑒於在第一章已經討論過確定性與可預測性的區分，以及不確定性與不可預測性的區分，所以應很清楚，遵循此處所假定之標準的任何治理系統都沒有資格作為一個法律系統。它的運作可能具有可預測性，但並不能確定其對立的法律規範所明確承載的任何主要問題的答案是否正確。如果該系統的一個權威性規範規定每個人都被要求做 X，而另一個權威性規範規定每個人有不做 X 的自由，那麼，一個特定的人是否被要求做 X 這一問題就不存在確定正確答案。既然我們假定這類矛盾性規範在系統中是普遍的，我們就不得不得出結論：該系統的權威性材料對關涉人類行為的大部分領域內的各種問題，並不能產出任何確定正確的答案。如此，儘管該假設的治理系統也許令人信服地展示了其運作中適度的規範性，儘管它也許因此給百姓以充分的指導來協調、指引他們的行為，但是，此種規範性並非法律系統的規範性。普遍的非確定性與法律系統之存在是不相容的。甚至在某些牽強的情形下，非確定性並沒有破壞一個治理機制的功能，但其仍然否定了該機制作為法律系統的身份。

簡言之，每當一個體制的權威性規範充滿矛盾時，其作為法律體制的身份即會受到削弱。究竟有多少矛盾才能導致此種效果，當然是無法精準確定的。並不存在一個神奇的轉換點使一個法律系統立刻不再是一個法律系統了。雖然沒有精準的這樣的點，一個充滿矛盾規範的治理系統與一個含有極少或幾乎沒有矛盾規範的治理系統之間，仍然存在質的區別；如果其滿足富勒合法性的其他原則的話，只有後者才是法律系統。

　　如此，富勒的第五個原則某種程度上自然就是非矛盾性原則。沒有哪一個法律系統能包含大量彼此相互矛盾的規範。不過，第五個原則還是個非衝突性的原則。正如已經討論過的，衝突性義務的彌漫有害於一個法律系統的存在（實際上，其非常可能對任何治理系統的存在都有害）。如果在一個體制的規範模型中存在大量衝突，與每一對衝突義務分別相繫的懲罰實際上是非常平衡的，那麼，該體制以最低有效性來指引行為的能力將被削弱。與由大量矛盾性規範引起的問題不一樣，大量衝突性規範所引起的問題並不是非確定性的問題。任何一個有義務做 X 又有義務不做 X 的人，是確定地被要求做 X 及確定地被要求不做 X。更確切地說，該問題屬混亂指引問題。按剛才提及的那個思路，大量衝突性義務都包含非常平衡的懲罰，以此為特徵的情形下，一個體制不能充分地引導人們行為放棄一特定路徑而轉向另一路徑。它也不會充分地影響人們的實踐理性。當某人做 X 而面臨被懲罰的預期，而沒做 X 面臨近似懲罰的預期，這時候在做 X 與不做 X 之間，他的選擇不受準備施與懲罰之體制存在與否的影響。那麼，到此為止，該體制並沒有實現其法律的引導和指示功能。如果該體制的規範性結構中充滿大量像這樣的衝突性規範，因為一般的法律指引、協調功能發揮太不足，從而無法確保將之歸屬為一個法律體制。總之，當富勒的第五個原則被解釋為重點關注懲罰之平衡的非衝突性原則時，或者被解釋為非矛盾性原則時，其就為任何法律系統之存在設定了一個必要條件。在這樣一個系統中，某些衝突性規範是可容忍的；但倘若它們過量，對該系統作為最低效力的治理模式之持續存在，其將會是致命的。

2.1.6 可遵循性（Compliability）

正如富勒所樂意承認的（Fuller 1969, 70 n29），他的幾個合法性原則都提倡公民遵守法律規範的可能性。例如，人們不可能同時履行兩個互相衝突的義務，他們同樣無法遵守一個難理解、模糊的法律強制性規範。除非是偶然的，否則人們也無法遵循不公開的或僅僅是溯及既往的法律強制性規範。儘管富勒的第六個原則與其他的合法性原則有明顯的重疊，但它還是扮演了與眾不同的角色。即使當一條法律指令是清晰的、可預測的、公開明確的、擺脫了任何邏輯衝突的，它所要求的也可能直接超出所有或大部分公民的能力（範圍）。富勒第六個原則所主張的就是，諸如此類無法遵守的強制性規範在任何一個功能性法律系統中不能是普遍的。

正如富勒所強調的，以及我在第一章討論法律規範的統一適用性時也明確說過的，實際上對可遵循性原則的某些偏離是不可避免的，而且在某種程度上是有益的。例如，在英美侵權法中，除精神障礙者及嚴重肢體障礙者外，合理注意的標準適用於所有成年人，即使某些成年人也沒能力遵循該標準。基於在第一章所闡述的理由，法律規範的統一適用性在此方面通常是令人滿意的。既然某些考量有利於修改法律規定以適應個體的固有弱勢，那也存在許多更有分量的考量反對使用這類方法。為了滿足富勒的第六個原則而向更通融的方法前進將是誤入歧途。

某些對可遵循性原則的偏離是可取的，尤其是當其只是對社會上一小部分人發生不利影響時，就如合理注意標準統一適用的情形那樣。儘管如此，在任何功能性法律系統中，此類偏離不能太多、太廣泛。誠然，如果一個法律體制的唯一作用就是解決糾紛，那麼，大量運用不可遵循（unfollowable）的強制性規範也許是有用的（Kramer 1999a, 46-47）。只要那些強制性規範能夠在人們之間進行區分，藉此使法律裁判者有能力判斷爭議雙方誰輸誰贏，它們就與所假定要實現的作用一致了。例如，假設一條法律規範規定任何身高低於六英尺的成年人必須長高以達到某一高度（不得以外科手術或修復術來增高），否則相對於至少是六英尺高的人而言，他就會失去某些法律權利。如果這樣的規範被採納作為一種方法，指引人們要這樣行為而不是那樣行為，該規範將是荒謬至極。任何一個已經完全成年的、不足六英尺高的人都無法滿足該規範的要求。該規範只有以高度間接的方式才能對人們行為產生有意義的影響。也就是，隨著時間流逝，其可能激勵父母讓孩子們更喜歡鍛煉、吃得更開心，目的是提高孩子們身高超過六英尺的可能性。即使這條愚蠢的法律強制性規範終於製造出這樣的結果，比起一條法律強制性規範直接責成父母促成孩子更活潑地鍛煉、更開心地吃飯來說，其也是更少效率、更不公正、更不坦率的可笑之舉。儘管如此，雖然這一愚蠢的法令作為指引人們行為的一個淵源是荒謬的，但其仍然能夠影響一個法律系統的糾紛解決功能。畢竟，它根據清晰劃定的界限在人們中間進行區分，並從個子矮的人（相對於高個子的人）那裏取消各種法律權利。這一功能可以決定性地影響許多法律糾紛的後果。因此，如果一個法律體制的唯一功能就是對人們各個權利的具體爭論發表意見的話，那麼，要求矮個子長高的法律規範就不再如其最初出現時那麼古怪了。倘若它不是非常讓人生厭，的確可算是非常合情合理了。該規範與大量其他的不可遵循的法律強制性規範一起，可能極大地促進前述法律體制的功能實現。

但是，事實上，一個法律體制的基本功能是通過給人們提供強制性規範及其他法律規範使其能調整自己行為，從而指引人們的行為。

僅當其基本功能在某些方面失效，結果該法律體制無法成功調整人們行為時，解決糾紛的功能才被激活（Hart 1961, 38-41）。鑒於此，在某一治理系統的規範模型中，有過多的完全不可遵循的指令與實現法律規範的基本功能則不相容。既然這麼多完全不可遵循的指令，不會對任何人的實踐理性和決定發生影響，此類治理系統將不再是一個法律系統，而且很可能連一個治理系統都算不上。如果一個法律體制想要作為一個法律體制進行運行，其規範性的架構不得不主要由可遵循的法律規範組成。如果一個體制的規範性結構如此這般以致於其所有或大部分規範不可能被遵守，那麼，那些規範就是虛假的法律規範，而該法律體制整體上就是法治的一個拙劣模仿品而不是其真正化身。

因此，如富勒的大部分其他合法性原則一樣，可遵循性原則本質上與法律的核心功能相聯繫。它為任何法律系統之存在有力闡明了一個必要條件，因為其抓住了最低程度有效指引人們行為上不可或缺的東西。沒能提供如此指引的任何安排都不屬法治的實例化。當然，對一個法律系統的存在來說，並非任何個別地偏離可遵循性原則都是致命的，但大範圍的、持久地偏離一定是致命的。

2.1.7 歷時穩定性（Steadiness over Time）

如果有必要進一步反駁西蒙斯將富勒原則作為一個原型的觀點，要求法律規範隨時間而保持穩定性和恆久性的第七個原則可以提供反駁理由。富勒並沒有荒謬地暗示說一個完美的法律系統就是什麼都一成不變。相反，他僅僅試圖表明在一個法律系統中，限制大量規範變化的速度及規模對其功能來說是必要的。如果在某一長時間段內，法律中的變化非常徹底而迅速，那麼，法律對其所轄範圍內人們行為的指引能力將垮掉。富勒恰如其分地指出法律規範中由過度頻繁而大量變化所引起的問題與過多溯及既往法律規範引起的問題是相似的（Fuller 1969, 80）。在兩種情況下，困境都在於人們沒有能力通過參照法律所要求什麼、所許可什麼以及所授權什麼來調整自己。在較長時期內，當法律的要求、許可和授權被大規模、快速、眼花繚亂地修改時，人們就沒有機會將法律規範納入到自己的實踐推理中。由此，他們的行為絕大部分或整個都未受到權威法律規範的指引。在此情形下，法律的基本功能也即未實現。

比起合法性的其他原則，第七個原則甚至在更大程度上注定是彈性的而非絕對的。很明顯，並非法律中的每一個變化都會威脅其所在的法律系統之存在。法律中的大部分變化也根本不會損害一個法律系統之運作，相反，許多變化還會改善和加強其運作。將富勒的穩定性原則作為一個一般法理學命題來理解，其不過就是警告不要把一個潛在的好東西做得太過火；其警告在任何法律體制中，不要讓法律規範變化頻繁廣泛，讓人倉皇失措；這當然不是警醒要反對隨時間流逝而發生的那些更恰當的變化。

實際上，因大量放棄那些恰當的變化而引起的停滯將帶來富勒第七個原則與第八個原則 —— 法律規範的表述與實施應該一致 —— 之間嚴重的緊張。在任何本身在各個方面還未僵化的社會中，假設一個法律系統的規範模型數十年或數百年都不怎麼變，那麼，該系統的大量強制性規範及授權性規範，其本是技術及社會交往變化的結果，將變得陳腐不堪。紙上的法與實踐中的法之間鴻溝寬到一定程度，也許可以將該法律系統減損為一個荒誕的空殼，其事實上已經被另一個法律體制所替代。這個被構成 "實踐中的法" 的那些裁決有力地證明的替代性法律體制，又被伴隨其存在並與之重疊的那個空殼法律系統的陰影所嚴重束縛。例如，如果那個替代性法律體制的規範還沒有按我們假設的那樣替換掉紙上的僵化的法律規範，那麼，有關新體制所要求、指示、許可的出台安排顯然是不夠的。

如此，雖然富勒的第七個原則為任何功能性法律系統之存在設定了一個必要條件，但我們需要特別留意該原則的局限性。一方面，嚴格控制法律變化的頻率和範圍至關重要。雖然不能準確確定究竟多大變化屬於太過，但我們可以確信某種程度上的法律變化屬過度具有破壞性。另一方面，在必要範圍內，對法律變革保持開放同樣至關重要。如果一個法律系統打算容忍變革，它必須避免源於過度不穩定而引起的巨大方向迷失；但是，一個法律系統若對每一個變化性的影響進行堅決抵制，會造成其本身的某種方向迷失，這是由外表上的法律規制與實際上的法律規制兩者間的裂隙引起的。

2.1.8 制訂與實施間的一致性

雖然從許多方面看，富勒的第八個合法性原則可謂是其他七個原則的總括，但是，它也是一個包含並引起一系列值得注意問題的有特色的原則。對法律官員而言，要想完滿實現該原則，必將涉及作為不偏不倚的客觀性，其在第一章已大量討論過。此外，任何對該原則令人滿意的履行，必將要求精通法律解釋。除非法律官員能勝任確定制定法及其他法律淵源形式意味著什麼，否則他們幾乎無法賦予那些規範與其所含術語完全一致的效力。

正如第一章已經論述過的，導致偏離不偏不倚的各種因素，如自私、偏好、疏忽、衝動非常影響精確的認識及正確的判斷。當然，某人被一個或幾個這樣的因素左右，也許仍可以對某一特殊事項得出

　　　　　　　　　　　　　客觀性與法治

正確的判斷和精確的理解，但是注意，儘管缺乏不偏不倚，仍有可能得到這一可喜的結果，但並不是因為缺乏不偏不倚，才得到這一可喜結果的。總之，一個欠缺不偏不倚的看法屬於認知上不可靠。它傾向於引導偏離正當的感覺和實踐反應。尤其是當與法律規範有效性相聯繫時，缺少不偏不倚的官員會傾向於誤解法律規範本身及那些規範所適用的情形。經常由於這類誤解，官員在處理糾紛和其他事項中同樣傾向於做出不合適的裁判。另外，即使缺少不偏不倚的官員沒有嚴重誤解相關的法律和情形，他們仍傾向於做出不合適的裁判以便滿足其可恥的動機（如自私或偏執）。由此，缺乏不偏不倚助長了不斷偏離法律的表述與法律的實施之間緊密對應關係的裁判。正因為對一個功能性法律系統的存在來說，那種緊密對應關係不可或缺，所以，法律官員的不偏不倚也許不必是其須臾不可或缺之物，但至少應時常念茲在茲。其本身對法治而言也是不可或缺的。在法律官員依職權的行為中，充分的不偏不倚是一個法律體制之資格的必要條件。

同理，官員充分精通法律解釋是法律體制之資格的另一個必要條件。官員如此精通法律解釋就如同官員擁有不偏不倚一樣，是保持紙上的法與實踐上的法之間持續一致所必要的。的確，鑒於我的不偏不倚概念容量很大，解釋能力最好被當作一個不偏不倚立場中的核心元素。至少從目前的目標看，缺乏此種解釋能力的官員與那些因為無知而在裁判中易於偏離正道的官員一樣。在特定的法域內，他們在掌握"紙上的法律規範表述了什麼"上的笨拙歪曲了其對"實踐中的法律"的認知。在法律執行上的結論與法律規範的一般內容之間的任何一致性，並非有合理根據的、可確實發生的成就，相反，其都是偶然的，由此，幾乎當然也是貧乏的。

在更深層考察法律解釋能力問題之前，我們應該考察富勒第八個原則所引出的更廣義的問題。為什麼法律規範的清晰表述與實施間的一致性是法治的關鍵性條件？回答該問題將使解釋能力的性質在司法領域裏清晰顯現，這在前面小節討論法律恆定性中已略有提及。如果實踐中的法律與紙上的法律明顯不同，那麼，一個一分為二的治理系統不可思議地已經取代了任何一個真正的法律系統，其原本也許已存在。此種情形的特徵是：一系列明確表述且公開的規範卻很少有效力；一系列不公開的規範卻大部分常規地有效。前者並沒有構建一個功能性的法律體制，甚至連其一部分也沒能構成。當設想構成一個全面治理藍圖的那些規範或者是出於完全被忽略或者是出於完全被誤解，而有組織地未予實施時，它們就不屬於真正的法律規範，其所形成的治理藍圖也僅是個殘殼。

某些分散的法律規範很少或幾乎從不按照其條款來適用，諸如"不要亂穿馬路"，其所產生的情況與前文所述的情形非常不一樣。如第一章一開始部分已注意到的，儘管像"不要亂穿馬路"等法令被強制執行的情況極為罕見（如果有的話），但其仍保有作為法律規範的資格。它們之所以能保持該資格正是因為其屬於一個廣義規範模型的組成部分，而那些規範大多都常規化有效。在某些法域內，雖然一個法律規範的長久廢用可以剝奪其作為法律規範的資格，但此種後果僅是偶然發生。法律的純粹性質對此幾乎沒有規定。在任何法域內，其中長久棄用不是一條法律規範無效的根據，數量有限的被棄用法律規範仍可以繼續作為法律規範，因為它們與其他許多未廢用的法律規範共存於一個網絡中。相反，如果該網絡中所有或大部分法律規範已經在相當長時間內陷入棄用境地，則它們不再會有法律效力。法律的有效性是一個有效運轉的法律系統授予一條規範的某種東西；它是一個規範根據該系統為法律的有效性設定的標準，從而被界定成為一條法律規範而分有的屬性。[3] 如果該系統已整體上被司法和行政決策層面的某些替代性的系列規範置於廢棄境況，那麼，處於廢棄之網絡中的規範已終止其法律的效力，除非此類規範同時也是新的一系列規範的組成部分。無論紙上的法律表達是否公然承認該結果，它作為一個法律現實而存在於實踐中。正如我第一章討論檢察和行政自由裁量權時所清晰表明的，既然一個功能性的法律體制不僅包含紙上的法，也包含實踐上大體一致的法，那麼，此處所假想的情況並不能與像這樣的法律體制劃等號。正如已指出的，在整個模型中，小規模的規範不執行與所有或大部分規範不執行的區別具有特別價值。如果是前者情形，整個模型可以繼續維持未被執行規範的法律有效性；若是後者情形，則不存在類似的理由支持未執行規範法律有效性或該模型自身的有效性。

當我們換個視角考慮，重點集中於實踐的法而非紙上的法時，會發現對於一個法律系統之存在來說存在相似的、令人氣餒的障礙。在相關的場景裏，由官員通過具體裁判賦予效力的大部分規範並非是構成 "紙上的法" 的那些規範。它們僅僅是實踐中的法律。這種情形中的一個主要問題在上一小節結尾處已經提及，即，此類實踐中的法律大部分或整體都未公開，其作為實踐中的法的身份還未完成，它不可能充分發揮指引和協調作用，而該作用是任何真正的法律體制的特徵。現在讓我們假設官員的裁判足夠多且模式化，從而使專家及普通人能夠辨別出官員所正在執行的規範。此情形將涉及到各種各樣嚴格以 "判定結果為主" 的公開方法，其在 2.1.2 中已討論過。從那裏所舉

---

3 在法域 J 內，當且僅當該規範滿足這一標準，一條規範具有法律效力，也就是其擁有作為一條法律規範的資格：J 法律系統的官員通過參考它，確定屬於該系統的規範作為對他們的實質裁判和程序裁判有拘束力的根據。

出的所有理由看，任何像這樣的公開方法，甚至對於最受歡迎的機制來說，都是危險的。在一個規模巨大、特有活力社會的不太受歡迎的機制中，像這樣的公開方法（且沒有其他方法來補充）將是荒謬的。雖然該社會有持續下去的邏輯可能性，卻不存在真實的可能性。

　　另外，前面討論以“判定結果為主”的公開模式所遇到的困難在此會更加嚴重。在當前語境下，且不說實踐中以可確定的判決形式分散存在的法的情形，我們反覆思考的並非是“只有實踐中的法而無紙上的法”的情形；相反，我們正反覆思考的是共同構成實踐中的法的一系列規範與共同構成紙上的法的另一系列規範。前一系列規範在公開上的明顯缺陷將被後一系列規範的同時存在大大強化。要麼是許可和授權現行體制中的司法、行政官員賦予後一系列規範以法律效力，使其變成紙上的法，要麼是反對這種許可和授權。如果是後種情況，在該體制中運行的規範，其任何以“判定結果為主”的公開方法將伴隨著那些真正形同虛設之規範的全部公開。如果的確許可或授權前述官員賦予那些構成紙上的法的規範以效力，甚至更糟糕的問題隱約可見。在此情形下，一組規範是以“判定結果為主”公開，另一組規範是直接公開。兩者共同引起的嚴重混亂將伴隨徹頭徹尾的非確定性。如果官員被授權既求助於一組規範也求助於另一組明顯相異的規範，那麼各種各樣的法律問題將不存在確定正確的答案。為了回應任何問題，官員們有權提出一個肯定的裁決，但也同樣有權提出一個否定的裁決。每一個裁決都是正確的，由此即是沒有任何一個裁決是確定正確。因此，紙上的法律未執行之存在除了使公開過程混亂，還在現行體制的規範結構中引起了大規模的非確定性。命題“這樣的體制就不是一個法律體制”即使沒有其他理由支持，其本身大量的非確定性已充分證明了該命題為真。

總之，清晰表述的法律與執行的法律兩者間的廣泛不一致對法律系統之存在是致命的。一個法律系統的運行伴隨如此廣泛的齟齬鑿枘，雖然邏輯上這也許有存在的可能性，但卻沒有任何真實的可能性。只要許可、授權該體制的官員利用紙上的法與實踐上的法之間巨大裂縫的任何一邊，那些不一致就將強化以"判定結果為主"公開方法所造成的嚴重缺陷，並導致大規模的不確定性。基於所有這些理由，富勒第八個合法性原則為一個法律系統的有效性萃取了一個必要條件。許多偏離紙上的法律條款是可以容忍的，某些此種偏離對其所在的法律系統的目標還有明顯改進；但是，紙上的法與實踐上的法之間的不一致不斷增大至某一無法具體化的點，以至於會損害該系統的存在。

　　現在讓我們返回到前面擱置的問題上。一個法律體制運行中，精通法律解釋的本質是什麼？也即官員藉以最能確保法律執行符合法律制訂的解釋方法是什麼？一方面，本書正在進行的高度抽象討論對該問題並不是非常有用。恰當的解釋技術在不同的法律系統中會變化，在同一個法律系統內也會隨時間而變化。另一方面，幾個觀點來自前述對富勒八個原則理由的反思。雖然官員們所採納的具體解釋方法將依賴於其履職的特定語境，但基本的目標仍是使紙上法律的指引、協調功能與實踐上法律的指引、協調功能相一致。只有當紙上法律所提供的指引與法律適用上所提供的指引大體一致時，官員才確實擺脫了前文所述的陷阱。當然，法律表述與法律適用之間的全面一致幾乎是不需要的，只是要求相當程度的一致。鑒於此，任何真正的法律系統會遇到兩個約束。第一，官員的一個主要目標即：解釋和適用一個法律系統所表述的規範，以符合一個公正的觀察者的預期，他既瞭解那些法律規範表述，也瞭解該系統中那些現行的解釋標準。第二，那些解釋標準包括處理具體的法律術語、概念的技術規範（technical conventions），也全部或大部分來自法律規範據以寫成的語言的普通規範（ordinary conventions）。這樣做的目的當然在於滿足而非摧毀一個公正觀察者的預期，因為該觀察者僅熟悉那些表達及其書寫語言（例如英語）。既然第一個約束不考慮解釋標準，其原本准許並確實需要對紙上的法言法語做有意義的偏離，那麼第二個約束就是第一個約束的關鍵補充。第二個約束為法律系統間的專門慣例的變化留下大量空間。根據那些慣例，官員得以弄清具體的司法術語和分類。此類專門慣例能夠、也的確在不同法律體制之間相互區分以符合彼此的不同。法律體制間的多樣性根本不是由第二個約束排除的。相反，它排除的是使紙上法律規範被系列替代性的規範有效置換的解釋方法。既然任何真正的法律系統都不會包含剛剛提及的那類大規模的替代情況，此類系統也就都會遇到第二個約束。

我們在第一章討論確定正確性時曾一筆帶過，常識性推斷或明或暗地影響法律官員們的解釋性裁決。（見第 62 頁）也就是說，法律官員們從一般意義的人類及具體到其所在的社會中的人身上，汲取到了有關人類典型欲望、傾向和計劃的綜合性、背景性認知。那些常識性推斷將使官員們能夠將更具體的目標歸結給其被要求適用的法律規範，並進一步使其能把握那些規範所施於行為的本質。雖然司法、行政官員對立法者和普通百姓所做行為的特徵進行協調不會總被公開地表達，但是，這種協調總是出現在這些適用法律的官員所進行的法律解釋中。使紙上的法與實踐上的法保持一致的任何令人滿意的嘗試，將不可避免地部分依賴於此種協調。當富勒將有關第八個原則的大部分討論集中於闡述司法解釋者努力揭示立法者的目的和動機時，他也承認這一點。

有關法律解釋目的的一個重點是，其要與不同的解釋性技術相匹配，這些技術隨法律系統的不同而變化。例如，在某一法域內，制定法的解釋經常是通過主要負責制定那些法律的立法者的某種聲明來周知於眾；或者是通過制定法本身以外的其他立法性聲明來公佈。在其他法域，不允許司法官和行政官參照這樣的聲明。他們被要求專注於制定法的文字，並在前面所提及的常識性推斷的支持下，推斷出立法者排他性的目的。遵循這些原則及遵循許多其他的原則而帶來的變化完全符合前面倒數第二段提出的那兩個約束。解釋技術是為了確定立法意圖、闡明作為那些立法意圖的產品的制定法，也許無論一個法律系統中主流解釋技術的細節是什麼，司法和行政官員都能保證將那些技術的一般認知（general awareness）與該系統中的立法者聯繫起來。因此，司法和行政官員就有了堅實的基礎，能遵循前述的技術對制定法進行恰當的解釋。立法者希望制定法應該按照立法者所期待的那樣被理解。這同樣也適用於其他類型的法律規範，如司法原則和行政法規，乃至數不清的由專家所草擬的私人合同，那些專家對此類文件的主流解釋方法有完全的認知。因此，當法律官員在其法律職業領域內訴諸已建立起來的解釋機制時，他們正依照那些法律制定者的一般立法目的解釋法律（Raz 1996, 266-267）。如果官員們遵從前述的兩個約束，這樣的結果就隨之發生。將紙上的法看做是有目的的，官員遵從前述兩個約束，就確保了紙上的法與實踐上的法之間的一致。

　　我以一個提醒來結束本節的討論。此處的大部分討論也許使某些讀者推論：實現富勒的第八個原則會特別需要能夠釐清模糊意思的高難解釋技藝。有時候這樣的技藝的確是需要的，然而情況經常是，官員適用法律的任務更為直接。我們不應該加入到批判法學及法律現實主義的隊伍中，認為在疑難上訴案件中法官遇到的棘手難題是法律系統中日復一日出現的代表性問題。情況恰恰相反。大部分行政和司法官員不得不做出裁決的案件是無聊乏味的日常案件，並沒有遭遇令人困惑的解釋困境。當然，同時也應該承認，在以棘手的解釋問題為中心的案件中，影響官員深思熟慮的大部分因素也在波瀾不驚的日常案件中起作用。適用於疑難案件的約束也一樣適用於法律官員每天處理的、無數常規案件。然而，正因為在常規情形下那些約束是如此容易獲得滿足，故相關官員實際上並沒有帶著嚴肅的沉思和審慎的考慮前行。在這樣的語境下，官員雖然可以維持紙上的法與實踐上的法的一致，卻相當敷衍，沒有任何專注於解釋過程的深思熟慮。雖然他們從同樣的諸如前面提及的常識性信念的假定中汲取經驗，作為其回應更有疑問的情形，但是，他們做起來明顯漫不經心。此處應該強調的是，在任何功能性法律系統中，官員們所面對的大部分就是這種乏味的、直來直去的情形。當基於各種各樣的一組組事實來處理法律規範的含義時，通常法律官員並非必須致力於惱人的解釋性衡量。他們通常可以履行解釋職責，這就是廣義上的毫無雜念、毫不猶豫遵守富勒一致性原則責任的主要部分。由此，雖然有時候紙上的法與實踐中的法保持一致的效果，需要法律官員（尤其上訴法官）有相當高超的法律解釋能力，但是，它更經常的僅僅是需要每個官員例行發揮其自身的作用。

2.2 作為道德理想之法治

迄今為止，本章已探討了當富勒的每一個合法性原則都高於某一閾值而得到滿足時，作為一種事物狀態的法治即可獲得。只要獲得了像這樣的狀態，一個功能性的法律體制即存在了。換言之，我們迄今為止已考察的法治，是從特定的法律規範及法律系統的善或惡中完全抽象出來的。我的法治概念屬法哲學領域而非政治哲學領域。它是一個法理學上的概念，其為一個法律體制的存在給出個別的必要條件和共同的充分條件。在這種情況下，它對所有道德和政治問題保持中立，道德和政治問題涉及諸如哪一個法律規範應該被派上用場、法律規範調整個人生活的合理界限、根據法律規範區分各種行為模式之正當或不正當、一個公正的法律體制的條件，等等。作為實現一個法律系統之存在的必要及充分條件，法治本身是道德中立的。它對於追求長時期、高程度之良善結果而言是不可或缺的，但是，在同等時間同等程度上，它對於追求邪惡結果而言也是不可或缺的。（Kramer 1999a, 143-222; 2004b）。

接下來本章第二部分的後半段，我們將注意力轉到作為政治道德理想的法治上。為了明顯區分法理學意義上的法治與政治道德意義上的法治，從現在起我將用加引號的方式來標記後者意義上的法治（the Rule of Law）[4]。雖然，法治當然與"法治"是完全相合的，且的確是"法治"的一個必不可少的先決條件，但"法治"仍超出了法治的層面。為了理解"法治"的本質，我們不得不弄清楚事物的形式面向是如何轉變為事物的實質面向的。

我的討論將再度從參考富勒的八個合法性原則出發。但是，此處這些原則將不再作為對一個法律體制之存在的個別必要條件和共同充

4　原文使用首字母大寫的 the Rule of Law。鑒於漢語中無法用大小寫進行區分，從此處開始，譯者將作者用首字母大寫的法治（the Rule of Law），即政治道德意義上的法治翻譯成加引號的"法治"，以區別作為法理學意義上的法治。——譯者注。

分條件之說明，而是作為政治道德信條。當那些原則被作為政治道德信條而被再次詳細闡釋時，並非每一個法律系統都全然遵循它們；並非每一個法律系統都是“法治”的實例。

將富勒原則作為政治道德信條再來闡述時，其表達了自由民主傳統的那些價值。本書很難說是詳盡地縱覽該傳統眾多不同的分支，甚至連簡要地選擇性審視都說不上。讓我們簡單提及自由民主傳統所包含的思想家，如約翰·洛克、約翰·斯圖亞特·密爾、伊曼紐爾·康德、弗里德里希·哈耶克、約翰·羅爾斯及羅伯特·諾齊克。在過去的四百年裏，他們及無數其他傑出的自由民主制的支持者就許多問題難以達成一致，但是，大部分人仍然在某些觀點上存有共識。自由民主傳統的核心已然是關注有關自由、自治、個人尊嚴、個人的基本政治、法律平等、機會平等、政府保護公民的生命和基本幸福的職責、公共權力理性衡量和正當的價值、成年人參與選舉及其他政治活動的機會、政府權力的劃分。這些價值在“法治”那裏結出了碩果。它們的形式之維被載入富勒原則，在此意義上，富勒原則是作為“法治”的一個綱要被提出來的。正如我們將看到的，我們的注意力從法治轉換到“法治”，將給前述每一個原則的意義帶來一個轉換，使其變得豐富。

2.2.1 普遍性規範的治理

當第一個合法性原則作為嚴格的法理學命題被提出來時，其重點放在普遍性規範使任何一個法律系統能夠存在及建構它的關鍵作用上。普遍性原則並不否認每一個像這樣的系統需要無數的個別指令，作為法理學命題，其堅持缺少此種普遍性規範，任何法律體制都無法運行。普遍性規範是任何此種體制中的主要法律規範，而且，該體制中的大部分個別指令都是那些普遍性規範的應用。一個法律系統的規範性結構中倘若沒有普遍性，則該系統根本就不是一個法律系統。

當富勒的第一個原則被作為"法治"的原則重新解釋時，其法理學的意義（在 2.1.1 中已經比較詳細地探討了）無疑沒有被否定或打折扣。然而，法律機制的普遍性維度中納入政治道德意義能增補其法理學意義。在考察該政治道德意義之前，我們應簡要討論道德哲學家理查德·黑爾（Richard Hare）在其他地方強調過的一個區分：普遍性／特殊性（generality/specificity）之二分與一般性／特定性（universality/particularity）之二分之間的區別（Hare 1963, 38-40; 1981,41; 1989）。迄今為止我關於普遍性的討論一直擱置著該區分，而富勒則完全沒有注意到它。另外，就我的論題看，可以並且應該稍微削弱黑爾所提出的區分。不過，簡明概括它將有助於敏銳地把握當前討論的重點。

普遍性在於從事物更具體或更細節的特點中抽象，總是涉及到程度問題。如果普遍性中的兩個特徵能夠等分，如果一個特徵之保有承擔（entail）了另一個特徵之保有，那麼，這個承擔總是發生於從更具體的特徵到更普遍的特徵，而不是相反。例如，獅了的屬性承擔了動物的屬性而不是相反。普遍的法律規範並不考慮其所適用於的具體行為的具體特徵。例如，一條規定謀殺的規範，本是從各種命名為謀殺（勒死、槍殺、刺死，等等）的具體特徵中抽象出來的。

一般性（universality）不同於普遍性（generality）。當且僅當其不包含對特定實體，如個體、時間或地點的指定指稱時，一個規範表達才是一般的。如對亞伯拉罕·林肯、1922 年或法國的指定指稱會剝奪一個表達的一般性。雖然對任何特定的人或事的指定指稱與一般性相左，但特殊性（specificity）卻不會這樣；一個一般性的規範可以是高度特殊的。例如，一個法律規範"禁止紅髮棕色眼睛的人在週四澆杜鵑花"，不管有多少特殊具體細節，這是一個一般性規範的表達。諸如此類的法律規範沒有包含針對特定實體的指定指稱，儘管其指向的頭髮、眼睛、花和時間等都非常特殊具體。

顯而易見，直到現在我關於普遍性的思考仍在忽視普遍性與特殊性的二分及一般性與特定性的二分。出於我的目標考慮，既然特定性可被作為特殊性的一種極端形式，真沒有必要考慮這種區分。但是，在當前語境下，特殊性與特定性的區分之所以值得注意，原因恰恰是為什麼該區分迄今一直被忽略。也就是說，我們應該注意該區分以便對特殊性與特定性之間的密切關係有所注意。如果法律規範中大部分對特定個人的指定指稱是有害的或不公正的，那麼，大部分高度特殊的卻沒有針對特定人的指定指稱也同樣是有害或不公正的。從政治道德的視角看，參考後者的後果比之前者，同樣是特別讓人反感的。

此處尤其需要嚴肅對待的是所謂的特稱描述語理論：每一個描述語都以一個適當的表達（在英語中通常帶有定冠詞"the"）挑出一個特定的人或實體，卻沒有說他／她是誰或它是什麼。如此，"那個曾經在週四澆過杜鵑花的最高的男人"是一個描述語，其挑出某一特定的個體，卻沒指名道姓。雖然像這樣的描述語是一般性的，但與一個的確包含了對一個特定個體的指定指稱的描述語相比，其作為道德評價目標之意是完全一樣的。儘管特稱描述語理論挑出了特定者（們），但其中許多像這樣的描述語卻無助於指導識別那些特定者。前文剛提及的描述語的例子，幾乎不能非常有效地指導識別出誰是其唯一指向的人。在"那個還沒有被任何人發現的最大的星系"這一特稱描述語中，身份識別上的無效甚至更明顯。只要該指稱已被作為一個星系加以識別，大致這個意思的該特稱描述語將變得無法適用於其所唯一所指。

特稱描述語、對特定者的指定指稱與高度特殊的描述語之間的相似性，對法治與“法治”的意義無疑是一樣的。正如前面已討論過的，持續而徹底地偏離富勒普遍性原則，法律的基本功能將受到致命損害。無論該偏離是通過特稱描述語、對特定者的指定指稱、高度特殊的描述語，還是這些放棄普遍性方式的某種聯合而發生的，損害後果都會隨著發生。一個法律體制中，如果過多規範以任何此類表達方式被剝奪普遍性，該體制就將失去其作為一個法律系統的功能性。這些表達方式所產生的效果的相似性有重要的法理學意義。但是，這些相似性在當前我們重點關注“法治”這一節時尤其有價值，此處我們從單一的法理學關懷轉到政治道德關懷上。在法律規範中，雖然每一個放棄普遍性方式的潛在糟糕後果在某些方面不同於另一個方式的，但是，潛在糟糕後果主要存在於那些方式所具有的共性中。當法律規範表達中對特定者指定指稱的目標是通過其他放棄普遍性方式來實現之時，我們應該意識到，指定指稱特定者的壞處並不會被消除或削減。事實上，當使用其他放棄普遍性方式時，那些壞處某種程度上混合在一塊了。

在詳細討論剛剛提及的法律規範中偏離普遍性方式的具體缺陷前，我們應該仔細思考其更廣義上的政治道德缺陷。首先，我要強調，並非所有像這樣的偏離都令人遺憾。我們已經討論過，許多以個別化指令方式存在的偏離對一個法律系統的功能性來說是必要的。還有許多其他方式的偏離也同樣是有用的，因為它們以適當的方式反映了人們彼此間巨大的道德分歧。所有人都應該樂於承認這些。然而，此處我們感興趣的是大量其他的、沒什麼益處的情形，即削弱了“法治”的對普遍性的違背行為。

當然，不受歡迎的偏離普遍性讓人反感的一個重要方面直接與其法理學價值相關。它們損害了法治，即它們損害了其所在的任何一個法律系統的功能性。慢慢累積，偏離普遍性對任何一個法律系統的功能性會是致命的。結果，它們危及了對一個法律系統來說不可或缺之物的實現，例如公共秩序、人的行動及社會制度之間的合作、個體自由的維護等。富勒的普遍性原則是一個"法治"原則。這種不利後果當然是違反該原則的弊病之一，這是一個告誡。然而，即使不考慮其有害作用，基於堅實的政治道德立場，對那些個別化或高度特殊的法律規範也要保持警惕。當然，這類規範中有些是好的，但大多數未必。

個別化指引及高度特殊性的表達，正是因其"特定"上的局限性，將其自身引向邪惡的目的。除非它們是實施普遍性規範的工具，亦即，除非它們是將普遍性規範適用於特定案件及個人的司法裁決令或行政命令，否則，其削減了對指向基本的法律平等和公正的"法治"的熱望。它們服務於裙帶關係及其他各種形式的徇私舞弊行為，如那些以非常狹義、特殊的描述語指向在稅收上為特定的人大開方便之門，同樣也以非常不公平的模式為虎作倀於對被輕視群體的歧視。個別化指引及高度特殊性的表達可作為規避司法程序的狡計，或作為可能阻礙法治政府官員目標實現的絆腳石，這種狡計與正當程序的自由民主基本價值勢若水火，也恰是美國憲法設計禁止褫奪公民權法案所要防止的。當立法者或其他官員不再約束自己去針對一個法域內所有人或成員眾多的群體，制定廣泛適用的法律，反而選擇適用面非常窄的法律時，他們實際是懈怠了，不再確保上述法律規範在多個角度被認為是公正的。

法律規範中對特定個人的指定指稱似乎尤其可憎，因為其強烈背棄了"處於近似情況的人應該被近似對待"的理想。近似境遇的人理應被課以同樣的要求及賦予同樣的權利。儘管法律規範中的特稱描述

客觀性與法治

語和高度特殊的描述語屬於一般性的而非特定性的，但是它們仍是可被用於顛覆上述理想的狡猾套路。事實上，當此類方式被用於非法目的時，正是其迂迴性助長了其惡名。法律規範表達中對特定個人特定指稱的坦率性比之其他放棄普遍性方式的拐彎抹角，更有利於公共審查。儘管其在道德上是可疑的，但其疑點是可公開爭論的。特稱描述語與高度特殊的描述語卻經常不是同樣地易識破。正如已經提過的，特稱描述語並不總是識別其所指稱的好幫手；當然，對高度特殊的描述語也可以這樣說。雖然含有像這樣描述語之法律規範的模糊性在大多情形下可能非常容易穿透，但是，它對不信任諸如此類法律規範又添加了一個額外理由。

當然，至少在一方面，法律規範表達中對特定人的指定指稱是格外糟糕的。當對指定的人規定了嚴苛的對待形式並被納入法律規範時，像這樣的指定指稱即可服務和打算服務於公開羞辱的目的。在這一作用下，指定指稱本身即是一種懲罰形式，也由此成為一種特別齷齪的方式，繞開了正常的確定何時以及怎樣課以懲罰的司法和行政程序。儘管其他放棄普遍性的方式在對某些特定人引起公開羞辱上，不如指定指稱那樣厚顏無恥和有效，但它們也可以強有力地執行該功能。除非它們的拐彎抹角阻礙了對其所指的預先識別，否則這些在課以不利條件的法律規範中放棄普遍性的方式，將公然喚起對它們正在挑選的個體之注意。任何諸如此類的方式，其虛偽性本身讓人反感，也詭秘地傳遞了一個嘲弄的信息。

雖然放棄普遍性的不同戰術在某些方面彼此有分歧，但當其被不恰當地運用於法律規範表達時，至少它們的主要作用是一樣的。與自由民主的某些核心價值，如平等、公正、正當程序，如果不是完全衝突，也存在著緊張。由此，與被運用於特定個人或群體的司法裁決令或行政命令不同，一個治理系統之常備的法律規範本應很少以放棄普遍性的方式來表達。富勒的第一個原則反對那些放棄普遍性的方式，既從作為法理原則的角度也從作為政治道德原則的角度提出警告。當然，它們並不總是能夠避免，但可以保守而謹慎地運用。如果一個社會的常備法律規範中不斷地運用它們，那麼，這將危害該社會法律系統純粹的存在，也會危害該系統所體現的某些關鍵的自由民主價值。即使它們被偶爾使用，也由此它們不會危及一個法律體制的存在，它們仍可以令人失望地侵蝕那些自由民主價值。簡言之，我之所以不信任那些放棄普遍性的方式，其在政治道德方面的考量遠甚於法理學。

2.2.2 公開確定性

正如我們已看到的，對實現法律的指引、協調功能而言，一個體制遵守富勒的公開性原則是必要的。如果包括任何專家輔助者在內的人們對法律要求什麼、許可什麼及授權什麼蒙在鼓裏，那麼，一個虛假的法律體制內的規範將無法指引人們行為。該體制也無法作為真正的法律體制來運行。

簡言之，之前論述了富勒第二個原則法理學版本上的主要根據。此處因將富勒第二個原則作為"法治"的要求進行闡述，故轉向政治道德版本來考察那些根據並對之進行補充。當然，政治道德視角的考察並不是要求每個公民知悉每一個法律規範的內容。如此荒謬、難以擔負的渴望，比之法理版本所關懷的，並不更能從自由民主價值推斷出來。相反，政治道德視角所要求的恰恰是：對於一個有效的法律系統來說什麼是其存在所必需的，即該系統規範的公開確定性。在任何既定的時刻，大多數公民並不熟悉大部分的法律條款，然而，或許在

客觀性與法治

專家的輔助下，他們總有機會來熟悉那些規範的任何條款。合理的確定性而非實際的確定性是所追求的必需之物。

有幾個支持法律公開性的政治道德考量因素。首先，一個法律系統之存在當然使公共秩序、社會合作、保障個體自由等成果成為可能。這些成果會因嚴重偏離公開性原則而被削弱。如果此種偏離是徹底而持久的，會導致一個有效的法律系統之存在被削弱，那麼，這些成果也許也一同失去。然而，即使不考慮像這樣的、直接維繫一個有效法律體制的必要條件，某些核心的自由民主價值也將危如累卵。

如果設定義務的法律規範不公開，則沒有給予公民任何公平的機會以使自己的行為符合那些法律條款。除非他們足夠幸運，不知情卻遵守了未公開的法令，否則，他們將在毫不知情的情況下，因為其行為違反了那些法令所設定義務，而使自身受罰。沒有任何充分的警示，政府法律機構的強力就將直接針對他們。從公民的視角，在此情況下政府法律官員所行使的強力是專斷的。某一法律要求已被生效執行，但公民違法行為發生時卻不知曉該要求。公民作為道德主體，他的道德自治沒有受到恰當地尊重。因為公民作為道德主體意味著，其所在社會的政府法律機構不僅應該提供給他合理的選擇，而且應該提供合理的機會來使其獲知那些選擇是什麼。當一個體制不公開一條法令時，它即拒絕給予公民那些關鍵的機會。因此，即使不公開的法令本身是公平的，該體制還是對其治下的人民顯示了不敬。

富勒提到法律公開性的另一個美德（Fuller 1969, 51）。在一個許可公眾有充分空間表達政治見解的社會中，當法律規範的內容易被大眾理解時，那些規範可被爭論和挑戰。人民自身知曉各種法律規範的這種能力是非常可貴的，不僅因為他們由此可以調整自己的行為，還因為他們由此能夠根據可靠知識而非根據無知和毫不知情的推測來質疑那些法律規範。公眾對法律官員所作所為的審查是依據那些操作的常規化披露。無論是事前還是事後，像這樣的審查都非常有益。它當然有助於改善已經是紙上的法律規範，但其也試圖預先對之發揮改善作用。在自由民主制下，當立法者和其他法律官員知道他們所設計的法律將受制於一般大眾的審視時，他們將有強烈的動力給出不是明顯不公或可疑的法律規範。亦有動力預測對其法律規範表述貌似合理的非議，並通過對付非議之來源來祛除非議或使之令人滿意。政府管理者傾向於彰顯其自身智慧、清廉的傲慢感，其由此也可以得到某種程度的審查。

在某些語境下，無可否認，法律規範對公眾審查的開放也許更有害而非有益，這並非完全是天方夜譚。例如，在一個種族主義情感彌漫的社會中，法律規範的公開確定性也許剛好阻止了立法者或其他法律官員採納那些反對討厭的種族情感之法律規範。在鼓勵官員處理少數種族難題的實踐上，也許隱瞞某些規範或規範的某些部分比公開它們走得更遠。即使如此，此類的託詞同樣包含了對公眾之道德資格相當的不敬，這個結局很難避免。官員們不是致力於勸誡和理性說服公民，而是暗地裏避開公民的理性能力。如果其所獲得的善（good）是實質性的，且如果以更公正的方式獲得善的可能性是零，此類方式也許可證明為正當。儘管如此，此種方式詭詐的一面仍令人遺憾。另外，一種隱瞞的實踐做法，其往往與某些法律規範密切相關，這種潛在的合理性很少能保證拓展到與其他法律規範有關的實踐上。注意，在本段中從未假定誠實總是一種美德。如果某人將至關重要的國家秘密傳遞給一個可憎、殘暴的敵人，並不因他傳遞的信息真實和精準而使該行為變得更善。[5] 此處所假設的僅是，政府法律官員與公民之間在互動中坦率以對通常是一種美德。當遇到官員不得不放棄坦率以便完成某些道德強制目標的情況時，就需要對雖不涉及責難卻是涉及遺憾的事裝糊塗了。

支持法律公開性有影響力的另外一個政治道德因素是，公眾將能夠查明法律規範是否遵循其條款來實施。換言之，公開不僅促進公眾審查法律規範本身，而且還審查法律規範的適用。對於那些從未被執行的禁止性法律規範、設置了公共權力卻從未運行的法律規範、授予了私人權力卻從未實行的法律規範而言，這一點相當重要。如果公民無力獲知存在此類禁止性規範及授予權力規範，他們將無力知曉官員的失職。雖然在賦予某些法律規範實效上的輕慢絕不總是壞事，但是，其是好還是壞通常恰是公眾爭論的一個問題。如果法律規範本身被拒於公民理解能力之外，那麼，將只有官員自己有能力測定其在賦予那些法律規範實效時勤勉或輕慢是合適的。只有在極少情形下，關於此類事情的判定沒有完全單獨留給官員們的精英小集團。關於像這樣事項的觀點，司法和行政官員的分量當然經常是很重的，但是，普通公民也應該有發言權。

毫無疑問，支持公開性原則的各種各樣政治道德考量並不支持這一觀念：即每一個法律規範都應該是公開確定的。富勒的第二個原則被解釋為一個政治道德原則，比之其任何其他原則，不再是不可妥協的。我們已經考察過，在具有廣泛而根深蒂固的種族主義的語境下，某種程度的裝糊塗也許最合乎道德理想。在某些其他可接受的語境

---

5 反對誠實是一個固有的或恆定的美德，有關該觀點的更詳細論述，可參見 Kramer 2004a, 208-210。

下，例如，涉及某種國家安全的考慮時，也許同樣最好通過秘密的方式來處理。本討論的要點並沒有打算暗示支持公開性的因素總是超越任何對抗性的考量；事實上，我的目的甚至不是在暗示那些支持因素總是權衡到某種程度以支持公開性。像這樣總括性的主張既沒有必要也站不住腳。相反，此處的目標僅是凸出某些政治道德價值，它們特別倡導法律的公眾可及性。富勒公開性原則的政治道德版本含涵容了那些價值。

2.2.3 可預測性

像公開性原則一樣，可預測性原則沒有明確有力地表達為一個不間斷的、全面的要求。正如前面討論的，某些溯及既往的法律制定既不可避免，也是可取的。但溯及既往法律規範之潛在的不正義仍然是明顯的，由此，對反對溯及既往經常發生影響力的政治道德考量也是明顯的。

某些溯及既往的法律修改也許可想象為是如此的可預測，以至於當那些法律涉及到人們的那一刻（而不僅是在它們出現的時刻），每個受其影響的人都有公平的機會來考慮它們。像這樣的情形在任何現實的法律系統中不是不可想象，但十分罕見。更可能的則是任何有溯及力的法律修改都會使受其影響的一些人或所有人措手不及。鑒於此，那些人將沒有公平的機會使其行為能夠與法律的新指示保持一致。任何人都不能讓時光倒轉，溯及既往地調整其行為。富勒專門評論了與設定義務的法律規範相關的該問題。他詳述了"今天去命令一個人關於其昨天該做什麼是多麼殘忍和荒謬"（Fuller 1969, 59）。但是，在與其他法律規範相關時，該問題也會出現。例如，在某一法域內，合同法做出一個溯及既往的重大修改，且在追溯到的那一時刻該變化完全不能預測，那麼，其幾乎當然是不利於遵循先前的合同結構、文字程序的人。他們大多數情況下與適用有溯及力的設定義務法律規範之受害者一樣，命運都是不公的。每一種情況下，法律的接收者實際上都是今天被告知昨天該做什麼。如此的結局貶低了每個接收者作為道德主體的慎思和選擇能力。假設本由個人行為選擇所決定的法律結果，實際上是行為發生後由官員宣佈撤銷的法令所決定的。人們的期待，其在形成時也許是極其合理的，則被完全毀掉了。

合理期待的頻繁瓦解不僅對直接相關的個人不公平，而且對任何經濟體的有效運轉也有害。如果因為有溯及力的撤銷，一個經濟體的法律框架不可靠，生產者通常將很少傾向於從事冒險性事業，消費者也很少傾向於進行重要的交易。無論該經濟體的主體是資本主義還是社會主義，這一點都適用。因此，每一個健全的成年人作為道德主體的身份之完整，不是衡量反對法律中許多溯及既往修正時唯一重要的政治道德因素。一個社會作為整體的繁榮也會岌岌可危。雖然有溯及力的法律在適當的語境下可以促進一個社會的繁榮，但其在不當的語境下將產生相反的效果。

當然，更廣泛地講，過多的溯及既往法律規範將趨向於破壞一個法律體制功能的持續性。在此種情形下，過多所帶來的傷害不僅影響社會的經濟，實際上人們生活所及的所有其他方面都會受到影響。如果一個法律系統就這樣停止存在和運轉，那麼其命令、協調、鞏固的作用都將半途而廢。此種可能性在法理上的權重與其在政治道德上的權重是一樣的。

那麼，非常嚴格地限制有溯及力法律規範的運用，取決於幾個政治道德考量：公平告知的益處（對接受到該告知的人、對那些被要求承受規定之懲罰的人來說）、每一個體作為道德主體的尊嚴、支持人們合理期待的價值、一個社會的經濟對效率的追求以及通常作為一個法律系統存在之先決條件的不可或缺之物。當然，沒有任何一個要素可接近於確保整體地拒絕溯及既往的法律規範。有時候，法律規範的向後看是必要的或可取的（或者既是必要的也是可取的）。同樣的，在許多語境下，那些反對使用溯及既往法律規範的政治道德因素也是恰當而有分量的。為了把握溯及既往法律規範的潛在危害，我們不必盯著極端邪惡的例子，比如阿道夫·希特勒及其追隨者在"長刀之夜"犯下的大屠殺被溯及既往合法化（Fuller 1969, 54-55）。即使在一個非常值得稱道的法律系統裏，如果常態化設定是在事實發生後對法律要求或法律授權的修正，也違反了對作為道德主體的守法者的恰當敬意。

2.2.4 明確性

當富勒的第四個原則，即明確性原則被作為"法治"的一個關鍵要素進行理解時，一般來說，類似於剛剛提及的那些政治道德考量對它而言也是關鍵性的。如果法律規範的條款完全模糊和言之無物（甚至由法律專家精讀時也如此），那麼公民將無力弄清他們正被授權、要求和許可做什麼。如果某一法域內大量法律規範長期受不清晰的折磨，那麼該不清晰則具有了法理學上的意義；其注定將破壞該法律系統的功能。然而，恰是在不清晰的規模有任何擴散之前，就已經引發了支持明確性原則的政治道德根據。

一方面，有時候法律規範必須設計抽象條款不提供細節信息，以保持其彈性。在法律調整的某些領域，例如在涉及尖端科技的領域，如果狹義地立足於語言進行解釋某些制定法和司法原則，也許是不明

　　　　　　　　　　　　　　　　　　　客觀性與法治

智的。既然狹義和具體確實限制了那些法律規範目標的實現，並不可取，採取稍微開放式的表達也許剛好是恰當的。像此類偏離明確性原則將被看作是慎重的，但是並沒有理由認為它們將絕不會被認可。有時候立法者非常明智地給行政和司法官員非常少的信息指導，以便許可他們在處理具體情況和問題過程中發展出更為具體的標準。

另一方面，在某些領域，法律及其他法律淵源中的高水平抽象毫無疑問是可取的，但幾乎總是有優點的同時也伴隨著缺陷。很顯然，其中主要的缺陷即抽象的法律表達提供給公民的是缺乏清晰性的指引。像這樣的狀況削弱了法律系統實現指引、協調行為的作用，也由此削弱了公平告知公民有何法律義務、許可其做什麼和授權其做什麼。當公民不得不等候行政官員在某一稍後時刻設計的清晰標準時，他們不得不強烈依賴猜測。在醫學實驗、高科技交流等領域，包括律師在內的人們也許長久以來在測定他們自身行為與其他人行為的法律後果上大多是茫然的。注意此處的問題並非引發自法律規範的非確定性。抽象標準比之更為具體的標準，其含義恰是同樣確定的。但是，問題存在於“不確定性”上。再次，也就是說非確定性與不確定性之間的區分與本書所討論的問題有一個重要的關聯。雖然以低水平抽象表達的法律規範，對大量具體案件來說可以產生確定的含義，但是識別那些含義的任務很可能是充滿不確定性和爭議的。即使法律規範中的不清晰及隨之而來的不確定並沒有近於如此嚴重和廣泛，以至於威脅到法律系統的存在，它也明顯違背了一個理念，即要公平告知人們與各種行為模式相繫的法律後果。就此而言，立法者及其他法律制定者對於不提供信息的抽象表達的任何依賴，與對作為道德主體身份的守法者之應有關照之間是存在緊張的。

另外，有時候為了適應人類活動某些領域的動態特性，法律中的高度抽象是非常恰當的，但對於法律規範中術語的徹底不清晰則不存在同樣正當的理由。誠然，為精確和簡明故，法律官員經常不得不在法律規範表達中使用法律專業術語。雖然專業術語對大多數普通百姓而言可能是晦澀的，但其對律師和其他法律專家來說則是容易理解的。正如我前面討論富勒第四個原則時所表明的，為測定法律的明確性所參照的是法律專家的理解而非普通百姓的理解（條件是所有或大部分公民能負擔得起法律專家的協助）。因此，法律措辭中需要某些專門的法律行話並非暗示對任何模糊性的需要，也不存在接受真正模糊性的任何其他理由。如果所起草的法律規範之術語讓法律專家感到與普通公民一樣的迷惑，此種模糊不清就是一種缺陷而沒有伴隨任何優點。這樣的模糊性破壞了法律系統運作的有效性，由此也損害了通過那些運作可獲得的善的實現，其也與我在前面述及的公平告知理念相衝突。它阻礙了每個公民理解那些以晦澀艱深語言寫就的法律義務、法律授權、法律許可的能力。至此，它也妨礙了每個公民就其行為之法律意義進行知情選擇的能力。

簡言之，明確性原則不僅作為法理學命題提出來，也是作為政治道德原則提出來，其在法律規範表達中並不絕對地禁止使用稍微抽象的表達，卻的確絕對拒絕使用模糊、不明所以的措辭。關於後者從來不存在充分的正當理由。有時候，要解決普遍性與明確性之間的緊張，以支持不提供信息的抽象表達，但是，為解決模糊與清晰之間的衝突，卻沒有同樣正當的理由，以支持讓人費解的模糊性。在法律規範中，像這樣的模糊性無論大小，總是有違 "法治"。

2.2.5 反對衝突和矛盾

比之富勒的其他合法性原則，非衝突性與非矛盾性原則在政治道德視角的理解尤不同於法理視角的理解。正如先前討論的，若每個人都處在大量衝突性的法律義務之下，但只要每一對衝突性法律義務中的懲罰是不平衡的，法治與這種狀態就是相符的。但是，雖然此種狀態與法治是相符的，它與"法治"卻並不相容。誰也不應該發現自己經常處於這樣情況：無論他的行為是怎樣的，他都因之易於遭受懲罰。如果某人有法律義務做 X，及有法律義務放棄做 X，即使因為威脅性的懲罰之間不一樣而使他面對一個有意義的選擇，但他作為道德主體的尊嚴還是被損害了。如果他生活的很多方面都會面對此類損害，那麼，其作為道德主體的尊嚴正被不可容忍地蔑視。為對該尊嚴表達恰當的尊重，一個法律系統必須使有意義的選擇成為可能，而且必須允許有意義的選擇。當某人處於衝突性法律義務情形時，此際他任何可能的行為在法律上都是不許可。無論對他開放的哪一個選擇（做 X 或不做 X），因為與之相聯繫的懲罰沒那麼嚴厲從而優於另外一個選擇，但無可逃避的不許可狀態都存在。任何實例化"法治"的法律系統都不會允許無可逃避的不許可狀態頻繁發生。"法治"的本質是每一個人通常能夠以避免任何違法的方式進行行為。相反，如果人們通常不可避免要違反法律，那麼現行的體制對其所管控的人們正施加一種壓制性的、深遠的控制。該體制也很少從其要求的搖擺中給人們留出喘息之機。像這樣不間斷地對公民進行鉗制的體制不可能是自由民主的。

但是，我們不應該得出結論：只要"法治"實現了，衝突性義務將一起消失。一方面，各種法律解釋技術的確能夠從一個法律法域中消除衝突（Fuller 1969, 66-69; Williams 1956, 1140-1141）。當面對似乎既給某人設定做 X 義務又設定放棄做 X 義務的法律規範時，司法和行政官員特別傾向於盡最大努力以此方式解釋法律以便於解決衝突。例如，如果衝突性義務分別由頒行於不同時間的成文法所設定，司法官員或行政官員也許用後面法律中的相關規定來取代前面的。通過像這樣的方法，法律解釋可以克服衝突，以便於確保至少對某人開放的一個行動方式不會捲入到違法中。沒有人將面對"無可逃避的不許可"境遇。另一方面，這樣的結局幾乎不是預先注定的，也非在政治道德上總是最理想的。在任何大型法律系統中，幾乎當然會存在某些情形，其中解決法律義務間衝突的策略是不可取的。

例如，假設吉米與蘇珊簽訂了合同，吉米需要在某一時間段內的某一天出現在某一地點。再假設吉米在此前或此後與梅勒妮簽訂了一個合同，要求他不得在那一時間段的那一天出現在那一地點。每個合同當事人根據所承諾已花費了金錢或做了安排。現在，在此情形下，負責使法律規定生效的官員毫無疑問可以通過支持事實上只存在一個義務來處理吉米合同義務之間的衝突。例如，他們也許宣佈第一個合同優先於第二個。儘管這個或其他解決衝突的方法明顯可行，但其仍然非常可能對兩個合同當事人中的某一個是不公的，且難以接受。在缺少特定理由減輕吉米過錯的情況下，不應該如此寬容地免除他處理自身陷入窘境的義務。他的道德主體資格並沒被他履行其所引起的義務所損害。當然，他將不可避免地違反兩個義務中的一個。他要麼能在特定時間出現在特定地點，要麼不能。結果是無論他如何行為，都將引發一個額外的法律義務，最可能是通過支付一定數額的賠償，對其違約行為進行救濟。在該情況下，這樣的結果對所有相關當事人才都是最大的公正。鑒於此類情況非常可能，我們不應該理解富勒的第五個原則為總體地拒絕衝突性義務。任何像此類的限制對"法治"而言都太過於嚴格。在某些情況下，通過保留法律中的衝突性義務，具有鮮明的平等、個人尊嚴、公平價值的"法治"將得到促進，而非受到阻礙。

正如上一段的例子所顯示的，當法律義務是行為人主動引起時，消除所有的法律義務之間的衝突明顯是失策的。但是，即便是由制定法或行政法規所設定的義務，也有可能引起本不應該通過解釋策略加以消除的衝突。像此類無關痛癢的衝突當然是可能的而且有時候也是現實的，但它們仍屬例外。總之，要避免衝突性義務而不是要追求或鼓勵它們。自由民主的治理系統不可以寬宥這樣的情況：人們不得不履行的衝突性義務數量眾多，範圍廣泛。正如已經強調的，這種情況會讓治理系統的禁令效果的搖擺影響擴及過於寬廣的範圍。雖然並非所有法律義務之間的衝突應該被避免和消除，但是，任何一個自由民主的方案都不贊成此類衝突擴散。

到目前為止，本節所論適用於所有衝突性義務，即使與每一對衝突性義務相關的懲罰是非常不平衡的。與兩個衝突性義務相關的懲罰無論是近似平衡的還是完全相異的，任何人處於該典型情形下，無論其行為如何，都將受到懲罰。這樣的困境只是很偶然的才會符合自由民主價值。如此，更不用說衝突性義務的蔓延與自由民主價值的對立了，即使每一對衝突性義務中的懲罰非常平衡。此種情形不僅僅讓人想起我們先前強調過的一個法律體制的主要缺陷，即其管控公民之課以義務規範過度蔓延的缺陷，尤有進者，這將危及法治的存在，並由此危及"法治"的存在。如富勒第五個原則的法理學版本所討論的，如果帶有同等懲罰的衝突性義務是普遍而非罕見的，法律作為一個系統引導和協調人們行為的權威性規範，其基本功能將被削弱。如果一個治理體制在人們生活的許多領域就做 X 和不做 X 提供同樣分量的理由，其將無法以最低限度的效力來指導公民的行為。該觀點是法理學意義上的，但它在政治道德意義上也富有價值。畢竟，沒有法治，"法治"不可能存在。如果衝突性義務的蔓延破壞了一個法律體制的此種有效性，至少對任何有一定規模的社會而言，它就阻礙了一個功能性法律體制存在之必要條件的獲得，也阻礙了實現建構"法治"所需之價值的獲取。

在一個法律系統的權威性淵源中，矛盾性規範的廣泛存在具有近似的破壞性。首先我們應該注意，與某些衝突性規範不同，矛盾性規範總對"法治"有害，即使其數量不多。法律義務間保留一些衝突可以促進"法治"，因為個人可由此被強制為其行為所引起的義務承擔責任，或者由此無辜第三方的合法預期受到保護。但是，一個法律系統的權威淵源中出現矛盾性規範卻毫無益處，甚至會導致其被廢止。當然，正如已經考察的，一個法律系統的司法和行政運行機制上，從來不會容納真正的矛盾性規範。只要此類法律系統中的陳述性規範似乎建立起兩個互相矛盾的法律立場，在既定的情勢下，一個且只有一個立場會實際上運用於任何特定的個人 P；而另一個立場對 P 來說是絕對無效的。但是，矛盾性規範可以在規範陳述自身層面存在。當矛盾出現在其能夠出現的唯一層面時，它們從不值得被保留。它們在法律中引起徹底的非確定性，而且易於模糊其所在之系統的規範模型所提供的指引。也就是，它們總是引起非確定性，常常引起不確定性。在一個法律系統的規範模型中，矛盾性規範的大量存在將使法治難以為繼；然而，即使其數量細微，也會削弱"法治"。

在一個遵從"法治"的治理系統中，其權威性的規範表達在法域內會直接指示人們被要求什麼、被許可什麼及被授權什麼。作為對守法者道德主體身份表達恰當尊重的一種方式，其必不可少。然而，當

客觀性與法治

該系統中兩個權威性規範陳述互相矛盾時，任何此類關於法律後果的必要指示則消失了。總之，這兩個相互矛盾的規範既肯定也否定某一個法律規範的存在。如果那些法律規範之間的矛盾只是孤立的特例，那麼它們對法治的貶損程度只是微不足道的。相比之下，引發不尊重每個公民做出理性選擇的能力從而貶低"法治"的後果更嚴重。就相關官員而言，也許這種不尊重的表現源自粗心大意或驕傲自大，但無論其源自哪裏，任何心照不宣地保留它，都表達了一個漫不經心的態度，而非恰當關切。遵循"法治"的官員不會對此如此漠不關心，對導致法律中出現困惑及不必要的非確定性的東西進行保留。

儘管有時候法律官員賦予兩個衝突性義務以效力是合理的，但他們從來無法將兩個矛盾性的規範同時適用於特定人 P，賦予其效力。正如已經論述的，那些規範中一個且只有一個能夠在既定時間裏適用於 P。作為一個後果，法律規範的矛盾表達也許會引起合理期待，其卻無法全部得到滿足。假設傑克合理期待，根據一條法律，其規定在某時間段 T 內，傑克可以自由地做 X；假設吉爾合理期待，根據一條法律，其規定吉爾有法律權利反對任何其他人在時間段 T 內做 X。那麼，如果傑克在 T 時間裏做了 X，在私法制度範圍內，這兩個合理的期待不可能同樣被滿足。要麼是傑克的期待要麼是吉爾的期待將會落空。如果司法官員堅持吉爾有權反對傑克做 X，然後，為了考慮傑克根據授予權利規範的合理性，他們減輕了針對傑克判定的損害賠償，那麼，他們不僅讓傑克的期待化為泡影，他們也部分損害了吉爾的期待。避免每一方當事人之合理期待毀滅的唯一方法是從公共資金中而不是從傑克或其他納稅人那裏給吉爾提供補償。但是，像這樣的"解決"方法將對付法律中矛盾性規範的成本強加給了納稅人。

只要一個法律系統的權威淵源中保留著矛盾性規範，潛在的"傑克和吉爾情形"將會持續，即在私法制度中某些合理期待不可避免地得不到滿足。就這一點，矛盾性規範不同於衝突性規範，也由此其與"法治"有特別尖銳的矛盾。在私法範圍內，設定衝突性義務的法律規範可能引起的合理期待，總體上總是容易部分通過補償方式共同獲得滿足。但是，互相矛盾的法律規範可能引起的合理期待在此類安排中卻總是不容易共同獲得滿足。

因此，當矛盾性規範出現在一個法律系統的權威淵源中，即使規模小到不至於妨害法治實現時，它們也會傷及"法治"。當然如果它們數量快速增長，影響就會更嚴重。它們會危及或損害法治的持續，也會完全破壞"法治"。這並非僅僅因為"法治"依賴於法治。但是，作為政治道德原則被提出來的富勒第五個合法性原則並非僅將過量的矛盾性規範作為靶子。它反對一個法律體制中存在任何矛盾性規範。沒有任何理由來支持包容矛盾性規範，相反，只存在強有力的政治道德理由來排斥它們。

那麼，在大多數情況下，將非衝突與非矛盾原則作為政治道德原則理解時，比之富勒其他的原則，其更少彈性。相較於伴隨平衡懲罰的衝突性義務，該原則對伴隨不平衡懲罰的衝突性義務的解釋不再更具有通融性，這與法理學版本的解釋不同。另外，它認可保留法律義務間的某些衝突比消除它們要好，與此同時，它嚴厲拒絕在一個法律系統的權威淵源中出現矛盾性規範。總體上，該原則比之其他合法性原則，更接近於規定了一個絕對命令。

2.2.6 可遵循性

正如我們已經看到的，法理學版本上的可遵循性原則，富勒主要關心（如果不是唯一關心的話）的是法律的指引、協調功能。關於此問題前文曾論及，如果一個法律體制的功能僅是解決糾紛，那麼一大堆無法遵循的法令可以與法治相容。但是，因為任何法律體制的主要功能是現實地指示、引導人們行為，所以，諸如此類一大堆不可遵循的法令卻與法治協調一致的情形，並不存在。如果一個體制的大部分規定無法被遵守，那麼，其主要功能將受到阻礙。在此情形下，即使是最低效力的法律系統，也將不復存在。

當我們將可遵循性原則理解為一個"法治"原則而非僅是法治原則時，可以進一步弄清楚遠離對一個法律系統之期待的深層原因，在該法律系統中，大部分課以義務的規範所設定的義務整體上超越所有或大部分公民的能力。一方面，像本章以及第一章所主張的，一個法律系統中的官員不應該試圖確保該系統中每一個法令都可被其所要求的每一個人遵循。這樣的目標極其不切實際，實現它即使不是一個空想，也是不合時宜的。雖然並非每個人都有能力遵守它們，某些法令也應該被統一適用。另一方面，從未被任何人遵守過的法律規範在自由民主法律系統中是沒有合適位置的。坦率講，這樣的法律規範不應該普遍存在於一個法律系統中；更重要的是，它們根本就不應該存在。且不說它們對法律的指引和協調功能的有害作用，它們所提出的要求既不公平也不合理。

假設一條法律規定，每人每天要徑直跳離地面至少四十英尺而不得藉助機械或其他任何輔助支持。作為指示、引導人們行為的方式，這樣的法律規定將毫無意義。沒有人會調整其行為以便嘗試遵循一個明顯無法遵循的指令。除了無意義而且確實荒謬外，此規範還非常不公正，有損於自由價值。它將使每個人因其沒能履行所強加的義務而易於遭受懲罰。如果針對每個人施與懲罰，那麼其將因為沒能實現一個超出其能力範圍的要求而不公正地遭受某種苦難。誠然，如第一章所討論的，"應當"中暗含了"能夠"這一觀點的說服力不可持續。沒有人有道德義務去獲取其實質上不能夠獲取的東西。如果"應該"真的暗含了"能夠"，那麼侵權法中的過失標準的統一適用性就不可能在道德上是正當的。儘管如此，雖然"能夠"並不總是"應當"的一個必要條件，但其經常是"應當"的一個必要條件。在一個法域內，當所有或大部分人有法律義務遵循諸如跳四十英尺高這樣一個任何人根本無法遵循的規範時，法律的效果就是人們因為擁有人類的局限性從而遭受懲罰。

這明顯不同於一個莽撞的人不得不對其草率行為所導致的侵害後果支付賠償的情況。在後一情形中，這個笨蛋毫無疑問是負有責任來遵循一個合理注意標準的，其卻沒能夠遵守；儘管如此，很難說僅僅因為他擁有人類共有的局限性而使其有法律義務遭受懲罰。相反，他有法律義務承擔已經引發的賠償是根據其行為的笨拙。當然，魯莽非常可能是其無法超越的身體與精神的組成部分。即便如此，魯莽並沒有使此人融入他的同伴，相反，卻將其標識為一個人：通過自身的行為經常容易傷害別人及自己。如此，魯莽成為其身體和精神組成的一個面向，當最終導致傷害了他人時，法律官員不應該放任。如果因為他沒有像超人般運用技藝而依法懲罰他，這在道德上是荒謬的；但是，若因為他沒能保持一個普通人可盡到的注意或熟練水準而依法使其承受負擔，則是完全可以理解的。由於其沒能保持注意或熟練水準，其行為完全可被視為魯莽草率；如果他僅僅是無法超出人力所能為，就無法給其行為貼上類似的標籤。雖然在不利於他的刑事訴訟裏，無法克服自己的呆笨可能足以在道德上為他開脫，但是，這無法動搖其賠償義務的道德基礎。我在第一章曾簡單說過這個道德基礎。

前面兩段已經仔細討論了，在違法必究的前提下，一個完全無法遵守的法律的道德缺陷。情況更可能是像這樣的法條將無法執行或僅是某些違法者會受罰。如果它完全不可執行，那麼負責適用它的法律官員實際上正在承認其道德缺陷。如果選擇性地懲罰違反者，那麼，針對那些實際遭受懲罰的人，會引起一個額外的不公平因素。總之，要求人們完成對每個人來說都是體力上不可能之舉的法條，無論執行方式為何，都是可悲的。甚至當這樣的授權是完全不可執行時，保留它作為紙上法的一部分，將助長法律的名譽敗壞。這樣的情形當然也損害了相關體制遵循紙上的法與行動上的法相一致的富勒第八個合法性原則。

前面關於可遵循性的討論已經將重點放在要求每個人每日跳離地面四十英尺這個荒謬的、任何人都無法遵從的法條上。並且，該特定法條並沒有服務於任何看得到的、值得追求的目標。相反，如果我們聚焦的並非是公然不可履行，而是潛在地促進某些值得讚美目標的一條規範上，那麼，有關不可履行的法條的明確結論，也許我不得不做點保留。假設一個法律指令，設定了一個超出每個人或現實的每個人能力之外的要求，進　步假設該指令並非明顯地不可遵循，而且也許在某方面，該指令作為一條法律規範還是有益的。當富勒注意到教師有時候要求學生比實際上他們能達到的要多時，他提供了一個有益的類比。教師這樣做的目的是拓展學生的能力，以及引導學生改進其技術和知識（Fuller 1969, 71）。在少數語境下，一個法律系統之規範可以令人信服地扮演相似的角色。就這點來說，本小節所述之強有力的結論也許不得不做點通融。但是，任何此類限定性條件都是次要的。正如富勒本人直接考察到，在教師和立法者之間的類比很容易讓我們迷路。實際上，他介紹這個類比目的在於針對它進行警告。他講道：

"學生們沒能夠達到教師的要求，教師會對他們實際所獲得表示祝賀，不存在不誠實或自相矛盾。" 而將之與政府法律官員進行對比，官員 "面對的是進行嚴重不公的抉擇，即懲罰那些沒有實現超人之舉的人，或者假裝沒看見違背法律規定而淡化對法律的敬意"（Fuller 1969, 71）。富勒很好地表達了他的保留性意見。如果對本小節大概的結論需要任何限定性條件，這個保留是非常中肯的。在某些不尋常的情形下，尤其是如果履行義務的不可能性並不明顯時，雖然存在一條人力難以成就的法律義務規範也許具有道德的正當性，但是，這些情況當然是非常罕見的。

事實上，在一個重要方面，本小節前述所提出的結論太狹窄了。到目前為止，我們已集中討論了作為法律強制性規範（mandates）之美德的可遵循性。現在，我們應該承認對其他類型法律規範的道德合法性來說，可遵循性通常同樣也是必要的。例如，合同條款所規定的程序應該在普通人之能力範圍內，包括在必要時由法律專家支持所能達到的能力範圍。當然，再強調一次，可遵循性不需要涵蓋每個人。例如，某些人不能簽自己名字的事實，這很難說意味著簽訂合同或遺贈財產的規則不應該詳細規定簽名的內容。事實上這一點非常清楚，即既然來自授予權力規範的程序規定可以由身體和精神健全的人代表那些身體或精神上有缺陷的人進行履行，有關授予權力的規範不必直接涵蓋每一個人。如果一條法律規範打算規定誰都無法遵循的合同訂立程序，這是無厘頭和不道德的。儘管如此，然而一條法律規範可以合理地規定只是某些人自己無法遵循的程序。實際上，哪怕是最簡單的步驟也會超出某些人的能力，要制定程序的話，也不可避免會制定出只是某些人自己無法遵循的程序。無論從法理學視角看還是作為政治道德原則，可遵循原則同樣都被承認。它警告要反對法律規範要求或者規定超出人力範圍的偉大業績，同時，它本身也不呼籲一種不可能的且不可期待的成就，即設計出一條每個人都絕對可遵守的法律規範。

在轉話題前，我們還要注意一點：可遵循原則比其第一眼看上去時更有變通性和現實性。它並沒有對英美侵權法和合同法規定的嚴格責任產生不利影響。嚴格責任是對一個人行為所造成有害後果進行救濟的法律責任，不管其行為是否有粗心大意、魯莽的、故意放任、蓄意等過錯。其責任形式通常是支付賠償。換言之，在嚴格責任制度下，事故的賠償義務是獨立於過錯的。英美侵權法的許多領域，賠償義務僅僅是由有過錯的行為引起的；但是，嚴格責任盛行於大部分合同法及侵權法保留的領域中。例如，在美國侵權法中，從事某些極端危險行動的人將有法律責任賠償那些行動所造成的有害後果，即使他們全程盡到了完美的注意。同理，根據英國侵權法，擁有危險動物的人，對由該動物引起的傷害負有法定的賠償責任，無論該動物所有人的行為是否有過錯。雖然英美法中這些嚴格責任的例子或其他例子與可遵循原則看起來也許不一致，但是它們之間不存在真正衝突。

為了理解嚴格責任與可遵循原則為什麼是叫兼容的，我們需要考慮"'應該'暗含'能夠'"命題的兩個版本之間的區別。一切都隨著我們如何解釋"能夠"而變化。一方面，我們也許認為"能夠"意味著"從生理可能性上的有能力獲取"，我們由此認為"不能"意味著"從生理可能性上無能力獲取"。或者，我們也許認為"能夠"意味著"通過一絲不苟運用謹慎與善意而有能力獲取"，我們由此認為"不能"意味著"通過一絲不苟運用謹慎與善意卻無能力獲取"。當以後一種方式解釋"'應該'暗含'能夠'"命題時，作為一個主張即為：不存在任何道德理由支持即使任何人通過一絲不苟地運用謹慎與善意也不能避免出現有害後果，他或她仍有法律義務避免出現有害後果。此種解釋太過（strong）了。像這樣的解釋將責難法律中嚴格責任的道德正當性。目前，雖然法律中的嚴格責任經常是不合適的，但它絕非總是如此。如果某人從事獨特的一類行為，其引起了高度傷害他人的危險，或者如果某人為引起某一事物狀態主動承擔一個義務，而不僅僅是努力引起那一事物狀態，那麼，堅持這個人承擔法定責任而不受制於其行為上的任何過錯，也許剛好就有了道德理由。在富勒的可遵循原則中，根本沒有排除像這樣一個道德理由的存在。情況恰恰相反。

當然，可遵循原則與“‘應該’暗含‘能夠’”命題的第一個版本是有聯繫的。也就是，它通常不主張強加法律懲罰於那些無法做到明顯超出人類生理能力情況的人。鑒於任何人克制從事某一特殊行為（例如，從事特別危險的事或飼養危險性動物）在生理意義上是可能的，鑒於任何人隱忍承諾引起某一特定事物狀態在生理意義上也是可能的，那麼，作為可遵循原則基礎的“‘應該’暗含‘能夠’”原則與英美侵權法和合同法中嚴格責任的存在是完全一致的。當然，可遵循原則本身並不堅持在侵權法或合同法的任何特定領域都應該包含嚴格責任。相反，它讓該問題對源自其他政治道德考量的判斷保持開放。它提醒那些因無法實現超人的成就所進行的法律懲罰在道德上是很難被證成的。同時，它既不拒絕也不要求在法律的任何地方設立嚴格責任。

2.2.7 歷時穩定性

如前，富勒的第七個合法性原則主張，遵循該原則要求的是在恆久性與適應性之間保持平衡。一方面，如果一個系統的大部分禁止性規範和其他規範以讓人震驚的速度頻繁變化，那麼法律官員通過該系統運行來指引、協調人們行為的努力將遭到極大破壞。另一方面，管理一個適度有活力社會的法律系統，它的規範模型中缺少任何變化，這本身將極有問題，因為它將導致紙上的法與行動上的法不協調，流弊甚遠，遑論在一個高度有活力的社會。一個法律體制的功能性依賴於在破壞性的混亂與反常的僵化之間打造一條中間道路。以上就是富勒第七個原則法理精髓的簡要概括。

支持該原則的政治道德因素同樣明顯。某一個治理系統中的大部分規範應隨著時間的流逝合理地保持不變，否則，通過一個法律系統的運行可獲得的關鍵必要條件將無法實現。並非全部的必要條件都由法律系統來保障，但是在任何有一定規模的社會中，如果缺少法律系統，必要條件將不復存在。因為法律規範的過分短命而流失的價值中，法律官員給予公民道德資格適度的尊重也是其一。如果一個體制頻頻給出的一系列規範都只是曇花一現，以至於使公民灰心喪氣、不知所措，那麼，該體制的官員是在妨礙而非促進公民運用能力做出知情選擇。如果被給予適當範圍的合理選擇，上述寶貴的能力是每個公民法律和道德責任的基石。如果由於他們或其律師可用的信息倏然般不可靠，公民不能對其法律義務和機會做出知情選擇，那麼，他們的行為與其說是基於法律規範而獨立發生的行為模式，不如說是對法律的回應，因而無從受到道德評價。因此，法律規範的過多變化將終止"法治"下公民與政府間所獲得的基本道德聯繫。這樣的聯繫部分存在於每個公民的道德責任中，其基礎是公民道德能力（moral agency）以及該能力實踐的巨大空間，部分存在於政府法律官員對每個公民的道德能力和責任的尊重中。當官員徹底而持續地改變法律而使公民迷惑不解時，他們並沒有表達此種尊重。在此情形下，官員遠沒有賦予公民巨大空間以踐行自己作為道德主體的知情選擇，回應法律的義務性規範和授權性規範。相反，官員正在阻礙任何此類實踐。

當富勒的第七個原則被忽略時，其他許多政治道德的必需之物同樣陷於危機。例如，如果一個社會法律規範過於頻繁和廣泛地變動，人們的所有權和合同權利之安定性處於動盪中，那麼，該社會經濟安排的有效性將處於危險中。正如前面所討論的第七個合法性原則，違反該原則所造成的問題與溯及既往法律所造成的問題非常相似。如果人們擔心他們的努力會被溯及既往地認定為非法，就不情願從事經濟冒險或其他費力的事業，同樣地，如果他們擔心當其努力已完成時而法律權利卻戲劇性地變了，也就不會情願進行那些努力。像這樣一個不確定的狀態不會為任何長期計劃提供穩固的基礎，甚至對中期計劃也不成。結果，一個社會經濟的穩健性將遭受打擊。

當然，在一個法律系統的規範模型中，過度變化的大量破壞性作用不應該驅使我們得出結論：沒有變化就是正當的。正像已經強調過的，較之持續頻繁的變化，富勒的穩定性原則並不是更支持僵化。在停滯不動與長期劇變之間保持平衡狀態，既有法理學上的支持理由，也存在完整的政治道德上的支持理由。如果一個法律體制的規範框架不知怎麼變成靜止不動了，將有許多可怕的後果。既然此類法律體制的存在甚至受到了 2.1.7 節所敘之方式的威脅，那麼接下來，只有藉助此類法律體制之存在才可能的各種善（goods）也會處於危險中。無論如何，作為搖搖欲墜、無效的法律系統，即使該體制打算繼續運行，其政治道德缺陷也會是驚人的。當然，總體上的無效性是其中的一個主要缺陷，但是，大量其他的政治道德缺陷會使該系統黯然失色。

例如，每當過時的法律留在文本上，它們能變成粗心人的陷阱。甚至即使是法律專家也許也無力避免那些陷阱，因為他們也許無法充分地理解那些幾百年前就已經存在的法律規範的含義。哈特注意到一個有趣的例子，一部古老制定法中的一個意想不到的含義（Hart 1961, 60）。1944 年，根據 1735 年的《巫術法》，海倫・鄧肯在英格蘭被指控並定罪。在二戰中直到盟軍諾曼底登陸的期間裏，英國權威機構懷疑她出於提高其作為通靈人的聲譽而刺探並披露秘密軍事信息。在一次降神會上她被捕，之後根據 1735 年《巫術法》裏的一個罪名，以"欺騙性地召喚亡靈"的罪名被起訴。無論她的欺騙行為是否對軍事計劃造成了任何真正的危險，此處最重要的一點是，一個古老法令之存在為權威機構處置她提供了讓人不安的便利路徑。他們乞靈於法案中的驚悚元素，對他們非常有利，而非常不利於他們所起訴的公民。儘管海倫・鄧肯本人很難說是讓人尊敬的人，但她的案件揭示了法律故步自封於時過境遷的文本所可能造成的不公正（當然，是否巫術法案規定的任何東西都體現在文本上，這是個值得商榷的問題）。在如英國等有活力的自由民主法律系統中，由陳舊的奇葩法律而導致不公正的情況並不多見，大部分紙上的法律貼合當下，並不過時。如此，儘管孤立地看那些不公正情況，每一個都令人討厭，但它們並沒有漸次累積影響其所在的法律系統的基本特徵。比較而言，在一個反自由的體制下，其規制結構中有大量廢棄的規範，它們很有可能深刻影響該體制向壞的方向轉化之整體特徵。那些規範將給該體制官員提供大量於不知不覺間掌控公民的機會。它們存在這個事實，以及儘管它們沒有被預先單獨識別出來，但公民們普遍知道其存在，導致即使那些機會很少被抓住，也會使政府與公民關係嚴重失衡，讓政府處於壓倒性的支配地位。一個停滯、過時的規範模型不僅對有益地指引、協調人類行為貢獻甚少，而且，作為一個邪惡政府之影響力的來源，其很容易扮演一個陰險角色。

因此，穩定性原則是"法治"必不可少的組成部分，因為其既不心胸狹隘地拒斥人類之易變無常，也不對之全然擁抱。穩定性並不是停滯。然而，雖然第七個合法性原則不支持停滯，但其最突出的使命是對一個法律域內過度頻繁變化之惡的警告。雖然保持規範的穩定性以便讓人們知曉其身處何處絕不是 "法治" 的充分條件，但毫無疑問是其必要條件。

2.2.8 制訂與實施間的一致性

　　一致性原則作為富勒所闡述的法治及 "法治" 的關鍵原則，是本章所論合適的拱頂石。支持該原則的政治道德考量眾多。只要我們回顧通常法律規範的制訂與實施間的一致性原則是如何提出來的，那些考量就會一目了然。正如富勒第八個原則的法理學版本所揭示的，對司法和行政官員來說，遵循該原則主要在於堅持不偏不倚。我前面的論述突出了不偏不倚的認識論美德。在認識論上，不偏不倚是可靠的，而利己、偏執、無知或反覆無常等損害不偏不倚的因素，總傾向使官員及其他人偏離正確理解他們所面對的事物。在本部分，雖然認識論上的觀點仍然十分主要，但重點將放在不偏不倚的政治道德美德上。

　　影響不偏不倚的因素除了在認識論上不可靠外，在道德或政治上也不可靠。被自私、偏見或反覆無常所刺激的官員不但容易誤解他們所面對的法律規範和情況，而且也很可能偏離道德義務或道德正當性。固然，此種概括存在明顯的例外。特別是，此種概括的適當性某種程度上將依賴於各相關法域內法律規範的良善。在一個具有許多邪惡法律規範的體制中，使官員轉向不再嚴格執行那些法律規範的激勵 —— 即使它們是不光彩的激勵 —— 也許在道德上優於將此類規範奉為圭臬的立場（Kramer 2004a, 191 n10）。例如，假設在一個邪惡的體制中，司法和行政官員負責執行許多法律，這些法律提倡對某些被輕視群體採取嚴厲的壓制性措施。進一步假設某些官員願意接受被壓制群體的賄賂，作為回報而拒絕根據普遍法律條款之規定而使其遭受猛烈迫害。在此種語境下，腐化自私地偏離嚴格的不偏不倚的立場，比之任何冷漠地實施那些壞法律規範更具有道德優勢。甚至比之不偏不倚實施那些法律規範更有明顯道德優勢的是，官員拒絕實施依據對被輕視群體成員優先喜好的態度所做出的決定。諸如此類的態度當然是官員的一種偏見，但其也許是必要的。它鼓勵官員有膽量冒險激怒其更為狂熱同僚（有些官員在實施這種歧視性法律上，從不打折扣）。在該情形下，偏見傾向於使持不同意見的官員滿足道德的需求，而非對之視若不見。

那麼，很大程度上，不偏不倚的政治道德要旨在司法和行政上取決於每一個法域內法律規範的實質。然而，我們在本章的後半部分集中關注的是"法治"而非法治。也即，我們此處所特別關注的是一個自由民主法律體制繁榮時所具有的狀態，而不是努力考察任何明顯反自由的、不民主的法律體制之特徵。如此，從目前的目標看，本章可以忽略某些法律體制之規範是如此邪惡、以至於在適用和執行它們時不偏不倚的立場受到道德懷疑的情形。我們此處的關注點限定為遵循自由民主價值的體制。

鑒於此，力爭不偏不倚的司法和行政官員將提升得出道德正當裁決的期望。因為由官員所實施的法律規範本身是善的，因為官員觀點的不偏不倚將提高其正確理解和實施那些法律規範的能力，所以不偏不倚具有工具性道德價值；質言之，它作為一種工具服務於前述法律規範所追求的道德價值目標。因為它有助於實現人們正當的期待，在這個方面也具有工具性價值。既然公民以及為其提建議的法律專家已有能力弄清楚各種法律規範的術語，既然不偏不倚將增強官員賦予規範效力以使其符合相關術語的可能性，那麼，不偏不倚就促進了維護公民對其行為法律後果之合理信賴的道德價值目標。當然，更寬泛地講，官員堅持不偏不倚增強了法律系統的生命力。促進書本上的法與實踐中的法的一致狀態絕對必要，不偏不倚據此避免了主要因兩者不一致導致的困境。該困境威脅到法治的存在，並由此威脅到“法治”的存在。官方的不偏不倚使法律的指引功能可以順暢地發揮，由此也使讓一個法律系統有效運轉不可或缺的必備條件得以實現。

另外，官員的不偏不倚除了具有工具價值外，也具有內在的道德價值。它不僅有助於確保官員得出道德上正確的裁判，而且有助於確保他們是基於道德上正確的理由而得出那些裁判。正如第一章中討論不偏不倚問題接近結尾處所表明的，在動機和認知上否認不偏不倚與適當尊重受其不利影響的任何人是相衝突的。例如，當司法或行政官員將自己的私利放在那些值得被善意對待的公民利益之上時，他們的行為與人類平等的基本約束相抵觸。誠然，他們也許沒有意識到其所作所為。也許他們如此聚精會神於自己的利益，以至於真的沒能意識到那些行為方式，他人之所關心的議題正是藉助於那些行為方式受到不公的貶損。另外一種情形是，他們也許完全意識到了自己的貪婪，且也許傲慢地不受這種意識的困擾。無論他們對其自身任性的警醒程度是怎樣的，他們已經屈服於不光彩的偏好，其足以污損根據它所做出的裁判。即使某些此類的裁判碰巧在實質上是正確的，作為裁斷基礎的利己動機還是玷污了管理者和被管理者之間的關係。在此情形中，官員是基於錯誤的理由而達成了正確的結論。以自我為中心的所作所為即使修成正果，也讓人反感，是因為它表明，公民的幸福是從官員的幸福中派生出來的，只有在此前提下官員才會看重公民的幸福。官員通過使每個公民成為實現自己私利目標的工具，對每一個作為道德主體的公民的尊嚴表達了蔑視。如此，無論他們是否承認其觀點是多麼偏頗，投身於自我利益都違背了官員自身與其他人之間的平等。

對於破壞不偏不倚的其他因素，如偏見、無知、變幻無常，情形也都差不多。當公民因其所在群體或其本身受到歧視而被惡意對待時，對他們的貶損是顯而易見的。而且，無論有偏見的官員是否意識到他們態度上的消極性，這種貶損都會發生。例如，某些官員也許對女性懷有可恥的偏見，他們認為女性是需要家庭生活的脆弱動物；同時相信，他們自己對事物的觀點尤其重要和高貴。他們的傲慢態度也許是出於善意，然而，其仍然是傲慢，也由此成為官員與公民關係上的一個污點。

即使偏見優先的是恩惠而非貶損，它們仍然會破壞前述的關係。當然，此種偏見的遺憾之處部分在於這一事實，即它們特別加大了對偏見未及之人的損害。例如，當一個司法或行政官員以不當的慷慨方式對待西班牙裔人時，對非西班牙裔人，他通常就會比之應得而給予他們的更少。即使優先對待的結果不可預期，司法或行政官員基於是西班牙裔而對之的任何優待始終引人反感。

一方面，任何像這樣的官員誠然會遇到一種情形：當將法律適用於某人的行為時，對他而言道德上最佳的做法是格外地慷慨或仁慈。另一方面，那些激發法外慷慨或仁慈的考量，對一個法律政府官員在其公共能力範圍內的作為而言，絕不應該包含一個人的族裔因素。如此的因素扭曲了官員審慎考慮法外的慷慨或仁慈的適當性，損害是通過聚焦一個公民作為某一特定族裔成員的身份而非作為一個人的身份發生的。雖然在某些語境下，一個作為私主體的公民決定如何慷慨對待其他人時（例如慈善捐贈），考慮族裔問題是合理的，但是，對一個政府官員來說卻沒有類似的餘地。他不得不仔細衡量對待某公民是否要比任何法律規範所規定的更寬容。在自由民主社會裏，此類官員以大家的名義進行適當地管理，並且具有法律和道德的雙重義務來同等地對待每個人。注意，某些體制內的法律規範根據族裔理由對人們進行區分，官員通過程序適用這些普遍性的法律規範。此處沒有排除上述程序的潛在合法性。雖然自由民主治理的原則很少與那些確實基於族裔理由而提倡優待某些人的法律規範相容，但是，我們卻沒有令人信服的理由來推斷自由民主治理原則會拒斥所有諸如此類的法律規範。至少在我目前的討論範圍內，某些像這樣的法律規範的潛在合法性應該被作為一個開放的問題。一個普遍性的法律規範的確根據族裔標準而優待某類人，在此種情況下，司法或行政官員對該法律規範任何不偏不倚的實施，將明顯包含了其對人們族裔背景的注意。此處所論並非意在暗示什麼別的東西。本段所論的不是那些根據族裔關係區分對待的普遍性法律規範的不偏不倚實施問題，而是官員超越法律規範或在法外的裁判之公正性問題。

　　基於官員的無知和變化無常而做出的裁判同樣是可悲的。當然，無知在某種程度上是不可避免的。任何可靠的治理系統都無法擁有資源以使得司法和行政官員能熟悉其要面對的每一情形中的所有相關事實。此外，在某些案件中，即使花費無限的資源以努力查明案件，某些相關的事實也許依然無法查清。雖然完全掌握每種情形中的重大事實是個幻想，但是法律政府官員只有採取了所有合理步驟來獲悉那些事實，主張他們是不偏不倚才是恰當的。正是輕率、疏忽、懶洋洋地漠不關心導致的無知逐漸損害了官員的不偏不倚，因為其任由官員出於猜測和衝動來做判斷，而不是依據對密切相關之事實的開放注意來判斷。在第一章中討論不偏不倚時已經強調了這個要點。此處應該重新強調的是做出裁判的過程中官員無知的政治道德代價。

鑒於當前我們聚焦的是遵循自由民主價值的法律體制，無知的一個主要缺陷即它減少了那些良法規範被照章適用的機會。官員對其正在做什麼缺少清晰意識，在此情況下，他們易於誤用法律規範，結果會阻礙或削弱實現其中的目標。另外，在無知中不斷陷入困境的官員，不單是阻礙了那些具體目標的實現，而且將損害甚至摧毀其體制作為一個法律體制的總體功能性。官員固執地拒絕充分瞭解其所正面對問題的複雜性，實質上提高了書本上的法與行動上的法不一致的可能性。他們由此妨礙了法律的指引和協調作用的實現，也許還會達到毀損該體制作為一個法律系統之地位的程度。至此，他們將對法律系統之存在不可或缺的必需物置於危險的境地。

那麼，可補救（remediable）之無知對司法和行政官員的一個主要的壞處是，其愚昧無知趨向於產生不良後果。尤其是當其不斷翳蔽官員的深思熟慮而非偶發時，它就沒有工具價值了。但是，可補救（alleviable）之無知的實質性缺陷與其工具性缺陷同樣令人遺憾。當官員們不適度努力去熟悉那些事關其不得不進行判決事項的相關事實時，他們就沒能對在那些事項中利益處於危險中的公民表達適當的尊重。在任何這樣的情形下，官員與公民之間關係是高度不對稱的。官員懶得認識那些易於發現的事實的不合理性。無論官員是否意識到這一點，懶得認識本身都是傲慢的。它也許不是故意的產物，例如，它也許來自懶散的疏忽，但是它證明了防止官員任性裁判上注意力不充分。也就是，它證明了沒能充分關注確保按照公民的道德身份來對待每個人。在一個自由民主體制下，道德身份與公民的法律身份密切相關，雖然不是完全相關。像這樣的漠不關心是傲慢的，無論其最終的來源是什麼。在任何治理系統中，它干擾了官員的裁判，故削減了該系統的道德準則。

既然關於干擾不偏不倚的大部分討論都可在剛剛論及的可避免（avoidable）的無知中得到反映，此處我們無需單獨考慮古怪或無常的因素。實際上，一個支配性主題貫穿了我簡要探討的違反不偏不倚的各種思維狀態。那些思維狀態中只要有一個嚴重影響了官員裁判的話，它就取代了法律與道德要求作為一個法律治理系統與公民的權威互動之有效基礎。在相應的裁判範圍內，它也用人治取代了法治，並由此取代"法治"。因為其不顧及任何受之影響的公民作為道德主體的身份，這樣的取代違背了基本人類平等之自由民主法則。作為道德主體，公民行為受本身是正當的普遍性規範的調整。官員的偏好和怪癖任性替代了那些普遍性規範，藉此誤入歧途而將他們自己抬舉到一個未獲承認的統治位置上。這就顛覆了官員與公民間的關係。從司法和行政官員的角度看，該關係應該總是通過良善的普遍性法律規範及道德原則，而不是通過偏好和任性來調整的。

此處要謹慎地結束在司法和行政過程中有關不偏不倚之德性的討論。這些討論並沒有蘊含"法律規範應該總是依照其條款來獲得效力"這一命題。相反，有時候不偏不倚評價一種情形將反對"可適用的法律規範應該被賦予效力"這一結論。雖然在自由民主體制內，對官員而言，合乎道德的正確行動過程通常是將法律適用於其所可適用的情境中，但是，有時候一個不同的行動過程在道德上是必須的。例如，假設某市有一個禁止亂穿馬路的法令，其條款總體上是可適用的，但在一條安靜的馬路上它將永遠不會被強制執行，在一條更繁忙的馬路上也幾乎不會被強制執行。進一步假設一個負責執行該法令的警察發現某人在一條極為寂靜的街道上違反了該法令。違法行為發生時，沒有轎車和其他車輛沿著那條街道行駛，實際上每天的其他時間段的情況也一樣。在如此的情況下，該警察就有了避免賦予該法令效力的道德義務。在這個語境中，基於眾多道德理由，執法措施都是不可接受的。既然那些措施挑出某一個行人進行懲罰，卻沒有近似地懲罰以同樣方式行為的其他人，那其將侵犯而非支持人類平等的基本準則。任何像那樣的懲罰措施將衝擊而非維護行人就該市法律強制執行模式已形成的合理期待。既然禁止亂穿馬路法令的成效，對於一條繁忙的街道，還是每天實際上任何時候都沒有機動車的街道，兩者不可同日而語，如此，那些執行該法令的措施將根本不服務於任何有道德意義的目標。在此假定的情形中，執法非但不會防止法令落入被輕視的困境，相反，以不公正、無意義的荒唐方式將法律要求強加諸某人身上，易於使法律名譽掃地。總之，突然發現前述違反法令情況的警察，道德上既許可他避免實行任何執法措施，他也有道德義務避免實行任何執法措施。法律上也許可他避免諸如此類的執法措施，雖然可能他並沒有法律義務避免這樣。如果就此情形該警察採納了不偏不倚的立場，他將承認法律規範不應該被執行。[6]

此外，官員的不偏不倚有時候終歸於對違法行為的寬恕上。然而，在自由民主制下，更常見的一個不偏不倚的立場是提倡法律規範的執行與其制訂效力一致。為了這個目標，在自由民主體制內的官員需要具有精湛的解釋技藝。賦予他們如此的技藝水平不僅是基於 2.1.8 節所敘述的理由，即沒有一種健全的解釋技藝，官員將無力運行一個

6　有關禁止亂穿馬路例子的擴展性討論，可參見 Kramer 1999a, 285-287。

法律功能系統，由此將無力維持由該法律系統之存在而產生的優勢。我們現在剛好要弄清楚為什麼從作為整體的法律系統的角度和從每一特定個案的角度來看，解釋能力都是關鍵的，故前面的論述可在此處得到補充。

只要法律官員無法勝任解釋法律，他們要麼給出錯誤的裁決，要麼僅僅是碰巧得出正確的裁決。錯誤的裁決將阻礙公民和法律專家形成合理的期待。畢竟，正如前面討論精通法律解釋時所主張的，對任何特定案件而言，所謂"精通"的一個主要特徵在於所提出的解釋與可被合理期待的解釋兩者之間的符合。因此，當解釋過程中出了差錯，產生出不合理的結果時，受影響的公民往往覺得自己被誤導了。儘管他們被誤導緣於疏忽過失而非蓄意為之，但誤導本身就是錯的，因為輕視他們的合理期待，將使公民的道德能力轉而反對他們自己。另外，既然一個善意的自由民主體制所產生的法律誤用通常會抵消潛藏於該法律中的有價值的實體目標，那麼該誤用通常在實體和程序上同樣讓人遺憾。也就是說，誤用除了妨礙合理期待外，關乎到它本身的實質影響很可能令人喪氣。進而，在誤用及源於其的錯誤解釋被賦予先例效力的情況下，它們損害了法律規範對未來的指引。如此，即使由拙劣的解釋引起的誤用情況太少而不會威脅其所在的自由民主法律系統的有效性，它們通常也仍然會玷污該系統。

源於法律規範解釋的力有不逮，偶爾會得來正確結果；比較得來之錯誤結果，前者的可質疑之處不是特別明顯。它們不會損害直接受那些結果影響的公民的合理期待。同樣地，既然它們是良法的正確適用，哪怕是偶然正確，其實質影響也可能是合道德的。然而，偶而正確的裁判雖然並不具有不正確裁判的所有缺陷，它們所依據的拙劣解釋卻並不是沒有代價。任何得出如此裁判的拙劣解釋被賦予先例效力的情況下，它給法律某些領域的未來進程投下了扭曲的陰影。雖然這種扭曲不必然會越來越糟，但大概率會。而且，即使將誤導性的解釋與先例機制隔離開，它們仍然為其他方面也許一點也沒有瑕疵的裁判充當有瑕疵的基礎。正如已經討論的，司法和行政官員不僅應該提供正確的裁判，也應該為其提供正確的理由。通過一個令人迷惑的解釋方法得到一個其他方面完美的裁判，這樣的官員已經將自己混亂的想法，有效替代為其裁判根據之相關法律規範條款。即使他的審慎已經達到極致以實現一個完美結果，但它們易於用人治替代法治及 "法治"，故還是貶損了該體制的道德權威。

簡言之，對司法和行政官員而言，不偏不倚和精通解釋兩者對 "法治" 的繁榮都不可或缺。任何廣泛而持久地偏離不偏不倚或精通解釋，都將危及一個法律系統的存在。單獨偏離或喪失不偏不倚可能性更高，雖然它們不會危及一個法律系統的一般有效性，但是，在其範圍內，它們幾乎總是貶低法律系統總體的道德立場。儘管它們可能偶爾被證明在某些方面有益，在其他方面有害。通常，它們都只是有害的。如此，富勒的第八個合法性原則的確使自身被解釋為一個政治道德原則。它為一個法律體制的完整合法性設定了一個必要條件，為法律官員處理每一特定案件的道德屬性設定了通常的必要條件。無論是從廣義還是狹義標準看，它都闡明了 "法治" 的一個主旨。

2.3 結論

本章探討了作為法理學現象的法治與作為政治道德理想的 "法治"。富勒的合法性原則在兩邊都已經搭起了該討論的型構，也由此使我能夠突出法理學與政治道德理想兩者之間的許多密切關聯和某些相異之處。當然，密切關係比相異之處更多，也更顯而易見。某種程度上，它們源於"法治是'法治'的必要條件"這一絕對事實，即使前者的實現不是後者的實現的充分條件，而僅是必要條件。結果，任何危及前者的都將危及到後者。但是，雖然這個觀點很關鍵，但其並沒有完全捕捉到法治與"法治"之間同源關係的限度。

每一個富勒原則的法理學意義和政治道德意義的中心都是法律的基本作用，其為人類主體提供需求和機會，從而指導人們行為。為什麼所有富勒原則對法治而言是基本的？一個主要原因恰恰是它們對實現法律的作用是關鍵的。對那些受制於該法律制度的人而言，每一個原則對維持法律制度與人類能動實踐之間的整體聯繫都是關鍵的。然而，像這樣的聯繫也具有深刻的政治道德意義。它將法律制度與任何單純的操縱統治模式區分開，後者通過繞開人們的能動作用而將其作為無知無覺的小卒。當法律規範和規範接收者能動作用聯繫出現故障時，單純的操縱統治模式通過暗示相關的法律官員不要充分尊重那一能動作用而損害法律的正當性。即使某些故障帶來有益的效果，在法律視人們為有道德責任的選擇者這一點上，同樣構成失誤。

當然，一個體制明確地關注每個人的事實很難充分建立起該體制所需的合法性。畢竟，一個持槍劫匪通常痛苦地表示他在給受害人提供選擇，一個綁匪通常可以生動地描繪他給被綁架者家人或朋友提供的選擇（Kramer 1999a, 59-60）。然而，正如已經強調的，關於富勒原則的政治道德意義，我的整個闡述是假設"佔主導地位的法律體制實質上是自由民主體制"為前提的。鑒於此，富勒原則汲取了此類體制的程序道德精華。結合實體上良善的法律規範，合理地實現它們將成功贏得法律的合法性和道德權威。通過確保將法律的實質良善作為一系列要求和機會有目的地提供給公民，公民能夠變得熟悉那些要求和機會，以及藉此作出有效的選擇。換言之，富勒原則的合理實現確保自由民主法律系統的運作成為官員向其所治理的道德主體展示恰當敬意的舞台。（順便重申，富勒原則的恰當實現並非在於每一個原則都完美地實現。此處說的這些原則中所包含條件的作用非常現實；該作用並不屬於某一遙不可及的烏托邦原型。）

此外，對法律規範所指向的理性主體的聚焦是聯結本章所考察的兩個主要部分的線索。該聚焦討論已使我們有能力弄清什麼對法律的功能性存在是必要的，什麼對法律的合法性和道德權威是必要的。此處值得注意的是富勒理論框架所忽略的以及其所涵蓋的。富勒有時也被哈里斯等批評（Harris 1997, 150），理由是富勒原則沒有涵蓋某些法治或“法治”的司法維度所固有的關鍵性特徵。然而，這些批評都是錯的。一方面，他所有原則裏未明言的要素，其實是眾多自由民主法律系統的顯著共性特徵。比如法院機構的嚴格分立，又如授予人們對下級法院有異議時上訴到更高法院的權利。另一方面，此類特徵對法律系統的存在或其合法性及道德權威來說並不是不可或缺的。為保證富勒原則中所詳細闡述的那些條件所進行的安排，尤其在他的第八個原則中的條件，在不同的自由民主法律系統之間會有某種程度的變化。剛才提到的那類特徵，對某些社會的安排來說至關重要，但是，在其他社會裏，情況也許不同；然而，這也許卻剛好達到遵循富勒原則的效果。當某些程序保障或制度保障在某一社會 X 而非 Y 中被提出來時，在 X 中，它們也許排斥某些在 Y 中存在的替代性的程序或制度保障。因此，富勒非常明智地避免指定某些像這樣的具體保障作為法治或“法治”所必需之物。他承認，在一個自由民主的治理系統中，某一制度或實踐也許無論被怎樣深深侵犯，其有益的作用可以在其他的某一自由民主治理系統中由特別不一樣的制度和實踐發揮出來。例如，在任何嚴重刑事案件中，獲得由同樣人組成的陪審團審判的權利是英美法系“法治”化身的悠久組成部分，但其並不反映為其他自由民主“法治”國家的一個要素。如此，將陪審團審判作為一個合法性的基本原則將是不可接受的偏狹。富勒將像這樣的具體制度排除在其所列舉的基本原則之外，顯示了其良好的判斷力。

由此，富勒的理論框架簡潔地概括了法治的所有必要屬性。應當承認，它沒能同樣為“法治”理想的必要要素提供一個完整的概論，因為其目標並非完全在於闡述“法治”理想的自由民主實質，例如，與經濟正義、公民權利及自由等相聯繫。儘管如此，雖然富勒合法性原則僅是部分說明了“法治”基本的實質性特徵，但是，它還是令人欽佩地捕捉到了其形式的或程序的實質。本章對其原則的再次細化，時而超越富勒本人的著述，可與第一章對客觀性主要維度的檢驗一道比照著閱讀。這兩章之間的聯繫已著墨甚多，第三章將更為詳細地探究那些聯繫。

CHAPTER THREE

第三章

客觀性與法律的道德權威

在最後一章，我們將更深刻地探討客觀性的某些主要維度是如何影響法治和“法治”的。從前兩章已經清晰可見客觀性與法律（通常所指的法律或特指自由民主下的法律）的許多聯繫，此處無須贅述。我們已經詳細探討了在任何特定法域內，作為不偏不倚之客觀性對養成書本上的法與實踐上的法相一致的關鍵作用。但是，客觀性與法治或“法治”某些其他方面的聯繫卻仍然需要進一步的考察。本書前面兩章所進行的分析將為最後一章的思考提供一個必要的框架。

3.1 關於感知的思維獨立性的初步評論

在第一章已經討論過，法律規範的感知思維獨立性總是強的而非僅僅是弱的。也就是，在任何法律系統中，每一個法律規範的本質並不依賴於任何觀察者（比如該系統內的官員）個別或集體地認為其是什麼。正如也已經爭論過的，強的感知思維獨立性具有不分等級的屬性；它以全有或全無的方式而非不同程度的變化方式進行適用。雖然強和弱通常屬於分等級的屬性，但此語境下，術語“強的”和“弱的”採取在 1.2.1. 章已經詳細闡明的技術含義。從技術含義角度，這些術語表示不分等級的屬性。那麼，作為感知思維獨立性的客觀性不同於大部分其他客觀性維度。例如，法律官員的不偏不倚和法律規範真值的超越個體可識別性在不同的法律系統間會有程度上的變化。比較而言，法律規範的強的感知思維獨立性在任何法律系統之中或此類法律系統之間卻不會變化。如果一個法律體制的確存在，其規範則具有強的感知思維獨立性。在這個意義上，該系統的規範與每一個其他法律體制的那些規範是一致的。

因為法律官員的不偏不倚和法律規範真值的超越個體可識別性是分等級的，所以，法律系統運行會在不同程度上展示那些屬性。很大程度上，任何法律系統的效率與活力將依賴於該系統內此兩類客觀性的水平，甚至一個可憎的法律系統也不例外。的確，如果此兩類客觀性水平不是很高，一個法律系統的存在將處於危險狀態；在這樣的困境下，富勒的某些合法性原則，例如一致原則和明確性原則，將無法實現。由此，官員希望確保其體制穩健及持續，需要為維持那些客觀性維度而奮鬥。他們的努力將對該體制的效率和長久存在產生影響。

而感知的思維獨立性卻是另外的情形。根據客觀性維度無法區分出一個出色有效的法律系統與一個糟糕無效的法律系統。在一個法律系統中，活力程度高低並不隨感知的思維獨立性而消長。從法律的感知思維獨立性角度，一個可讚的良善法律體制與一個可悲的邪惡法律體制兩者之間也沒有任何區分。在任何情況下，法律的感知思維獨立性都是強的。當官員努力確保其體制的法律規範是良善的，其運行是有效率時，他們並沒有由此而對提高或降低那些規範及其運行的感知思維獨立性做什麼。只要一個法律系統確實存在，那麼其法律規範及其運行就具有強的感知思維獨立性。

顯然，根據上文我們不應該得出以下結論，即作為感知思維獨立性的客觀性與法治或“法治”沒有聯繫。相反，同樣明顯的是法治和“法治”兩者必然包含此類客觀性。然而，恰恰是因為感知思維獨立性與法治或“法治”的聯繫是不變的，所以任何實踐的價值皆不是參考此種思維獨立性而確定的。無論一個法律系統有什麼特點，無論其是否擁有道德權威，其規範都被賦予了強的感知思維獨立性。即使官員的裁決是邪惡的或錯誤的，強的感知思維獨立性將依舊存在。那麼，對擺在一個法律系統面前的所有關於實踐價值的問題而言，法律規範的強的感知思維獨立性是既定的，無須擔心或尋覓。

3.2 權威性原則

由此，下面的命題是相當模糊並極端誤導人的：

權威性原則：除非法律體制中的規範具有強的感知思維獨立性，否則該體制不會具有道德權威。

像這樣的一個命題是模糊的，因為它等於什麼也沒有說。一個沒能作為法律系統而存在的所謂"法律系統"絕不可能具有道德權威。更準確地說，它沒有真正超越一個主張，即除非一個法律系統具有每一個法律系統都具有的某一基本的、不可或缺的特徵，否則，其絕不可能具有道德權威。我們也許也被告知，一個法律系統不可能具有道德權威，除非它的運行發生於時空中。此外，該權威性原則極端誤導人，是因為其自然而然地暗示，雖然法律規範的強的感知思維獨立性對任何法律體制的道德權威是必要的，但是，這樣的思維獨立性對一個法律體制的邪惡而言卻並非同樣必要。然而，既然缺少思維獨立性的法律系統從未存在過，既然一個法律系統的存在對於一個邪惡的法律系統之存在是必要的，那麼，法律規範強的感知思維獨立性對一個法律系統之邪惡就是必要的。任何法律系統缺少像這樣的思維獨立性都是不可能的，如此，任何缺少像這樣思維獨立性的邪惡的法律系統也是不可能的。

既然法律規範的強的感知思維獨立性對於善的法律系統和惡的法

律系統同樣都是一個必要條件，這個事實最初看起來似乎沒有致使權威性原則模糊不清。畢竟，我在別處也討論了遵守富勒的每一個合法性原則對任何良善體制獲得道德上關鍵的所需之物是必要的，對任何邪惡的體制長期大規模實現其邪惡的目的也是必要的（Kramer 1999a, 62-67; 2004a, 172-222; 2004b）。我的討論並非言之無物、無關緊要，相反，不像"法治"，通過詳細展示法治不具有一個先天的道德身份，我已試圖反擊有關此問題的流行主張。然而，那些討論也許看起來與權威性原則非常相似，由此也許看起來也比權威性原則更易受到攻擊。既然從富勒原則中所汲取的特徵是每一個法律系統的必要屬性，我關於法治的討論似乎正得出個無關緊要的主張：如果一個法律系統打算實現只有通過像這樣的系統之存在才可實現的良善的或邪惡的目標，那麼，該法律系統不得不是一個法律系統。實際上，如果我的討論不是瑣碎而淺薄的，那麼，它們與權威性原則之間的相似之處表明，該原則也許遠比我所主張的更豐富。至少，這也許是權威性原則的支持者所強烈追求的。

許多法理學家不認為法治對實現許多邪惡目標來說不可或缺，由此，也个認為那些邪惡的統治者，如果僅是決心強化其自身的掠奪性統治地位，會有強烈的動機去實質性地遵循每一個富勒原則。此處讓我們先擱置這個事實。即使我們忽略這一關鍵要點，在權威性原則與我關於遵循富勒原則的討論之間仍然存在決定性的差異。每一個富勒原則都含有一個分等級的屬性，其可由法律官員在不同程度上謀求及獲取。雖然只要一個法律系統是有效的，每一個像這樣的屬性至少在某一閾值就應該實例化，但是，每一高於相關閾值的情況都是由官員的努力程度所決定的。因此，當一個哲學家爭辯說實質性地遵從富勒原則對獲得或善或惡的各式結果來說是必要的之時，其說法也沒有像下面這個論點那樣無聊到讓人抓狂：除非一個法律系統或者任何治理系統於時空中運作，否則絕不會有各種各樣的結果。也就是，哲學家所爭論的焦點並不是一個完全必然的屬性，也不是某些不受任何人的努力而改變的屬性。他們正在談論某些分等級的屬性，它們或許能以足夠高的標準呈現而使關心的效果成為可能，或許不能。

反之，當權威性原則的支持者斷言，任何法律體制的道德權威部分隨著該體制法律規範要求與授權的強的感知思維獨立性而定時，他們正關注的是一個不分等級的屬性。該強的感知思維獨立性是給定的，由此並非是一個追求目標。官員的努力甚至不能絲毫改變該屬性可適用於其所在體制規範的程度，因為它總是簡簡單單地適用，而非不同程度變化著適用。它完全是任何治理系統的一個必然具有的特徵，就像該特徵存在於時空中那樣。如此，雖然權威性原則是正確的，但是了無趣味並有誤導性。我們一樣可以主張一個法律體制的邪惡、無效率或穆斯林化等特徵，部分取決於該體制要求與授權之強的感知思維獨立性。每一個諸如此類的主張都將是正確的，但每一個都很乏味且有高度誤導性。既然一個法律體制或者事實上任何治理系統的規範總具有強的感知思維獨立性，那麼，該體制的任何特徵都將部分取決於那些規範之強的感知思維獨立性。除非此類法律體制本身存在，否則該體制的特徵就不會存在；且若法律規範不具有強的感知思維獨立性，此類法律體制也不會存在。而單獨挑選出某些特徵如道德權威性，就太武斷了。

雖然權威性原則將自身視為對法律道德權威的一個洞見，但其唯一的教益卻是令人遺憾地扭曲了我第一章關於法律的感知思維獨立性的結論。換言之，該原則沒有告訴我們有關一個法律系統潛在道德權威的任何專門問題，而是重複了我在第一章中法律必然具有強的感知思維獨立性的主張。除去其令人誤解之處外，該原則沒有對我的主張增加任何有益的成分。

許多非常老到的法哲學家已經沿著權威性原則的路徑做了不少闡述。其論述似乎與上文所論有些分歧。在他們看來，有關法律規範的感知思維獨立性問題對任何法律系統的潛在道德權威來說的確特別重要。雖然其中某些法哲學家詳細闡述了其見解，特別是他們從所有的或某些法律系統的規範中抽出的有關道德原則的感知思維獨立性，但是，連同支持權威性原則的同道中人，他們將法律的道德權威理解為特別依賴於法律規範的感知思維獨立性。而另外一些傑出的法哲學家也不同意權威性原則，但他們發展出了有異於上面爭議的觀點，其中之佼佼者為傑里米·沃爾德倫（Jeremy Waldron）。儘管權威性原則毫無啟發、以偏概全，但他們沒有對此批評，而主張其是錯誤的。他們相信權威性原則關於法律道德權威的斷言是重要的但卻是不可證實的。[1]

所有這些哲學家都誤入歧途了嗎？他們真心實意地糾纏於法律的道德權威與其感知的思維獨立性間聯繫的爭論，但基於錯誤的認識，他們的爭論只是徒勞。然而，他們的唇來舌往絕非完全是被誤導的。相反，他們在進行一場有價值的、富有成效的辯論，辯論的實質是法律的道德權威與作為確定正確性之客觀性之間的聯繫，而非法律的道德權威與作為感知的思維獨立性之客觀性之間的聯繫。儘管看起來是關於權威性原則的爭執，如果一個法律系統打算抓住任何機會獲得道

---

[1]　有關本段非常概略提及的爭論，做出某些更主要貢獻的，可參見 Coleman 1995, 46-47; Coleman and Leiter 1995, 244-247; Moore 1982, 1063-1071; 1992, 2447-2491; Rosati 2004, 3009-3013; Waldron 1992。

德權威的話，那麼其真正爭議的卻是法律對高度確定性的需要。他們不同意下述命題：

> **附帶確定性的權威性原則**：法律系統不會具有道德權威，除非其規範所引起的大部分問題存在確定正確的答案。

換言之，這些哲學家不是將注意力放在一個永恆的、既定的感知的思維獨立性屬性上，而實際上是放在了一個分等級的確定性屬性上。在一個法律系統內，該屬性隨法律官員的努力而增強或減弱。[2]

本書無法詳述這場爭辯的不同參與者之見解的細節。此處，為了避免陷入闡述和解釋的困境中，我將粗略進行勾勒，集中評論人們也許否認法律規範具有強的感知思維獨立性的兩個主要方式。正如我們將看到的，每一個此類否認都對任何饒有興趣的爭論無所助益，其關注法律的潛在道德權威與其感知思維獨立性之間的聯繫。諸如此類爭論好像真正的關注點是法律的潛在道德權威與其確定性之間的聯繫。

3.3 弱的感知思維獨立性

正如已經指出的，權威性原則主張法律規範的強的感知思維獨

---

[2]　就法律規範的潛在道德權威與其確定性之間關聯的一個有價值的討論，可參見 Coleman and Leiter 1995, 228-241。儘管我關於此論題的方法與他們非常不一樣，但我從他們的分析中獲益良多。他們聚焦於思維依賴性與最典型的非確定性間的區分，尤其切題。我將在本章接近結尾處進一步討論他們的論點。

立性對任何法律系統之道德權威是必要的。也許有人試圖攻擊法律規範的強的感知思維獨立性，其中的一個方式是主張感知思維獨立性是弱的而非強的。例如，第一章（1.2.1節）已經述及，安德烈・馬默（Andrei Marmor）就是這樣做的。雖然我已努力證明馬默的觀點是錯誤的，但他的觀點其實幾乎不值得嚴肅對待。包括馬默本人在內的許多老練的哲學家都被引致上述攻擊路徑。無論如何，當前我討論的目標既不是不理會它，也不是再度反駁它。我的目標是要弄清，若在馬默和我的立場之間進行選擇，也即選擇堅持法律的弱的感知思維獨立性或堅持法律的強的感知思維獨立性，是否會讓法律體制之道德權威處於危險中。

為使權威性原則適合馬默的觀點，可以修改成為下述命題：

弱的權威性原則：對任何法律系統的道德權威來說，法律規範的弱的感知思維獨立性是必要的。

很明顯，權威性原則的修改版為法律道德權威設定了一個條件，比起前文所述的我自己的版本所設定的條件，在某種意義上它的說服力更弱。但是，此處的問題並非該原則的兩種解析是否等效，而是它們之間的對比是否會使法律的潛在道德權威有所不同。對後者的否定回答是有憑據的，因為，雖然對比兩種解析具有哲學上的意義，但不具有實踐的意義。對於任何特定的法律體制之身份來說，無論其有沒有道德權威，其可能後果為零。

究竟什麼對道德權威有至關重要的影響？這是我的權威性原則版本和馬默版本共同的核心要點。馬默和我都排斥法律規範有強的感知思維依賴性這一看法。換言之，我們都排斥：每一個法律規範的內容和可能結果必然是由任何感知者（即反思規範本質的任何一個官員或公民）所認定的。對強的感知思維依賴性的共同排斥還可以由權威性原則的另一個命題來表達：

混合的權威性原則：法律系統不會具有道德權威，除非該系統的命令或其他規範或者具有強的感知思維獨立性，或者具有弱的感知思維獨立性。

如果法律規範缺乏感知思維獨立性，每個人關於法律規範的內容和可能後果是什麼的看法都將是決定性的。諸如此類的看法與人們認為西蘭花的味道如何或者某人判定自己左腳最近正經歷疼痛是近似的。將事物狀態像這樣古怪地細分無法形成法律系統的道德權威基礎。與一個人左腳疼痛的經歷不同，法律規範的內容和可能後果並非完全主觀。如果那些規範的內容和可能後果由每個人關於它們的信念確定，那麼，那些規範無法令人滿意地扮演好某些角色，尤其是為人類的交往行為設定權威標準的角色。該角色為官員們解決糾紛或批准施以懲罰的裁判提供正當基礎。1.2.3 小節討論了某一特定法律規範無論是否以各種方式統一適用，其內容和可能結果之強的感知思維依賴性都將有效地破壞其作為一個法律規範運行的能力。它的權威性運行之能力也將徹底被損害。

一會兒我們將進一步討論法律規範的內容和可能結果是強的感知思維依賴性的命題。特別是我們將詳細探討為什麼該命題的錯誤對法律體制的潛在道德權威具有重要的影響。此時，我們應該僅提請注意，馬默和我同樣是拒絕該命題的。因此，如果他所述的與法律的感知思維獨立性相聯繫的弱的權威性原則與我所述的權威性原則之間，存在任何耐人尋味的道德／政治意義分歧，這肯定與強的感知思維依賴性無關。特別是，它一定從屬於強的感知思維獨立性與弱的感知思維獨立性之差異。然而，與強的感知思維依賴性不一樣，剛剛所提及的該差異只有單純的哲學上的意義，而沒有政治道德上的意義。就為法律規範的實體地位和內容提供一個準確的哲學解釋這一目標來說，這種差異對之有至關重要的影響，但是，它卻沒有影響任何體制中的現實的或潛在的道德權威。

有關法律的感知思維獨立性的討論，我已經提出，當法律官員力圖理解由他們自己集體形成的那些法律規範的內容和可能結果時，他們會集體犯錯。如果在達成某些結論時，他們確實集體地誤解了其中任何的內容和可能結果，那麼他們不經意地偏離了法律的指引而不是賦予其效力。除非此種集體誤解被迅速更正，否則，它將進入法律規範中並由此改變法律本來的面目。這樣的改變也許是非常有限的，然而，如果一個錯誤結論的先例效力或其基礎原理的範圍寬廣，這種改變就可能遍及法律的相當多領域。

毫無疑問，馬默講了個不一樣的故事。他主張當法律政府官員真誠地解釋法律系統中規範的內容和可能結果時，他們不可能集體弄錯，由此，他沒有給剛剛談及的不經意改變法律留下空間。他當然可以認可官員們在某些場合裏也許集體故意歪曲法律的要求或授權，但是，他斷然否認官員們集體真誠地努力掌握法律的內容和可能結果會使其陷入錯誤中。馬默承認單個的官員可以在解釋法律中陷入迷途，但是作為集體的官員們則不會。如此，他認為沒有任何必要來解釋官員們集體就法律規範的內容和可能結果發生錯誤是如何進入法律的。在他眼裏，跟本就沒有像這樣的錯誤。如果官員們集體相信某一條法律規範要求某一個結論，那麼，正因為如此，該規範的的確確就是要求那一結論。

　　總之，馬默與我之間的分歧集中於這種情形：從我所述的方式看官員們集體解釋法律，其可能被標識為是錯誤的；而根據馬默的解釋，官員根據法律規範所做出的解釋和結論屬於法律適用的例子，而不是法律變更的例子。即使兩種解析之間的分歧在哲學上的價值清晰可見，適當注意第一序列信念和第二序列信念之間的區分（正如 1.2.1 節所討論的）即可揭示馬默立場的站不住腳之處。但是，此處我們正致力於道德和政治的考量而非哲學價值。任何道德和政治的意義是取決於在所設想的情境中官員們已經做出的相互矛盾的表述嗎？那些表述間的區別將對法律體制的道德權威性產生非同小可的影響嗎？

　　稍微思考下就應該明白，上述問題的答案都是否定的。讓我們從兩個微小卻並非無關緊要之處開始。正如第一章最初討論該問題時所斷言的，法律官員集體錯誤解釋法律存在牢固的基礎，這種情況非常少見。雖然法律官員並非永遠集體正確，但他們熟悉自身努力的產出，將有助於確保他們不會經常在法律解釋中集體迷路。在可直接進行行為模式分類的簡單案件中，亦即，在任何法律功能系統內由司法和行政官員所處理的大多數案件中，官員們將集體使彼此保持在正軌上。偶發的疑難案件儘管非常明顯，但數量還是遠少於簡單案件中。只有在疑難案件中，當官員們理解法律系統規範的內容和可能結果時，易於集體犯錯。此外，即使在極少的情況下，官員在法律解釋上集體犯錯時，其錯誤並非總是使情況更糟。既然那些過錯存在於疑難案件中，它們對合理期待的衝擊通常是最低限度的；畢竟，這樣的案件以有爭議的問題為中心，有爭議的問題通過引發許多不同的觀點以及在所涉及人們中間形成相當的不確定性，通常會阻礙穩定的期待形成。就與官員犯錯相關聯事物之實質而言，至少某些錯誤的解釋也許會促進法律而不是貶低它。沒有理由來預先假定對法律規範內容與可能結果的集體錯誤解釋將一定使法律體制的道德要旨變得更糟。

更重要的是，沒有任何道德和政治考量會指向這個問題，即法律官員的集體錯誤解釋是否會被任何一種法學理論歸類為錯誤的解釋。正如已經論述的，除非集體錯誤解釋作為錯誤被快速察覺並被否認，否則它們將進入相關法域的法律中。解釋是不準確的事實並不必然意味著它們曾被質疑和驅逐。同樣，也許的確在後來的某個時刻它們被撤銷了。也許解釋的錯誤最終被承認，但也許且非常可能，是基於其他理由而被當作是有異議的解釋。在後種情況下，即，某一法律規範實際上的錯誤理解被視為正確的解釋，卻基於某些其他理由應該受到譴責，那麼，從法律中消除那種錯誤理解，會被官員們解釋為對那個理解錯誤的規範進行審慎的修正。換言之，法律官員在法律適用過程中所犯的任何集體解釋錯誤都要服從於撤銷，即使其作為一個解釋錯誤的性質永遠也未被瞥見。當然，如果被錯誤理解的法律規範屬制定法或憲法條款，司法和行政人員將不會被單獨或集體授權改變規範表達中的用語。但是，他們可以訴諸規範的精神，以便於更新規範表述式的可能後果。這樣的思路不會或不會必然地承認過去解釋這些規範的方式不正確。

假定馬默認為官員絕不會集體犯錯是正確的。官員們對是撤銷還是修改其結論的敏感性與我們前段描述的會有什麼不同嗎？既然從影響法律系統的道德權威上來說，只有官員結論的可替換性可以區分我關於法律的感知思維獨立性的解釋與馬默的解釋，那麼，前述問題的答案出於兩個原因將是否定的；由此，上面倒數第三段的每一個問題的答案也是否定的。

首先，正如已經評論過的，即使官員的集體決定從未作為解釋性錯誤而被察覺，其結果也是可以被撤銷的。即使一條法律規範在最初提出來時是正確的，如果法律官員集體達成有關它的某一解釋應該被修改或擱置，那麼，他們對過去立場的放棄並不涉及將任何錯誤的解釋歸於過去那個立場。如此，如果馬默關於官員絕不會集體犯錯是正確的，如果在這一點上官員們本身都分享其所信服的觀點，他們仍然能夠繼續撤銷其過去有關各種法律規範的內容和可能結果的理解。偏離往昔的理解將不必作為對錯誤的矯正提出來及加以辯護。它們完全可以被當作對新情況的適應而提出來和進行辯護；往昔的理解可以仍像其盛行時所被認為是正確的那樣，即使現在的官員也許全部都接受那個時期已經成為過去。

其次，即使馬默認為官員絕不會集體犯錯的確是正確的，在任何特定法律體制中的官員們也許也不贊同該觀點。實際上尤其是法官和其他法律官員對哲學爭論顯示出無興趣，他們甚至也很少精通這些爭論。在處理法律解釋問題時是否他們絕不會集體犯錯，他們的專業知識在處理哲學爭議上肯定是不足的。結果，他們與馬默結盟的可能性將主要不受馬默主張之對或錯的影響。在任何特定的法律系統中，官員們也許剛好傾向於得出一個結論，即一條法律規範的某一過去的解釋是錯誤的，即使他們或其前任在當時集體支持該解釋。該傾向經得起馬默或其他致力於表明官員的解釋活動事實上不可能犯錯的哲學家的任何論爭。法官或其他法律官員將快活地忽略那些論爭，正如他們普遍忽略哲學爭論一樣。雖然在某一體制內的官員也許認為在法律解釋問題上他們絕不會集體犯錯，但其之所以如此幾乎當然源自自我重要性的誇大或偽哲學教條，而非源自哲學上的敏銳性。任何此類認為官員絕不會集體犯錯的反身讚美，就如把他們過去的某些解釋標識為錯誤的一個相反傾向，通常會由成熟的哲學家通過提出相互競爭的價值論證而獨立達成。

　　因此，即使馬默的論證是令人信服的，其本身也沒能提供任何理由來支持"法律官員沒有傾向推翻過去作為集體錯誤的某些處置"。馬默與我之間爭辯的哲學焦點與法律官員是否認為其集體絕不會犯錯或相反的問題是分開的。一個法律系統的道德權威也許依賴於該系統官員時刻準備著將過往的某些判決作為錯誤而抵制。錯誤應該被承認及改正。此心理準備之存在與前述提及的哲學爭議如何解決無關。如第一章已經提到的，馬默偶爾不能融貫地解釋如下情形，即在某一時間段 t_2 裏法律官員們的確集體主張在早些時間段 t_1 裏他們犯錯了。如果，馬默堅持在 t_1 時間段他們絕不會集體犯錯，那麼，他實際上正承認他們在 t_2 時間段的關於這事的法律解釋是錯的。反之，如果他堅持官員們在 t_2 時間段絕不會集體犯錯，那麼他實際上就承認了他們在 t_1 時間段有關的法律解釋是錯的。雖然法律官員在法律解釋活動中是否會集體犯錯，這個一般性問題屬哲學問題，但是，某一法律在 t_1 時間段裏的解釋之正確性以及 t_2 時間段裏該法律後果的意義，有關於此的任何具體問題都屬於法律解釋問題，在馬默看來即是相關官員不會集體犯錯的問題。他由此將無力迴避 t_1 和 t_2 情境裏衝突性解釋所帶給他的悖論。

　　簡言之，就像已經論及的，我關於法律的感知思維獨立性的解釋與馬默的解釋之間耐人尋味的哲學分歧，並沒有以任何非常方式侵犯法律系統的潛在道德權威。如果他的解釋是正確的，因此如果與他的解釋相聯繫的弱的權威性原則比與我的解釋相聯繫的權威性原則更讓人喜歡，那麼，有關各種法律體制的道德權威之任何適當的判斷將保持不受影響。換言之，我的權威性原則與混合的權威性原則之間在實踐上不存在差異。前者主張法律系統不會具有道德權威，除非其規範是強的感知思維獨立；後者主張法律系統不會具有道德權威，除非其規範或者是強的感知思維獨立，或者是弱的感知思維獨立。即使我的權威性原則或混合版本的權威性原則都沒有啟迪意義，但它們都是正確的。

3.4　強的感知思維依賴性與非確定性

如果我們想要發現任何實踐上的差異，我們將不得不再次看看馬默和我共同拒絕的命題：法律規範的感知的思維依賴性是強的。正如已經指明的，該命題的虛假性對任何法律系統之道德權威來說是至關重要的。強的感知思維依賴性與任何此類權威是相矛盾的。然而，當更深入地考察該問題時會發現，法律的道德權威的真正危險是由大量的非確定性造成的。只是因為法律規範的強的感知思維依賴性包含了這種非確定性，所以我們本應視它為成問題的道德／政治理由。權威性原則因焦點在於思維依賴性而不是非確定性，故其不嚴密且有誤導性。它的確沒能準確地找到其著力想引人注意的問題。

正如前面討論的，法律規範的強的感知思維依賴性存在於超級細分的事物狀態下，那裏任何人關於法律內容與可能結果的感知對內容與可能結果是什麼來說是決定性的。想想這種離譜的主觀主義狀態會像什麼樣子。如果傑夫認為某一特定的法律規範在某種情況下蘊含了結論 X，那麼對他而言，在那一情況下該規範的確蘊含了該結論。同時，如果簡相信該規範在特定情況下蘊含了一個相反結論 Y，那麼對她而言，該規範在那一情況下的確蘊含了相反結論 Y。如此等等。當每一個人關於法律規範的內容和可能結果之信念，其正確性的標準僅僅通

　　　　　　　　　　　　　　　客觀性與法治

過每個人所懷有的那些信念來加以滿足時，任何法律規範的實質內容則可能是混亂多樣和碎片化的。雖然就適用於某些特定情形的這條或那條法律規範的含義也許存在著全體一致看法，但這種一致性將是鳳毛麟角，且不能被保證，因為任何一個規模較大的社會都會有幾個行為不合常規的癲狂之人。一個解釋觀點總是或幾乎總將伴隨著無數其他不一樣的解釋觀點。的確，其中某些觀點常以一大堆衝突性主張的形式彼此相爭。因此，法律規範的內容並非意義明確地存在，相反，每個像這樣規範的內容，還會實際上或潛在地被分裂開來，反噬自身；有時候多種不協調混雜一起，令人迷惑不解。

　　為了弄清楚所討論的主要問題是非確定性，首先我們應該注意如何將它與缺乏超越個體的可識別性（transindividual discernibility）相區分。然後，儘管法律規範是強的感知思維獨立性，我們還是應該考慮非確定性潛在發生的情況。超越個體的可識別性具有分等級的屬性，這一點跟確定性一樣，卻與感知的思維獨立性不一樣。法律規範的內容和可能結果不同程度上可超越個體而被識別，就如它們可以在更大或更小範圍內被確定那樣。儘管有如此的相似性，但是上一段所描繪的情形還是不能等同於法律規範的內容和可能結果之超越個體可識別性已經消失的情形。首先，在一個相當大的社會中雖然對任何法律規範的解釋很少能達到全體一致，但是對大部分規範許多方面的解釋通常卻可高度地超越個體識別。在任何功能性的法律系統中，大部分案件是簡單案件。對簡單性來說，所必要的並不是每個人對他們所提出問題的答案取得一致意見，而是絕大多數人取得一致意見。前面一段絕沒打算暗示通常會喪失必要程度的共識性。在任何體制中，雖然某些法律解釋事關重重困難、充滿爭議，但是，大部分情形則是直截了當、甚至是常規化的。雖然人們對包括常規化在內的各種情況的實際反應或可能反應完全一致通常不可實現，但他們卻可能在對法律解釋之大部分問題的回應中，完全能實現充分的一致性。當上一段落已提出法律規範內容的強的感知思維依賴性將使那些內容碎片化，並失去其明確意思時，它並沒有暗示碎片化源自人們關於規範內容上的普遍分歧。與其說碎片化是認識論的不如說是實體論的；也就是，它從屬於內容存在的特徵而非人們認識上的特徵。無論人們關於法律解釋問題的趨同性或分歧程度如何，如果法律規範的感知思維依賴性是強的，圍繞它們出現趨同或分歧，法律規範的內容將是徹底主觀的。因為法律規範的內容與每個觀察者的觀點相關，即使大部分人就每一規範內容的具體說明上形成共識，其中的任何一個都不具有支配性。

既然一種由強的感知思維依賴性所標記的雜亂無章情形屬實體論，由缺少超越個體可識別性所標記的雜亂無章情形則屬認識論，那麼，我們將立刻返回到“沒有後者的雜亂無章情形，前者的雜亂無章情形可以存在”這一事實。此處讓我們暫停一下，注意“沒有前者的雜亂無章情形，後者那類情形也同樣可以存在”。第一章討論超越個體可識別性時實際上剛好表達了這一點。作為超越個體可識別性之客觀性存在於人們的信念和理念趨同的趨勢裏。當相關事項的感知思維獨立性毫無疑問是強的，那種趨勢可能缺席或減弱。我前面討論參考的是宇宙論問題，它聚焦的現象被典型賦予強的感知思維獨立性。許多宇宙論的問題引出了更多的分歧而非共識。此外，在認識論上，那些問題所關涉事物的當前狀態就是一種碎片化的狀態。超越個體可識別性供給是不足的。但是，在實體論上卻不存在碎片化；任何宇宙現象的本質問題當然不是徹底主觀的。

對我們當前研究來說更有價值的是：一個高度的超越個體可識別性可以與由強的感知思維依賴性所引起的實體論的碎片化共存。如果法律規範的內容具有這樣的思維依賴性，不管人們在識別那些內容上是否有趨同性，它們都將是完全主觀的。因此，法律規範的強的感知思維依賴性與法律系統的道德權威之間的不相容並非衍生於認識論上的考量。此類思維依賴性是關於人們對法律規範內容解釋上彼此達成共識的能力。更具體地說，這種不相容並非衍生於此類思維依賴性的任何必然的否定效果。一方面，在法律官員及其他法律專家間就大部分此類法律解釋達成實質程度的共識，對一個法律體制的功能性來說是必要的；沒有該種共識，法律規範指引和協調人們行為的作用不可能實現。由此，此類法律解釋間的一致性明顯為任何法律體制的道德權威所必要。一個無功能的法律系統幾乎不可能是一個有道德權威的系統。這樣，如果法律規範的強的感知思維依賴性與法律解釋上必要程度的共識是不相容的，那麼，該不相容性本身就足以確立"此種思維依賴性有害於法律的道德權威"這個命題。然而從另一方面看，像此種不可避免的不相容性並不存在。即使每個人法律解釋之正確性的唯一試金石就是"那個人相信它是真的"這一絕對事實，人們有關任何法律規範的解釋也許恰好明顯是趨同性的。至少在法律官員及其他法律專家之間是這樣。結果，如果我們希望確定為什麼法律規範的強的感知思維依賴性會削弱每一個法律體制的道德權威，我們不得不到別處去尋找理由。這樣的思維依賴性並不等同於或必然助長缺乏超越個體可識別性。因此，關注缺乏超越個體可識別性並不能使我們徹底瞭解我們正試圖徹底瞭解的東西。

　　法律規範的強的感知思維依賴性與法律系統的道德權威之間的不相容，反而是源於由此種思維依賴性所蘊含的非確定性。當然，儘管它也許伴隨有認識論上客觀性的欠缺，該徹底的非確定性屬於實體論上客觀性的欠缺，而非認識論上客觀性的欠缺。雖然人們對每一條法律規範的內容和可能結果的理解也許多半彼此一致，但內容和可能結果本身卻可能是缺乏單一意思的（univocal）。對每一個人應該如何解釋任何特定法律規範的內容和可能結果這個問題，除了一個循環空洞的答案外沒有答案。他或她已經達成的任何理解憑藉"已經達成"就將是正確的。換言之，每一個法律規範的內容根本不會用於限制方法的範圍，即憑藉這些方法一個人可以正確理解該內容。相反，對每個人來說，法律規範內容將完全不會來源於他或她理解內容的方式。因為每一個法律規範本質上缺少任何實體論上的獨立性，所以，作為純粹的解釋事項，任何個人對任何法律內容和可能結果的解釋並不優於任何其他的解釋。沒有人會基於以這種方式而不是那種方式解釋某一法律規範的內容和可能結果而犯錯。如果一個人打算確定某條法律在某一語境下帶有 X 含義，那麼，根據事實本身，所涉的該條法律在與那個人相關的語境下，將具有那一含義。如果那個人後來改變想法，斷定在上述具體語境下，該法律具有相反的含義 Y，那麼，根據事實本身，所涉的法律將具有與那個人相關的那一含義。結果，每一法律規範的實質將永遠是非確定的。因為對其實質所進行的解釋並不存在某一個優於另外一個，也就不存在哪一個解釋是確定地正確。當不存在作為"解釋的錯誤判斷"情況 —— 即想得到的解釋判斷被當作不正確而加以拒絕的情況 —— 時，作為確定正確的解釋這種情況也就不存在了。

總之，法律規範的強的感知思維依賴性將使法律處於完全非確定的狀態。但是，即便這樣說，也還沒有證實我前面對權威性原則的負面評論。我們也還沒有清晰看到為什麼由法律規範的強的感知思維依賴性所產生的非確定性對法律的道德權威將是致命的。讓我們著手依次處理這兩個問題。

3.5 其他類型的非確定性

此刻我們先假定廣泛的非確定性的確與法律的道德權威不相容（很快我將說明為什麼該假設是合理的）。既然我們已經發現法律規範的強的感知思維依賴性包含廣泛的非確定性，那我的討論似乎已經證明了權威性原則正確。但是，權威性原則的真值一向沒以任何方式受到挑戰。確切地說，使人懷疑的是該原則的啟發性。它沒有啟發性主要因為其非常不嚴密。權威性原則將缺少感知思維獨立性描繪為對法律道德權威的威脅，以此試圖掩蓋這一事實：真正的危險是由缺乏或者嚴重缺乏確定性造成的。當然，正如我們已經看到的，缺乏感知思維獨立性蘊含了缺乏確定性。如果法律規範的內容和可能結果擁有強的感知思維依賴性，那麼，有關應該以何種方式解釋法律規範的任何實質性問題，將不存在確定正確的答案。儘管強的感知思維依賴性的確蘊含了徹底的非確定性，在其他方面卻不存在蘊含的情況。即使法律規範的感知思維獨立性是強的，非確定性仍可以廣泛存在；此種非確定性比之基於法律規範的強的感知思維依賴性而產生的非確定性來說，仍是很成問題的。

假設一個體制已經違反了富勒第三個合法性原則，即明確性原則，且違反達到某個程度，致使該體制的全部或幾乎全部規範的內容和可能結果是不確定的。那些規範的表達晦澀、模糊、冗繁難解。當然，鑒於在第二章中我們已討論過的，大規模違背明確性原則會剝奪該體制作為法律體制的資格。那麼，更不用說它們將剝奪該體制作為一個有道德權威的法律體制的資格。不過，此刻的要點僅在於理解此種情形下存在的非確定性與法律規範擁有強的感知思維依賴性下存在的非確定性之間基本的類同關係。

一方面，兩種情形下的非確定性有差異，但該差異卻是無關緊要的，至少與法律的道德權威的關聯是無關緊要的。如果法律規範有強的感知思維依賴性，那麼，一條法律規範的任何解釋之正確性的條件將是"某人已經做出了那一解釋"這一絕對事實。相比之下，在一個體制廣泛違反富勒明確性原則而引起非確定性的情況下，對該體制規範的任何解釋之正確性卻不存在標準。反過來，對於此類解釋之不正確性也不存在標準。在此種情形下，純粹作為一個解釋事項，對該體制的任何規範的每一種解釋，都不優於也不劣於任何其他的解釋。在不是錯誤的意義上，每一種解釋都將是正確的。換言之，此種情形下的結局將與以法律規範有強的感知思維依賴性為標誌的情形下的結局一樣。雖然後者的狀態中包含了正確性的一個完全主觀的標準，而前者狀態下卻根本沒有包含關於正確或不正確的任何標準，但是，上述每一情形的結果都沒有理由認為對一個體制規範的任何解釋都是不正確的。也即，關於法律規範的所有解釋，每一個結果都是完全等同的。沒有哪種解釋曾作為是不準確的或次等的解釋而被拒絕，因為任何像這樣的拒絕都是沒有根據的。

　　此外，在實踐層面，法律規範的解釋會被評估和採納，源於強的感知思維依賴性的非確定性與源於法律規範特別模糊的非確定性則會同樣逐漸發生危害作用。兩種非確定性通行於一視同仁的法律解釋中；兩種非確定性都省略了法律規範的合理理解與不合理理解間的區分。正因為這兩種非確定性之間關鍵性的類同關係，其中任何一個對法律體制的道德權威都是有害的。權威性原則僅僅關注思維依賴性的情況，結果模糊了其所要處理問題的本質。

　　當我們考慮另一種困擾和破壞法律系統的徹底的非確定性時，即由廣泛違背禁止矛盾性和衝突性的富勒第五個合法性原則而引起非確定性，權威性原則的缺陷會更明顯。正如第二章所討論的，在某一治理系統的規範模型中，普遍的矛盾將使該系統受非確定性的折磨。某一特定行為模式是許可的或不許可，有關任何這樣的問題不存在確定正確的答案。對所規定的行為模式給予肯定許可的回答，作為一條法律表述，並不比否定的回答更好或更糟。同樣地，是否某一特定的行為過程，其作為某一法律權力的實踐是有效的或無效的，對該問題的回答也不存在確定正確的答案。作為一個指定權力之實踐的某一行為過程，肯定其有效的回答既不優於也不劣於一個反駁其效力的回答。回應任何像這樣問題，"是" 或 "不是" 都是正確的，由此，那些回答沒有一個是確定正確的。

最後這種非確定性有一個方面明顯不同於此處已述及的另外兩種非確定性。那兩種非確定性都是源於區分法律規範的解釋之準確和不準確缺少任何客觀標準。在一個治理系統的權威淵源中，當廣泛的矛盾已經引起了非確定性時，每一個規範的內容就其本身而言卻是確定的。在該系統內，一個授予做 X 自由的規範在其內容和可能結果上是直截了當確定的，就如一個設定禁止做 X 義務的規範一樣。非確定性是由這兩個規範的共存引起的，是由無數其他一對對矛盾的規範共存引起的。也就是，非確定性並不與每一個矛盾的規範自身所擁有的含義相關，而是與每一對矛盾的規範共同擁有的含義相關。因為所假定的治理系統包含了大量像這樣的一對對矛盾規範，因為每一對矛盾規範的矛盾性排除了該對規範中任何一個所處理問題的確定正確答案，所以，該系統無法產出確定正確的結果。有關系統的法律規範對任何具體情況發生影響的方式，其也無法產出確定正確的答案。對每一個像這樣的問題，一個肯定的回答不比一個否定的回答更好或更糟，因為規定了一個答案的一條法律與規定了另一個答案的另一條法律矛盾性地共存。

　　但是，價值上，不同種類的非確定性之間的分歧再次被它們之間的類同關係所大大超越。雖然在一個法律系統的規範模型中，普遍的矛盾不會導致解釋上的非確定性，但它們確實導致了結果層面的大規模非確定性。結果層面還是其他種類非確定性造成毀滅性後果之處，恰恰是因為解釋上的非確定性蘊含了結果層面的非確定性。在該層面，一個法律系統證明其自身到底超越了系統的自我運作機制，故其對一個法律體制的道德權威、甚至存在都是破壞性的。如果遵循權威性原則只將注意力放在由法律規範強的感知思維依賴性所引起的非確定性，我們將錯過這一點。相反，我們應全神貫注於此處已經討論了的三種非確定性，對它們來說什麼是一般性的危害。這三種非確定性的一般性的、共有危害的核心即，在一個自詡的法律系統運行中，它們對具體裁決的"底線"（bottom line）效果。它們當然無法阻止裁決做出，但是它們阻止了通過參考該系統規範做出真正的、意思明確的正當裁決。

3.6　為什麼非確定性的氾濫對道德權威是毀滅性的？

　　現在我們需要更嚴密地思考，為什麼無論其源自什麼，徹頭徹尾的非確定性確實會削弱任何法律體制的道德權威。當然，有一點很明顯，此類非確定性會使一個法律體制不成其為法律體制。如果在某一範圍內並不存在任何法律系統，那麼，在該領域內明顯也不存在道德上有權威的任何法律系統。但是，諸如此類的觀察僅僅是一個充分分析的起始點。憶及第二章的大部分內容，我們應防止的恰恰是與一個法律體制之存在不相容的大規模的非確定性。然後，我們才能夠把握這種非確定性對法律道德權威的毀滅性影響。

正如整個第二章所強調的，法律的核心功能是指引和協調無數個人和群體的行為。那麼，氾濫的非確定性之首要危害即它傾向於阻礙這一主要功能的實現。此處我們需要區分源於強的感知思維依賴性的非確定性與其他兩種類型的非確定性。暫時假定法律規範的感知思維依賴性是強的。由此，那些規範的內容和可能後果通過每一個解釋它們的人的解釋性判斷而完全是確定的。在大多數語境下，形形色色人們之間的那些判斷也許恰會呈現極高程度的趨同（前文說過，在缺少作為思維獨立性的客觀性及缺少作為確定正確性的客觀性情況下，作為超越個體可識別性的客觀性可以佔上風）。另外，解釋規範的人也許一點兒也不習慣那些規範的強的感知思維依賴性。他們也許剛好是使其自身"查明"（ascertain）而不是"決定"（determinate）規範的內容和可能結果。在大多語境下，每個人都期待其他人同樣將法律解釋過程視為發現的事業而非創造的事業。在這樣的情況下，一個法律系統的指引和協調作用將會實現。進而，像這樣的情況是完全可靠的（如果人們為了討論的目的，臨時接受法律規範缺少任何感知思維獨立性這一不可靠的說法）。因此，認為法律規範的強的感知思維依賴性很有可能損害剛剛談及的法律的指引協調作用實現，是不存在強有力根據的。如果我們只將注意力放在由此種思維依賴性引起的非確定性上，結果將錯過非確定性作為一個一般現象的完整含義。權威性原則的缺陷之一即是其助長了此種狹隘的視野。

源於普遍晦澀難懂（unintelligility）的非確定性及源於大量矛盾的非確定性對法律的主要功能更具有破壞力。誠然，由於非確定性與不可預測性間的區分，在每一種非確定性與權威規範指引人們行為的能力之間不存在絕不可避免的不一致性。尤其是，如我們在第二章所討論的，政府官員在矛盾的規範之間進行選擇的傾向也許相當明顯，且有完全可預測的模式。如果那樣的話，由滲透在某一治理系統之規範結構中的矛盾所引起的徹底的非確定性，將不會妨害該系統沿某些軌道指引、規範人們的行為。但是，雖然像這樣的狀態明顯是可能的（possible），卻可能性不大（not probable）。更可能的是該系統的規範結構將使人們不知所措並任由他們探索恰當的行為過程。甚至與法律的指引功能更明顯不符的是，一個治理系統的所有規範都是模糊費解的。如果人們或提供建議的專家並不知曉那些規範意味著什麼，人們很少能夠接受來自規範的指引。

簡言之，某一治理系統已制定的規範普遍充滿模糊性（obscurity）或不融貫（incoherence），這幾乎當然會阻礙法律核心作用的實現。結果，普遍的模糊性或不融貫所引起的非確定性對此類法律系統之運行也幾乎當然是致命的。由此也對必要條件之獲得是致命的，因為在缺乏此類法律系統的情況下，必要條件不能充分實現。既然一個法律系統確保所願之物的能力是該系統道德權威的一個必要條件，那麼剛提及的非確定性對此權威也是有害的。雖然與法律規範強的感知思維依賴性密切相關的非確定性本身不會威脅法律指引人們所作所為的能力，但是，此處所論及的其他類型的非確定性的確造成了像那樣的後果。如此，一個人應當不是支持權威性原則而是支持另外一個近似的主張，即附帶非確定性的權威性原則，它關注所有形式的非確定性而不僅僅是強的思維依賴性。

大規模非確定性的第二個危害甚至更關鍵，因為其擴展到所有三種類型的非確定性。當法律規範的實質和可能後果是確定的時候，它們可以作為證明參照規範所做出結論之正當的依據。它們可以被準確

客觀性與法治

地援引以作為唯一可得出那一結論的行為標準。當然了，法律規範充當合法化試金石的能力，其本身不能作為它們擁有任何道德權威的充分條件。如果某一法律規範 L 本質上是邪惡的，如果根據 L 所得出的結論相應也是邪惡的，那麼 L 是缺少道德權威的，而不論這一事實，即 L 作為一個行為合法的決定性標準（L 在任何情況下確定地要求特定的結果）存在。雖然一條法律規範的運行作為官員裁決的一個依據，但其絕非該規範道德權威的一個充分條件，不過，它是一個必要條件。如果一個法律規範陷入非確定性中，所以無力證明任何結果的合法性，那它就無力證明任何結果的道德正當性。如果一個治理系統中有許多這樣的規範，其就不會擁有任何積極的道德影響力。當然，當非確定性源自規範之間的矛盾時，在矛盾性的規範中，一個也許是善的標準，其與另一個惡的標準相衝突。例如，一條規定每個人有義務不得謀殺同類的法律規範，也許與另一條規定每個人有權利謀殺同類的規範是矛盾的。在這種情況下，善的法條 BL 在內容上與一條正確的道德原則一致。但是，儘管 BL 自身有值得讚揚的內容，卻不擁有同樣的道德正當力量。畢竟，其與另一條支持謀殺的法律規範是矛盾的；那麼，只有當 BL 合法的決定性力量沒有完全被另一條法律規範抵消，即其明確要求的結果與根據 BL 所要求的結果是矛盾的時，BL 作為一條法律規範才具有道德權威。一個值得讚美的法律規範，在其擁有道德權威的情況下，其道德權威不僅來自其內容，而且來自它在所屬法律系統中的決定性影響。如果它的影響被另外一個法律規範的影響鎖在矛盾中，那麼，其決定性就喪失了，由此其道德權威也受到了損害。

　　考慮到如果法律規範不能作為官員裁判的合法性依據來運行，它們就不會具有道德權威。既然如此，我們需要考察如果此類規範具有徹底的非確定性，是否它們還能作為裁判的合法性依據來運行。正如應該清楚的，對三種非確定性的類型而言，該問題的答案將被證明是否定的。讓我們從源自法律規範的強的感知思維依賴性的非確定性出發。正如我們已經看到的，此種非確定性存在於那些法律規範之內容和可能後果的徹底主觀性中。就一條法律規範對任何特定情形的影響而言，僅僅憑藉這是他或她自己的理解，每個人的理解對其自身來說，都將是正確的。結果是，沒有一條法律能夠被視做官員結論的獨立的合法性依據。除非一個官員將某一規範適用於一組事實而得出一個結論，否則對那個官員而言，該規範本身對那些事實沒有任何影響力。如果該官員決定所涉規範要求在某一方向上得出一個結論，那麼，事實上該規範將的的確確要求像這樣一個結論。而如果官員決定所涉規範要求在一相反方向上得出一個結論，那麼，該規範又的的確確在該相反方向上要求一個結果。反之，如果官員認為該規範完全與他所考慮的那組事實不相關，那麼，該規範將的確與其無關。簡言之，官員所求助的任何法律規範的內容並非被視為其裁判的合法性依據，而是作為其裁判的一個產品。該規範的表達僅是官員們表達其自身的話語；它不會傳達任何作為鞏固其裁判的獨立且規範性的內容。

因此，如果法律規範喪失了感知思維獨立性，那麼法治與人治之間的區分將禁不起最輕微的審查。法律規範將變成空殼，其內容將完全由個人觀點填充。另外，在清晰明瞭的案件中那些少數難纏的人之間，或在疑難案件中更多的人之間，那些個人觀點幾乎當然是彼此不同的。既然如此，法律規範在應用的時候，幾乎都會不利於要求有利結果的那些人。在任何此類的案件中，一個法條 L 將要求執法官員給出一個結果，對於反對 L 執行結果的相關人則會要求一個相反的結果。這樣的結局反映了法律規範極端各自為政的存在狀態，其產生於法律規範內容上的徹底主觀性。此處應該強調的是那種各自為政的存在狀態對於法律道德權威的破壞作用。既然任何法律規範都無法擁有勝過每一個體觀點的首要的實質，那麼，若一個人對規範的解釋沒有授權約束性的適用，規範就不能約束性地適用於該人。

　　總之，與法律規範強的感知思維依賴性相聯繫的非確定性毫無疑問會妨害每一個法律系統的道德權威。既然它致使那些法律規範的內容完全派生於官員的司法和行政裁判，如此它將阻礙法律規範永遠真正地充當那些裁斷的合法依據。換言之，鑒於此種思維依賴性，一個法律系統的運作將通過官員們觀點的強制性斷言來推進，而不是通過法律規範的適用來推進，那些法律規範的內容先於並支配那些斷言。另外，強的感知思維依賴性將從針對某人的法律援引中祛除所有的道德權威，而該人不同意針對他援引該法律的解釋。

　　剛剛述及的那些害處並非是與法律規範強的感知思維依賴性密切相關的非確定性所獨有的。在任何像這樣的治理系統中，如果該系統中每一個規範或幾乎每一個規範都讓包括專家在內的所有人困惑難懂，或者該系統中每一個規範或幾乎每一個規範都與一個對立的規範互相矛盾，它們會遭受同樣的困擾。在一個體制裏，規範完全不可理解，此時一個客觀事實就是那些規範缺少任何獨立的有價值的內容。因為每個規範都不具有任何此種內容，所以將不得不藉助每個解釋者的創造性理解來填充其實質。既然每個規範本身缺乏實質內容，沒能對任何人的理解構成約束，那麼，通過參考它也沒有任何解釋曾真正被證明是正當的。事實上，每一個解釋都不會更優或更劣於另一個。結果，一個費解難懂的規範針對某人適用，而此人不支持該規範對其適用所做的解釋，那該適用就將是缺少道德權威的。雖然這樣的適用作為一個正確的道德原則之實現也許具有獨立的道德權威，但其作為一條費解難懂的法律規範之適用，則不具有任何像這樣的道德權威。

如此，如果法律有強的感知思維依賴性這一觀點沒有任何可信性，我們發現源於強的感知思維依賴性的合法性問題倒不如是與該體制法律規範的全面晦澀（opacity）密切相關的問題。對那些問題而言，由思維依賴性產生的非確定性與由晦澀產生的非確定性是一致的。

在一個治理系統的規範結構中，源於普遍矛盾的非確定性雖然情況基本相似，但多少還有點不同。此處，合法性問題並不源自系統中每一個規範缺少獨立的內容，每一個規範都是被賦予了確定的內容；而是源自在每一個規範及與之相匹配的矛盾規範間進行選擇的專斷性。雖然該選擇本身也許直接就是一個道德問題，即一個邪惡的法律規範與一個良善的法律規範相矛盾，但是，從規範適用的角度，在一個承認像這樣規範的治理系統中，該選擇完全是任性的。按照假設，每一個規範 N 都伴隨一個否定 N 內容的規範。每一個規範都屬於該系統，號稱作為其決定性行為標準之一。如此，在該系統內就沒有其本身支持哪一個規範的依據了。由於非確定性，哪一個規範都不能真正被視為任何正確結論的一個合法性依據。雖然每一個規範本身在任何情況下都要求具體的結果，但是作為一個矛盾的組成部分，每一個規範都造成了邏輯的不融貫，其不要求排除其他規範的任何具體結果。在該不融貫的影響下，每一個結論都與其他結論一樣站得住腳。結果，援引系統中所形成的規範而得來的結論沒有哪一個是確定正確的。因此，沿著多少有點不同的路線，此處我們遇到的合法性問題與密切相關於其他類型的非確定性基本上近似。任何一個自封的法律系統，其規範結構中彌漫著矛盾性規範，將無力證明其任何結論是確定地正當。

我們已經從關注感知思維依賴性的權威性原則轉到關注非確定性，並發現全部的非確定性與任何法律系統的道德權威不相容。這裏的非確定性當然包括由法律規範強的感知思維依賴性所蘊含的非確定性。事實上，它甚至與一個法律系統的存在也不相容。只要一個體制的規範結構中充斥任何一種非確定性，其將不能為任何具體結論提供真正合法的正當理由。那麼，在到處彌漫非確定性的情況下，一個體制所提供的合法理由是否也有道德權威的合法理由，這樣的問題從不會出現；如果沒有合法理由，那麼有道德權威的合法理由也不可能有。

3.7　一些明顯衝突的觀點

我的結論看起來也許與某些哲學家就這些主題發表的觀點不一致。按照明顯的衝突（原則），我將簡略考察是否那些哲學家已經採取了與此處所論真正衝突的立場，以此來結束本討論。我們先來瀏覽布萊恩・萊特（Brian Leiter）和朱爾斯・科爾曼（Jules Coleman）所寫的一篇文章，然後是傑里米・沃爾德倫（Jeremy Waldron）的一篇文章。

3.7.1 科爾曼和萊特論非確定性

在一段關於法律的客觀性與確定性的複雜而有啟迪意義的論述中，萊特和科爾曼主張：“我們已經發現自由主義沒有深層次地支持確定性。”他們將爭論的結果概括為：“自由主義政治理論致力於各種各樣的理想，其與一個確定性的承諾相混淆。然而，實際上，自由主義並不致力於‘唯一一個合理結果’意義上的確定性。由此，司法裁判中存在非確定性並沒有給法律之正當治理的可能性造成實質威脅”。（Coleman and Leiter 1995, 240-241）乍看起來這些觀點與我關於非確定性的主張明顯不一致。但是，實際上隨著更細緻的考察，這種不一致消失了。

　　我的討論聚焦於非確定性廣泛存在的情形。既然思維依賴性屬於只要其存在就會全面的存在，那麼，與法律規範的強的感知思維依賴性密切相關的非確定性必定是廣泛的。假如法律規範具有強的思維依賴性特徵，那麼，對每一個像這樣規範的任何特定解釋，其正確性的必要充分條件即是此人贊同該解釋這一存粹的事實。如果該正確性的標準支配過任何一個法律解釋的話，它將支配每一個法律規範的每一個解釋。因此，源自該標準影響的非確定性也許將吞沒從任何此種解釋推斷出來的任何結論。該非確定性有不分等級的屬性；它以全有或全無的方式適用。比較而言，此處已經討論過的其他兩種類型的非確定性，即源於模糊性的非確定性與源於矛盾性的非確定性，有分等級的屬性。每一個都可不同程度地存在於法律系統中。我在本章已集中討論了那些分等級的非確定性無所不包的或近於無所不包的情況。當一個自詡的法律系統的所有或絕大部分規範實際上受非確定性控制時，該系統並不是真正的法律系統，也不會擁有任何道德權威。

　　非確定性大大超出適度規模，這種情況是成大問題的。雖然在一個法律系統的規範模型中矛盾性總是讓人遺憾的，但是在大量規範中存在少量的矛盾性規範將不會明顯貶低該體制的道德高度。同樣的說法也可適用於晦澀難懂的法律規範。在一個大的法律系統中少量的此類規範只在無關緊要的程度上損害該系統的道德權威。當然，若一個法律系統內矛盾性或晦澀影響越來越多的規範，其損害該系統的道德權威則變得越來越嚴重。若矛盾性或晦澀遍及面廣，那麼，其甚至將威脅到該系統作為一個法律體制的可持續性。但是，當矛盾性或晦澀被更嚴格限制時，那些劇烈的後果將不會突然出現。

非確定性規模較小不是很成問題，而大規模的則會造成嚴重後果。我之所以重點討論大規模的情形，不是因為廣泛的非確定性屬於一個一般性問題，而是因為這樣做可以使我們能夠在三種非確定性之間進行對比。既然與法律規範的強的感知思維依賴性密切相關的非確定性是無所不包的，既然此種非確定性破壞權威的作用是源自其無所不在而不是其限制性的存在，那麼，要在它與其他兩種非確定性之間進行任何有啟發意義的對比，都不得不從徹底的規模而非適度的規模上進行思考。當其他每一種非確定性被當做規模不受限制的現象進行考察時，我們的確發現它們與源自法律規範的強的感知思維依賴性的非確定性同樣是破壞法律權威的。當然，權威性原則沒有嚴格否認這三種非確定性之間重要的同源關係，但是，這種同源關係基於權威性原則聚焦於思維依賴性，易於被逐出視野之外。為了突出前述的同源關係，也為了表明強的感知思維依賴性對法律的道德權威造成的危險僅是眾多危險之一，我的討論才以上述方式進行推進。

　　比較而言，科爾曼和萊特並沒有談及規模不受限制的非確定性。他們沒有考慮一個假想的場景：在一個特定治理系統中，非確定性困擾官員將要做出的每個裁判或幾乎每一個裁判；而是考慮了現實的假設：在任何法律系統中，非確定性將困擾由官員所做出的小部分裁判。雖然他們似乎相信在一個普通的法律系統中，非確定性的規模比我所主張的更廣泛，但他們堅決拒絕批判法學者的懷疑論。例如，他們宣稱"正如通常所呈現的，關於非確定性的討論經常不足為信，且特別誇大了其規模"。（Coleman and Leiter 1995, 218）因此，當科爾曼和萊特宣稱非確定性並不危害一個法律系統的道德權威時，他們與我自己關於非確定性的主張不存在任何不相容之處。適度規模的非確定性，該情形的確與一個法律系統的功能性和道德權威是相容的。

順便說下，當一個人想理解為什麼適度規模的非確定性大部分不是麻煩事時，他可以參閱前面章節所討論的未強制執行的法律命令之效力問題。正如前面所提請注意的，持續得不到執行的命令如禁止橫穿馬路可以保持其法律效力，是因為它們與大量常規被賦予效力的規範共存。此處一個明顯的相似點可以適用。在持有某一道德價值觀的法律系統中，當由官員們通過援引該系統的規範而形成的大部分而非所有的裁判是確定正當之時，那麼，那些規範的所有正當的影響力能夠賦予相對少數的裁判以道德拘束力。這些裁判必然是專斷的。因為系統確實為大部分裁判提供了確定正當的依據，因為任何法律體制中存在某種程度的非確定性不可避免，所以，在非確定性的特殊場合，官員的裁判是可以擁有道德權威的。在專斷不可避免的情況下，為了維護法律系統的調整功能、監督功能及解決糾紛功能，那些專斷的裁判是必要的。那些裁判填充進系統的規範模型所留下的待決領域裏，由此，它們使該系統能夠合乎道德權威地運行，來處理那些本不應該留而未決的事項。以專斷的裁判來處置那些事項比根本不處理它們更好。鑒於此類難題僅構成所論之法律系統需要面對的一小部分問題，鑒於沒有哪一個法律體制能完全避免非確定性，當該系統的法律官員決定性處理那些難題時，他們是以道德正當性及權威性的方式來進行的。該體制的一般權威主要依賴於這一事實，即援引該體制的規範所達成的大部分裁決是確定正當的，它們也可以反映在官員善意地處理那些以前述方式無法得到確定正當答案的問題中。非確定性如果是大量的，將破壞一個法律系統的道德權威，但當它是例外之時，則可被吸收進系統的道德權威機制之列。

　　使科爾曼和萊特所採納的立場與本章所採納的立場一致，還有個價值：他們討論非確定性的無害性所聚焦於的那類非確定性，其不同於此處已考察過的那三種非確定性。事實上，這第四種非確定性是我第一章討論確定正確性時主要涉及的那類。萊特和科爾曼所牢記的是這樣的情形：由於不可通約性或模糊性（vagueness）或均衡的對抗性考量，關鍵法律問題總是缺乏確定正確的答案。現在，一方面，若基於上述任何原因的非確定性彌漫到一個法律系統中，其幾乎與本章所強調的那三種非確定性一樣是大成問題的。如果在某一法域內，關於人們行為法律後果的問題，沒有或幾乎沒有哪一個答案是確定的，那麼由此導致的任性裁判將剝奪該領域內之體制的任何道德權威。如果該領域內的司法和行政官員的裁判總是或幾乎總是任性的，而非偶爾這樣，那麼，該體制則缺乏能偶爾補救專斷性的任何正當影響力。另一方面，雖然第四種非確定性與其他三種之間類同，但還是存在一個重要的不一樣之處。正因為該不一樣的特徵，第四種非確定性才比其他的非確定性更少麻煩。

正如萊特和科爾曼指出的，源於模糊性或不可通約性或均衡的對抗性考量的非確定性，並不會排斥存在某些因素，其可以被援引以支持某一裁判（Coleman and Leiter 1995, 238-240）。雖然在該非確定性領域內的任何裁判都可能是專斷的，但其不必也不應該都不合理。即使論證該裁決的考量被指向另一方向的考量均衡地抵消或不可通約而抵消，但是，它們是存在的，也許還很有分量。它們是可有效被援引的。盡責能幹的法律官員的確將在解釋其裁決中引用那些考量。對他們而言要考慮的東西很多，儘管從事物的另外一面看，有同等或不可通約的關鍵理由也要考慮。

就這一點來看，科爾曼和萊特花大力氣關注的非確定性非常不同於我們已經考察過的非確定性。與之相比最突出的是源自法律規範的強的感知思維依賴性之非確定性，以及源自法律規範晦澀難懂的非確定性。如果法律規範有強的感知思維依賴性，它們將不存在任何真正內在的東西支持以任何特定方式而非截然相反的其他方式來解釋其本身。通常也許存在獨立的考量，諸如那些指示贊成某種解釋而反對其他解釋的道德原則，但是法律規範本身不會產出或構建在那些解釋間進行選擇的任何依據。因為依假設那些規範的內容將完全衍生於人們對之的感知，所以，它們也從不能真正地約束或影響那些感知。援引一個法條以支持解釋它的某一方法，這是在從事一項錯誤的循環事業。如此讓人遺憾的情形顯然比科爾曼和萊特所設想的非確定性情形更讓人不安。在他們所設想的語境下，非確定性並不是因為法律規範的完全主觀、空洞，而是源自存在平衡的考量，其分別斷定支持和反對某一法律規範可適用於某一組事實。然而，爭議所涉及的法律規範之內容幾乎不可能是空洞的；援引那個法律規範的表達並非作為一個錯誤的循環事業，而是作為該規範可適用或不可適用於某組具體事實之爭論的必要部分。簡言之，在科爾曼和萊特所考察的非確定性的語境下，聚焦於法律規範內容之合法性的討論是完全恰當的，儘管得不出結論上的合法理由。相反，以法律規範有強的感知思維依賴性為特點的世界中，集中於法律規範的內容之合法性討論是自欺欺人或欺騙性的。那麼，在一個重要方面，萊特和科爾曼所討論的非確定性比前述思維依賴性所蘊含的非確定性問題更輕微。由此我們不應該驚訝於他們對待非確定性前景的輕鬆態度（不過，如果這樣的態度不支持"非確定性非常罕見"這一事實，那麼它將是無根據的）。

可以與源自費解晦澀的非確定性做一個近似的比較。當法律規範的非確定性源自模糊性或不可通約性或均衡的對抗性合法理由時，聚焦於法律規範內容上的理性爭論是真正可能的。而當非確定性源自法律規範的費解晦澀時，就不再是同樣可能的情況了。如果那些規範的表達甚至在法律專家眼中都是毫無意義、冗繁難解的，那麼，努力證明援引那些規範的司法或行政裁判是合理的，這種誤入歧途要麼是受騙了要麼是太天真了。既然那些內容根本不存在，引用它們將絲毫不能真正導向對任何裁判的解釋，那麼，這種非確定性比科爾曼和萊特專心於的那種非確定性有更多的麻煩。我們也應該注意到，後一類的非確定性中某些是不可避免的，而源自法律規範表達之費解的非確定性是完全可避免的。用合理地可理解的術語 —— 至少對律師和其他法律專家來說可理解的 —— 來詳細解釋像這樣的規範，並非是如此高難的技藝，以至於是法律官員的智慧所不及的。

在一個法律系統的權威淵源中，就像源自法律規範之費解晦澀的非確定性那樣，源自矛盾性規範的非確定性也是可避免的。同樣，它也比科爾曼和萊特所考察的非確定性更讓人煩惱。當在兩個相互矛盾的規範之間一個選擇已經做出時，援引哪一個規範本身都不會證明忽略另一個是正確的。因此，任何此類選擇不得不完全根據法外的因素。這種情形非常不同於一個非矛盾的普通規範適用於某些事實陷入爭議時所處的情況。在後一情形下，爭議一方可以適當地求助正在討論中的該法律規範的措詞和目的。即使在爭論的另一邊也許存在著同等有力的或不可通約的考慮，爭議一方適當地求助法律規範的表述和目的，還是提及仔細識別的支持其解釋的那些因素。相比之下，當兩條法律規範是相互矛盾的，參考哪一條法律規範的措詞或目的，其本身都無法解釋為什麼具有其自己的措詞和目的另一條法律規範被棄之不用。在這兩者之間的一個選擇也許直接指向道德理由或其他法外的理由，但是選擇一個而放棄另一個將不存在法律理由。當一個人爭辯某一條普通的法律規範是適用還是不適用於一組情況時，當他表明該具體法律規範指向一個方向或另一方向的具體特徵時，他是在舉出真正支持其立場的法律因素。當一個人面對兩個互相矛盾的法律規範時，則沒有如此嚴格舉出適用性和相關性等法律因素的機會存在。對任何一組事實來說，一個法律規範及其相關性與另一個法律規範的相關性，程度同樣充分或不足；每一個規範影響那些事實的程度也是同樣的，雖然它們表明的結論是完全相反的。例如，如果一條法律規範禁止喬在公園裏遛狗，該法條對他某些行為將有明顯的影響，那麼，一條允許喬在公園裏遛狗的規範也是如此。因此，當一個法律官員不得不解釋選擇執行兩者中哪一個時，他通過表明其中一個而非另一個明顯適用於一組具體事實，將得不到任何結果。如果它們兩者中一個是明顯適用的，那麼它們兩個都是適用的。同樣地，如果它們兩者中一個是明顯不適用的，那麼它們兩個都是不適用的。關於在矛盾的法律規範中選擇一個而放棄另一個的合理爭論將不得不避開法律的相關性或適用性的考量，而代之以關注法外事項諸如這兩個規範的道德價值。在這方面，在一個法律系統的規範模型中源自矛盾的非確定性，比源自模糊性或不可通約或均衡的對抗性考量的非確定性更加令人煩惱。雖然面對麻煩較少的非確定性所達成的任何結果最終是專斷的，但是它通過法律爭論引導自身被支持或被駁斥。而面對源自矛盾的非確定性，像這樣爭論都是不恰當的。

總之，科爾曼和萊特對非確定性令人安慰的討論與我的使人更喪氣的討論之間不存在緊張。關鍵是與我不同，他們的討論從屬於作為邊緣現象的非確定性，而非從屬於作為滲透進一個治理系統規範和運行中的非確定性。大規模的非確定性與小規模的非確定行的破壞性是不一樣的。另外，科爾曼和萊特所關注的非確定性比我在本章所重點分析的那些非確定性更少活力。如此，當謹慎提及他們的討論與我的討論之間的相異點時，我們各自關於非確定性的主張之間的可兼容性即變得非常明顯。

3.7.2 沃爾德倫論分歧和確定性

現在，我們應轉向沃爾德倫反對權威性原則背後的強有力推理過程。他的討論主要聚焦於道德的客觀性而非法律的客觀性，但是沃爾德倫本人堅持道德標準有時候作為法律規範起作用（Waldron 1992, 160）。雖然該主張會被所謂"排他性實證主義者"（Exclusive Legal Positivists）質疑，大部分其他理論家和我卻都接受它（Kramer 2004a, 17-140）。此外，即使是排他性實證主義者也同意，在法律官員的司法和行政活動中道德判斷有時候明顯必要。甚至更重要的是，沃爾德倫的論點可以被有如此想法的人拓展到所有規範。因此，如果他的論點是合理的，且與我對非確定性的擔憂不一致，這表明我的那些擔憂應該被重新考慮。

在沃爾德倫的眾多工作中，一個核心主題是政治裁判與法律裁判上的顯著分歧。關於該主題，他的重點在於指明他對此問題的方法，即是否道德或法律客觀性使得法律官員就爭議事項所達成的裁決之道德權威會有所差異。沃爾德倫參考作為思維獨立性的客觀性來型構他的大部分討論，由此將他歸入反對權威性原則的行列是恰當的。儘管如此，他幫助揭示了有關該原則任何有價值的版本確實與作為確定正確性之客觀性密切相關。對他來說，法律官員就爭議事項之裁判的道德權威問題是關於此類裁判之任性專斷問題。換言之，他正處理的主要問題是，是否疑難法律問題存在確定正確的答案將影響到法律官員努力處理那些問題的道德正當性以及權威性。他對該問題的回答是徹底否定的。他主張，一旦我們充分考慮前述法律問題中官員之間及公民之間的分歧，也就是說，一旦我們充分考慮在該法域內超越個體可識別性的不足，我們就應該承認，那些問題存在確定正確的解決方案是無法保證祛除任性的。無論一個法律體制內的官員可能多麼富有感知力和出於善意，在極具爭議的問題上他們的觀點壓倒其他人的觀點，但仍會有些深度的任性。法律官員並不喜歡將那些問題導向確定正確解決方案的任何特許的認識論路徑。至少，他們當然不喜歡可以證實使所有或大多數同胞滿意的任何特許的認識論路徑。那麼，在塑造一個社會處理那些影響人們關鍵利益的難題上，為什麼這些非經選舉的官員應該有決定性的發言權？這就是沃爾德倫增加了的挑戰。因為該挑戰可以僅僅是依賴法律官員及其他人的認識論局限，所以他不必反駁法官和行政官員面對棘手法律問題存在確定正確的答案這個看法。究竟存不存在像這樣的答案，當法官和行政官員打算使用治理系統中的強制性機制以實施他們自己關於那些答案的信念時，他們將是猶疑不決的。

簡言之，沃爾德倫的觀點是：法律中存在或缺少非確定性並不影響法律制度及法律裁決的道德權威。那麼，至少初看起來，他的觀點與我的觀點明顯相反。在更仔細地考察這種明顯分歧之前，我們應該考慮為什麼他的論證最好被理解為關注的是非確定性。畢竟，正如已經提及，沃爾德倫本人的大部分討論是思維獨立性和超越個體可識別性。儘管如此，可基於三個理由沿著前文指出的線索來理解他的論證。

首先，正如我們已經看到的，法律規範的強的感知思維依賴性主要在於它們徹底的主觀性及其結果的非確定性。除非每個人已經解決了關於任何特定規範的內容是什麼的問題，否則對其而言該規範就沒有內容。因此，既然沃爾德倫否認關於感知思維獨立性問題的實踐意義，那麼他也有效地否認了上述存在非確定性問題的實踐意義。如果他有效地否定了那些問題的實踐意義，他還有效地否定本章所討論的存在其他種類非確定性問題的實踐意義，那麼，他關於法律官員認識論局限性的論證，在適用於具有其他種類非確定性特點的情形時，將更少相關性。例如，在疑難案件中，是否以使某一個結果成為唯一正確這種方式來處理對抗性的考量，應該如何處理此類案子，人們幾乎當然會觀點不一，相當棘手。前面章節已經強調，這個或那個結果的確定正確性並不蘊含其可證明的正確性。如此，不管在疑難案件中涉及了哪一類型的非確定性，其存在或不存在都將不會影響人們觀點的極度多樣之高度可能。如果那些觀點的多樣性本身致使在疑難案件中法律官員的決策角色之正當性和權威令人生疑，那種腐蝕作用不會通過存在確定正確的解決方案而被避免。沃爾德倫的觀點相應地得出一個結論：在任何疑難案件中，無論非確定性是有統治力的還是缺席的，都不全面影響法律制度機制的道德特徵。

第二，沃爾德倫本人在其文章結尾處清晰地引用確定正確性來概括其論證。他主張，如果在法律裁決中道德原則具有思維獨立性，"無論法官給自己提出什麼原則的問題，都存在一個正確答案。我們容易認為這是某種安慰：正確答案就在那兒，因此法官畢竟是受約束的。"然後，他試圖揭穿其已經喚起的這種安慰感：

> 存在正確答案……當然意味著當一個法官笨拙地尋找它時，她不是正在使自己變成一個傻瓜。但是，正確答案的存在並不會驅使該法官去尋找它，更不必說她會確定找到它。甚至當不同的法官全部都視自己正在追尋正確答案時，他們將得出不同的結果，關於正確答案，沒有實體論上的任何東西可以給他們中任何人一個理由，來認為她自己的觀點比任何其他人的觀點都更正

確。（Waldron 1992, 183-184）

第三，實際上，在暗示法律規範的感知思維獨立性將確保每一個關鍵法律問題存在唯一正確的答案上，沃爾德倫走得太遠了。相反，如第一章所討論的，如果法律規範有感知思維獨立性，如果法律規範的內容或可能後果存在，出現偶爾的問題沒有確定正確答案，那麼，對那些偶爾問題中的每一個而言，缺少確定正確的答案是一個思維獨立的事實。[3] 因此，如果像沃爾德倫文章末尾所表明的，他真正關心的是確立“對任何爭議性的法律問題，存在或缺少一個確定正確的答案是沒有實踐意義的”，那麼，他應該正致力於此問題而不是思維獨立性問題。若是關注後者，就是關注有時候與非確定性密切相關的一個客觀性維度，結果，一個想指明非確定性是沒有實踐意義的理論家，不應該認為該問題與無實踐意義的思維獨立性問題是可互換的。

現在，讓我們轉到沃爾德倫的看法與我的看法的分歧上來。本章已經突出了非確定性對法律道德權威的消極作用，而沃爾德倫卻論證了非確定性之存在對法律道德權威是沒有實踐意義的。為了明白這兩個對立看法是如何在一定程度上相容的 —— 雖然僅僅是表面上如此，我們應該注意，沃爾德倫將他的注意力放在爭議性案件上，其中法律官員彼此之間及與許多公民之間存在很大分歧。只是因為這些巨大的分歧，法律官員裁決的道德權威的確遭到質疑。然而，確實引起廣泛

3　因為技術原因，該問題超出了本書的研究範圍，對偶爾非確定性的承認並不容易與信奉我在第一章所支持的極簡主義真值論保持一致。但是，協調兩者這一複雜任務是可行的。關於此問題的一個非常透徹的討論及努力解決的方案，可參見 Holton 2000（我認可 Holton 解決方案的絕大部分，只是在幾處細節上有不同意見）。

而強烈爭議的法律問題，在任何法律功能系統所處理的問題中僅佔很小的比例。本書的幾個地方都已經表明，一個法律系統的通常運行機制是常規化的。司法和行政官員所做出的無數裁決都是完全無爭議的，由此大部分也不為法學研究者所注意，他們非常自然地喜歡研究更令人興奮的事項。通常吸引學術界和新聞界更多的興趣的有高度爭議的裁決是非常少見的。儘管其中一些有重大意義，但它們幾乎不能代表一個法律系統日復一日的運行。它們不同尋常因而不夠典型。恰恰因為這個原因，在某些棘手的案件中存在真正的非確定性，卻並沒有損害其所在的法律系統的道德權威。正如本章已經論證的，小範圍案件中的非確定性對一個法律體制的功能和道德聲望來說僅是最低限度的麻煩。道德聲望並不隨著是否一個特別疑難的案件有非確定性特徵或僅僅有不確定性（uncertainty）特徵而改變。

如此，也許看起來我們已經得出了與沃爾德倫同樣的結論。像他一樣，我此處的討論也是堅持，在特別有爭議的案件中，一個（些）關鍵問題存在或缺少任何一個（些）確定正確的答案並不影響處理該案件的體制的道德權威。雖然確定正確答案之存在或是缺少並不能在實踐上做出區分，但是，我的結論與沃爾德倫的主張之間表面的相似被兩者之間一個主要分歧遮蔽了。沃爾德倫看來，在激烈爭議的案件中，非確定性沒有實踐意義歸功於一個事實，即無論此類案件引起的問題存在或是不存在確定正確的答案，法律官員在裁決中的道德作用是可疑的。在我的討論中，在激烈爭議的案件中，非確定性沒有實踐意義卻歸於一個事實，即像這樣的案件是真正的例外，因此對一個善的法律運行系統的道德權威不會產生威脅。沃爾德倫的目標是駁斥，而我的目標是證成。

另外，我的整個重點基本不同於沃爾德倫。他主要關心的是缺乏超越個體可識別性，隨之帶來任何支持非民主的解決分歧的方式都是不可靠的。因為沃爾德倫全神貫注於論戰，他使自身只關注待決事項處於激烈爭議中的那類案件，而沒有對常規案件表達任何觀點。後者才是所有法律系統中的主流案件。特別是，是否那些無爭議的乏味案件中存在非確定性會是個麻煩，他對此表示緘默。但是，他論證的主旨似乎表明他將不受此種非確定性的困擾。實際上如果在一個良善的治理系統中，對某一法律問題的答案每個人取得一致意見，那麼，解決該問題的非民主程序之不正當性將不會成為一個問題；法律官員面對普遍而棘手的異議，將不會實施他們所支持的解決方案。如此，雖然沃爾德倫本人沒有提出這個問題，由此也沒有採取一個明確的立場，但是他似乎沒有理由認為，在無爭議的案件中存在非確定性是令人不安的。

相比之下，我所主要關心的有兩部分：法律的指導和協調人們行為之功能的可持續性和作為法律官員裁決之正當依據的法律規範的作用。雖然由法律規範強的感知思維依賴性引起的廣泛的非確定性也許能與實現法律的指引功能相一致，但是它與作為裁判正當依據的法律規範的作用卻不一致。任何其他類型的廣泛的非確定性通常與法律的指引功能相矛盾，而且總是與作為正當依據的法律規範的作用相矛盾。因此，如果法律規範的確有強的感知思維依賴性，那麼，每一個法律體制的道德權威將被削弱。雖然公民和官員也許沒有意識到強的感知思維依賴性，於是他們也許將法律規範的內容視為是裁決的獨立的指引資源和有拘束力的依據，但是，他們關於那些內容的信念可能是虛幻性的。雖然在任何法律系統內，官員們所提出來的支持其裁決的正當理由實際上等同於人造的正當理由，但是，該裁決及該系統也許實質上是善的。那些被公認的正當理由將無法準確反映他們所援引的法律規範之內容的身份（status）。結果，如果一個良善法律體制的運行機制是存在於真正的解釋和論證中的而非集體的臆想中的，那麼，法律規範必須具有感知思維獨立性。這樣的思維獨立性是法律道德權威的先決條件。

總之，沃爾德倫的論證思路沒有提供理由來支持普遍的非確定性具有實踐意義，而我對非確定性影響法律的道德權威的論述已經提供了這樣的理由。嚴格區分限制的非確定性與普遍存在的非確定性即是其巨大的實踐意義。一個法律系統所面對的非確定性只佔很小比例時，它與該系統的功能和道德權威是相容的；而普遍存在的非確定性卻不是這樣。對一個法律體制來說，它總是致命性的。普遍的非確定性對此類體制的指引功能通常是致命的，而對其認為正當的作用總是致命的。如果沒能先於每一個裁判從那些法律規範中推斷出確定的含義，那麼其幾乎不能用以證明裁判正當。無論是因為每一個此類法律規範缺乏任何獨立的內容，或者因為矛盾性或其他因素，法律規範整體上缺乏確定含義對證明其具有正當化具體結論的能力都是有害的。此種能力儘管不是任何治理系統之道德權威的充分條件，卻是其必要條件。因此，普遍的非確定性就有了深遠的實踐意義。作為確定正確性的客觀性，正如法律客觀性的另外五個維度一樣，缺少了它，無論是法律規範還是具有道德權威的治理體制都無法存在。

3.8 結論

儘管整本書已經探討了客觀性與法治以及客觀性與"法治"的關係，但本章力圖更深層地考察其中的幾種關係。我們特別討論了感知思維獨立性、確定正確性，並略微討論了超越個體可識別性。當然，本章關注法律客觀性的這些維度並非意在暗示客觀性的其他維度分量更輕或更不值得研究。相反，我此處沒有更多關注作為不偏不倚的客觀性和作為統一適用性的客觀性，主要原因在於它們已經在前面的章節非常詳細討論過了。

至於語義學上的客觀性，即作為真值 — 能力的客觀性，我在此處忽略它的最主要原因是，第一章中關於極簡主義真值理論已經實際上省略了確定正確性與關於法律問題有意義、陳述性的答案之真值兩者間的區分。一方面，確定正確性與真值並不是等價的。確定性屬於實體論上的屬性，它從屬於法律事實的穩定性；而法律陳述是真還是假的可評估性屬於語義學上的屬性，其從屬於那些陳述與法律事實之間的關係。另一方面，我關於極簡主義真值理論及事實，以及對應我的真理符合論的壓縮版使我們認識到，任何有意義的、陳述性的法律陳述如果是確定正確的，它就是真的。只有當法律陳述都不曾是富有意義的、陳述性的時候，從確定正確性到真的轉換才將是站不住腳的。但是，法律陳述都不曾是有意義的、陳述性的，這一看法是荒謬的；甚至這一看法被大多數理論家所強烈駁斥，他們主張此類陳述的主要作用就是表達某種規範性的態度。如此，考慮到無數的法律陳述的確是有意義的、陳述性的，它們的確定正確性就等同於它們為真，它們的確定不正確性等同於它們為假。因此，本章所關注的確定性也明顯是在關注據以判斷法律陳述是真或假的那些條件。

那麼，把本書以前的各個部分歸攏，當前此章已經力圖表明法律客觀性的每一個維度對法治和"法治"來說都不可或缺。的確，富勒的每一個合法性原則都與法律客觀性的一個或更多維度息息相關。例如，公開性、可預測性、明確性、非矛盾性、穩定性，這些原則明顯促進法律規範的超越個體可識別性。當然，不管願不願意，只要一個法律體制存在，至少有一類法律客觀性，即法律規範的強的感知思維獨立性，會以全覆蓋的方式存在，而如法律規範的超越個體可識別性等其他類型的法律客觀性，則具有分等級的屬性，他們在法律體制中不同程度地存在。顯然，這種差異取決於在法律客觀性的給定維度上，通過有意識的聚焦的努力所達至的程度，但是，它並不取決於上述維度是否都為法治和“法治”所必需。對後一個問題而言，答案是肯定的，絕不含糊。全書對六個主要客觀性維度進行了詳細探討，它們對每一個法律治理系統來說都是必不可少的。

有關延伸閱讀書目的説明

在此，我給讀者提供一些迄今為止本書沒有引用的有關客觀性或法治的部分書目。雖然在 Brian Leiter 所編的《法律與道德中的客觀性》（*Objectivity in Law and Morals*. Cambridge: Cambridge University Press, 2001）一書中的幾篇文章的確已經被引用，但從作為整體的角度，在此應該提及這本書，它為想要進一步探索法律客觀性問題之複雜性的人提供了一個極好的激勵。Brian Leiter 的〈法律與客觀〉（"Law and Objectivity"）一文，收錄在 Jules Coleman 和 Scott Shapiro 所編的《牛津法理學與法哲學指南》（*Oxford Handbook of Jurisprudence & Philosophy of Law*. Oxford: Oxford University Press, 2002）一書中第 969-989 頁，也為此提供了一個好的出發點。雖然我與 Brian Leiter 的許多觀點迥異，但是其書淺顯易懂且筆力強健，對該論題的入門者來說特別有幫助。Jeremy Waldron 所著 "關於道德的客觀性"（"On the Objectivity of Morals". 80 *California Law Review* 1361 [1992]）一文有同樣的效果。David Brink 的文章〈法律理論、法律解釋和司法審查〉（"Legal Theory, Legal Interpretation, and Judicial Review". 17 *Philosophy and Public Affairs* 105 [1998]）同樣特別清晰。不太容易閱讀但值得精讀的是 Nicos

Stavropoulos 的著作《法律中的客觀性》(*Objectivity in Law*. Oxford: Oxford University Press, 1996)。

正如第一章剛開始時談及的，探討客觀性的幾個維度，道德哲學比法哲學做得更加透徹。相關作品數量眾多，此處儘量列舉若干：Ted Honderich 主編的論文集《道德與客觀性》(*Morality and Objectivity*. London: Routledge & Kegan Paul, 1985)收集了很多好文章，本書已經引用過其中一部分。另外幾篇重要文獻來自於 David Copp 和 David Zimmerman 主編的《道德、理性和真理》(*Morality, Reason and Truth*. Totowa, NJ: Rowman & Allanheld, 1985)；Geoffrey Sayre-McCord 主編的《道德現實主義文集》(*Essays in Moral Realism*. Ithaca, NY: Cornell University Press, 1988)；Walter Sinnott-Armstrong 與 Mark Timmons 主編的《道德知識？》(*Moral Knowledge?* Oxford: Oxford University Press, 1996)；Ellen Frankel Paul, Fred Miller 和 Jeffrey Paul 主編的《道德知識》(*Moral Knowledge*. Cambridge: Cambridge University Press, 2001)。一個有趣而高度清晰的討論可參閱 Gilbert Harman 和 Judith Jarvis Thomson 所著的《道德相對主義與道德客觀性》(*Moral Relativism and Moral Objectivity*. Oxford: Blackwell, 1996)。Thomas Nagel 關於客觀性的許多觀點尤其發人深省且有趣，例如他的《無源之見》(*The View from Nowhere*. Oxford: Oxford University Press, 1986)。

在大量富有洞察力的法治或 "法治" 的研究文獻中，迄今為止本書沒能引用的包括 T. R. S. Allan 的《憲法正義：法治的自由主義理論》(*Constitutional Justice: A Liberal Theory of the Rule of Law*. Oxford: Oxford University Press, 2001)；John Finnis 的《自然法與自然權利》(*Natural Law and Natural Rights*. Oxford: Oxford Clarendon Press, 2001)的第 260-296 頁；F. A. Hayek 的《自由憲章》(*The Constitution of Liberty*. Chicago:

University of Chicago Press, 1960）；Mark Murphy 的《法學與政治學中的自然法》（*Natural Law in Jurisprudence and Politics*. Cambridge: Cambridge University Press, 2006）；John Rawls 的《正義論》（*A Theory of Justice*. Oxford: Oxford University Press, 1999）的第 206-213 頁；以及收錄在《法律權威》一書（*The Authority of Law*. Oxford: Oxford Clarendon Press, 1979）第 210-229 頁的 Joseph Raz 的〈法治及其美德〉（"The Rule of Law and Its Virtue"）一文。關於該主題還有大量重要的論文集，茲列舉 Richard Bellamy 的《法治與分權》（*The Rule of Law and the Separation of Powers*. Aldershot: Ashgate Publishing, 2005）；David Dyzenhaus 的《重構法治》（*Recrafting the Rule of Law*. Oxford: Hart Publishing, 1999）；Jose Maria 和 Maravall Adam Przeworski 的《民主與法治》（*Democracy and the Rule of Law*. Cambridge: Cambridge University Press, 2003）以及 Ian Shapiro 的《法治》（*The Rule of Law*. New York: New York University Press, 1994）。

在本書中，我不時對批判法學運動持懷疑態度。對批判法學者更細緻的反駁可以參閱 Andrew Altman 的《批判法學研究：自由主義的批判》（*Critical Legal Studies: A Liberal Critique*. Princeton: Princeton University Press, 1990）；John Finnis 的文章〈關於批判法學運動〉（"On 'The Critical Legal Studies Movemet'". 30 *American Journal of Jurisprudence* 21 [1985]）；Kenneth Kress 的〈法律的非確定性〉（"Legal Indeterminacy". 77 *California Law Review* 283 [1989]）；以及 Lawrence Solum 的〈關於非確定性的危機：批判法學教條的批判〉（"On the Indeterminacy Crisis: Critiquing Critical Dogma". 54 *University of Chicago Law Review* 462 [1987]）。

參考文獻

- Bix, Brian. 2005. "Cautions and Caveats for the Application of Wittgenstein to Legal Theory." In Joseph Keim Campbell, Michael O' Rourke, and David Shier (eds.), *Law and Social Justice* (Cambridge, MA: MIT Press), 217-228.

- Blackburn, Simon. 1993. *Essays in Quasi-Realism*. Oxford: Oxford University Press.

- Coleman, Jules.1995. "Truth and Objectivity in Law." 1 *Legal Theory* 33-68.

- Coleman, Jules, and Leiter, Brian. 1995. "Determinacy, Objectivity, and Authority." In Andrei Marmor (ed.), *Law and Interpretation* (Oxford: Clarendon Press), 203-278.

- Craig, Paul. 1997. "Formal and Substantive Conceptions of the Rule of Law: An Analytical Framework." *Public Law* 467-487.

- Duxbury, Neil. 1999. *Random Justice*. Oxford: Oxford University Press.

- Dworkin, Ronald. 1965. "Philosophy, Morality and Law-Observation Prompted by Professor Fuller's Novel Claim." 113 *University of Pennsylvania Law Review* 668-690.

- Dworkin, Ronald. 1977. "No Right Answers?" In Peter Hacker and Joseph Raz (eds.), *Law, Morality, and Society* (Oxford: Clarendon Press), 58-84.

- Dworkin, Ronald. 1978. *Taking Rights Seriously*. Cambridge, MA: Harvard University Press.

- Dworkin, Ronald. 1985. *A Matter of Principle*. Cambridge, MA: Harvard University Press.

- Dworkin, Ronald. 1986. *Law's Empire*. London: Fontana Press.

- Dworkin, Ronald. 1991. "On Gaps in the Law." In Paul Amselek and Neil Maccormick (eds.), *Controversies about Law's Ontology* (Edinburgh: Edinburgh University Press).

- Dworkin, Ronald. 1996. "Objectivity and Truth: You'd Better Believe It." 25 *Philosophy and Public Affairs* 87-139.

- Endicott, Timothy. 2000. *Vagueness in Law*. Oxford: Oxford University Press.

- Fine, Kit. 2001. "The Question of Realism." 1 *Philosophers' Imprint* 1-30.

- Freeman, Michael. 2001. *Lloyd's Introduction to Jurisprudence*. London: Sweet & Maxwell.

- Fuller, Lon. 1969. *The Morality of Law*. New Haven, CT: Yale University Press. Revised edition.

- Green, Michael. 2003. "Dworkin's Fallacy, or What the Philosophy of Language Can't Teach Us about the Law." 89 *Virginia Law Review* 1897-1952.

- Greenawalt, Kent. 1992. *Law and Objectivity*. New York: Oxford University Press.

- Hare, R.M. 1963. *Freedom and Reason*. Oxford: Oxford University Press.

- Hare, R.M. 1981. *Moral Thinking*. Oxford: Clarendon Press.

- Hare, R.M. 1989. "Principles." In *Essays in Ethnical Theory* (Oxford: Oxford University Press), 49-65.

- Harris, J.W. 1997. *Legal Philosophies*. London: Butterworths. Second edition.

- Hart, H.L.A. 1961. *The Concept of Law*. Oxford: Clarendon Press.

- Hart, H.L.A. 1983. "Lon L. Fuller, The Morality of Law." In *Essays in Jurisprudence and Philosophy* (Oxford: Clarendon Press), 343-364.

- Hills, Alison. 2004. "Is Ethics Rationally Required?" 47 *Inquiry* 1-19.

- Holton, Richard. 2000. "Minimalism and Truth-Value Gaps." 97 *Philosophical Studies* 137-168.

- Horwich, Paul. 1998. *Truth*. Oxford: Oxford University Press. Second edition.

- Kramer, Matthew. 1998. "Rights without Trimmings." In Matthew H. Kramer, N.E. Simmonds, and Hillel Steiner, *A Debate over Rights* (Oxford: Oxford University Press), 7-111.

- Kramer, Matthew. 1999a. *In Defense of Legal Positivism*. Oxford: Oxford University Press.

- Kramer, Matthew. 1999b. *In the Realm of Legal and Moral Philosophy*. Basingstoke: Macmillan Press.

- Kramer, Matthew. 2001. "Getting Rights Right." In Matthew H. Kramer (ed.), *Rights, Wrongs, and Responsibilities* (Basingstoke: Palgrave Macmillan), 28-95.

- Kramer, Matthew. 2004a. *Where Law and Morality Meet*. Oxford: Oxford University Press.

- Kramer, Matthew. 2004b. "The Big Bad Wolf: Legal Positivism and Its Detractors." 49 *American Journal of Jurisprudence* 1-10.

- Kramer, Matthew. 2005. "Moral Rights and the Limits of the Ought-Implies-Can Principle: Why Impeccable Precautions Are No Excuse." 48 *Inquiry* 307-355.

- Landers, Scott. 1999. "Wittgenstein, Realism, and CLS: Undermining Rule Skepticism." 9 *Law and Philosophy* 177-203.

- Leiter, Brian. 2001. "Introduction." In Brain Leiter (ed.), *Objectivity in Law and Morals* (Cambridge: Cambridge University Press, 2001), 1-11.

- Locke, John. 1975[1689]. *An Essay Concerning Human Understanding*. Oxford: Clarendon Press. Edited by Peter Nidditch.

- Lucy, William. 2005. "The Possibility of Impartiality." 25 *Oxford Journal of Legal Studies* 3-31.

- Madison, James. 1961 [1788]. "Federalist Paper No.10." In Alexander Hamilton, James Madison, and John Jay, *The Federalist Papers* (New York: New American Library), 77-84. Edited by Clinton Rossiter.

- Marmor, Andrei. 2001. *Positive Law and Objective Values*. Oxford: Oxford University Press.

- McDowell, John. 1985. "Values and Secondary Qualities." In Ted Honderich (ed.), *Objectivity and Morality* (London: Routledge & Kegan Paul), 110-129.

- Moore, Michael. 1982. "Moral Reality." 1982 *Wisconsin Law Review* 1061-1156.

- Moore, Michael. 1992. "Moral Reality Revisited." 90 *Michigan Law Review* 2424-2533.

- Nozick, Robert. 2001. *Invariance: The Structure of the Objective World*. Cambridge, MA: Harvard University Press.

- Paske, Gerald. 1989. "Rationality, Reasonableness, and Morality." 10 *Logos: Philosophic Issues in Christian Perspective* 73-88.

- Patterson, Dennis. 2006. "Wittgenstein on Understanding and Interpretation." 29 *Philosophical Investigations* 129-139

- Pettit, Philip. 2001. "Embracing Objectivity in Ethics." In Brain Leiter (ed.), *Objectivity in Law and Morals* (Cambridge: Cambridge University Press), 234-286.

- Postema, Gerald. 2001. "Objectivity Fit for Law." In Brain Leiter (ed.), *Objectivity in Law and Morals* (Cambridge: Cambridge University Press), 99-143.

- Raz, Joseph. 1996. "Intention in Interpretation." In Robert George (ed.), *The Autonomy of Law* (Oxford: Clarendon Press), 249-286.

- Raz, Joseph. 2001. "Notes on Value and Objectivity." In Brain Leiter (ed.), *Objectivity in Law and Morals* (Cambridge: Cambridge University Press), 193-233.

- Reiff, Mark. 2005. *Punishment, Compensation, and Law: A Theory of Enforceability* (Cambridge: Cambridge University Press).

- Rosati, Connie. 2004. "Some Puzzles about the Objectivity of Law." 23 *Law and Philosophy* 273-323.

- Sainsbury, R.M. 1988. *Paradoxes*. Cambridge: Cambridge University Press.

- Schauer, Frederick. 1991. *Playing by the Rules*. Oxford: Oxford University Press.

- Simmonds, N.E. 2004. "Straightforwardly False: The Collapse of Kramer's Positivism." 63 *Cambridge Law Journal* 98-131.

- Sosa, David. 2001. "Pathetic Ethics." In Brain Leiter (ed.), *Objectivity in Law and Morals* (Cambridge: Cambridge University Press), 287-329.

- Stavropoulos, Nicos. 2005. "Objectivity." In Martin Golding and William Edmundson (eds.), *The Blackwell Guide to the Philosophy of Law and Legal Theory* (Oxford: Blackwell), 315-323.

- Stroud, Barry. 1977. *Hume*. London: Routledge & Kegan Paul.

- Summers, Robert. 1993. "A Formal Theory of the Rule of Law", 6 *Ratio Juris* 127-142.

- Svavarsdóttir, Sigrún. 2001. "Objective Values: Does Metaethics Rest on a Mistake?" In Brain Leiter (ed.), *Objectivity in Law and Morals* (Cambridge: Cambridge University Press, 2001), 144-193.

- Tamanaha, Brian. 2004. *On the Rule of Law*. Cambridge: Cambridge University Press.

- Waldron, Jeremy. 1992. "The Irrelevance of Moral Objectivity." In Robert George (ed.), *Natural Law Theory* (Oxford: Clarendon Press), 158-187.

- Wiggins, David. 1998. *Values, Needs, Truth*. Oxford: Oxford University Press. Third edition.

- Williams, Bernard. 1985. "Ethics and the Fabric of the world." In Ted Honderich (ed.), *Morality and Objectivity* (London: Routledge & Kegan Paul), 203-214.

- Williams, Bernard. 2001. "From Freedom to Liberty: The Construction of a Political Value." 30 *Philosophy and Public Affairs* 3-26.

- Williams, Glanville. 1956. "The Concept of Legal Liberty." 56 *Columbia Law Review* 1129-1150.

責任編輯　蘇健偉
書籍設計　吳冠曼

書　　名　客觀性與法治
　　　　　Objectivity and the Rule of Law
著　　者　馬修·克萊默（Matthew H. Kramer）
譯　　者　趙樹坤
校　　正　張萬洪
出　　版　三聯書店（香港）有限公司
　　　　　香港北角英皇道 499 號北角工業大廈 20 樓
　　　　　Joint Publishing (H.K.) Co., Ltd.
　　　　　20/F., North Point Industrial Building,
　　　　　499 King's Road, North Point, Hong Kong
香港發行　香港聯合書刊物流有限公司
　　　　　香港新界荃灣德士古道 220–248 號 16 樓
印　　刷　美雅印刷製本有限公司
　　　　　香港九龍觀塘榮業街 6 號 4 樓 A 座
版　　次　2021 年 12 月香港第一版第一次印刷
規　　格　特 16 開（150 × 230 mm）272 面
國際書號　ISBN 978-962-04-4913-0
　　　　　© 2021 Joint Publishing (H.K.) Co., Ltd.
　　　　　Published & Printed in Hong Kong